AKEMI TANAKA
Die Kraft des Chōwa

AKEMI TANAKA

# Die Kraft des
# CHŌWA

Der japanische Weg
zu innerer und äußerer
Harmonie

Aus dem Englischen von Elisabeth Liebl

GOLDMANN

Dieses Buch erschien erstmals 2019 unter dem Titel
»The Power of Chōwa« bei Headline Home, einem Imprint von
Headline Publishing Group in London, Großbritannien.

Sollte diese Publikation Links auf Webseiten Dritter enthalten,
so übernehmen wir für deren Inhalte keine Haftung,
da wir uns diese nicht zu eigen machen, sondern lediglich
auf deren Stand zum Zeitpunkt der Erstveröffentlichung verweisen.

Penguin Random House Verlagsgruppe FSC®-N001967

1. Auflage
Deutsche Erstausgabe November 2021
© 2021 Wilhelm Goldmann Verlag, München,
in der Penguin Random House Verlagsgruppe GmbH,
Neumarkter Str. 28, 81673 München
Originalausgabe: © 2019 Akemi Tanaka
Umschlaggestaltung: UNO Werbeagentur, München,
nach einer Idee von Siobhan Hooper
Umschlagmotiv: © Shutterstock
Foto Autorin Klappe hinten: © Andrew Clement
Lektorat: Nadine Lipp, Berlin
JG · Herstellung: cb
Satz: Satzwerk Huber, Germering
Druck und Bindung: CPI books GmbH, Leck
Printed in Germany
ISBN 978-3-442-22313-8

www.goldmann-verlag.de

Besuchen Sie den Goldmann Verlag im Netz

*Anmerkung der Übersetzerin*
Die Umschrift der japanischen Namen und Begriffe wurde nach der Hepburn-Methode vorgenommen. Als Faustregel gilt, dass die Vokale wie im Deutschen ausgesprochen werden, die Konsonanten wie im Englischen (z. B. »shi« als »schi« und »chi« als »tschi«, »tsu« als »zu«). Vokale mit einem Längungsstrich (z. B. ō) werden lang gesprochen, alle anderen kurz.

*Für Rimika und Richard*

# Inhalt

Vorwort .................................... 9
Einführung ................................ 13

**Teil I: Das eigene Gleichgewicht finden** ......... 23
  1 Türen öffnen ........................... 25
    *Wie Sie durch kleine Alltagsdinge natürliche*
      *Harmonie in Ihrem Heim schaffen können*
  2 Den eigenen Teil beitragen ............... 48
    *Wie Sie über Ihre familiären Rollen ins*
      *Gleichgewicht finden*
  3 Finanziell in Balance kommen ............. 66
    *Wie Sie Ihre Ausgaben kontrollieren und sich*
      *(und anderen) mit dem gesparten Geld*
      *eine Freude machen können*
  4 Den eigenen Stil finden .................. 77
    *Wie Sie Ihren persönlichen Stil auf Zeit,*
      *Ort und Gelegenheit abstimmen*

**Teil II: Mit den anderen in Harmonie leben** ..... 105
  5 Auf andere hören, sich selbst kennen ......... 107
    *Wie Sie mit Ihren Emotionen umgehen und so*
      *Ihre Beziehung zu anderen Menschen*
      *(und sich selbst) verbessern*

6 Das Lernen lernen und Lehrer lehren ........ 126
*Wie Sie das Gelernte nutzen, aus Erfahrung
lernen und Ihr Wissen in die Praxis umsetzen*
7 Balance ins Arbeitsleben bringen .......... 144
*Wie Sie am Arbeitsplatz für Harmonie sorgen
und echten Wandel vorantreiben können*
8 Größere Veränderungen anstoßen .......... 164
*Wie wir den Wandel in der Welt anstoßen*

**Teil III: Gleichgewicht in zentralen
Lebensbereichen** ........................ 179
9 Eine harmonische Ernährung ............. 181
*Wie Sie sich auf japanische Weise ausgewogen
ernähren und so den Grundstein für ein
langes, gesundes Leben und eine
nachhaltige Ernährung legen*
10 Im Einklang mit der Natur leben .......... 198
*Wie wir uns auf die Natur einstellen, unseren
Platz in ihr begreifen und dem
Klimawandel begegnen können*
11 Eine Liebe auf lange Sicht ............... 214
*Wie Sie auch in der Liebe starke Bande
knüpfen können*
12 Jede Begegnung ist kostbar .............. 231
*Was uns die uralte Kunst der Teezeremonie
über Tod, Katastrophen und deren
Überwindung lehren kann*

Nachwort ............................... 255
Dank ................................... 261
Anmerkungen .......................... 263
Quellen ................................ 273
Stichwortverzeichnis ..................... 277

Liebe Leserin, lieber Leser,
mein Name ist Akemi Tanaka und ich möchte Ihnen in diesem Buch einen traditionellen japanischen Weg zum inneren Gleichgewicht vorstellen: *chōwa*.

Akemi, mein Vorname, bedeutet: »klug und schön«. Tanaka, mein Familienname, bedeutet »inmitten der Reisfelder«. Das passt ganz gut, denn ich kam im ländlichen Saitama zur Welt, das damals Teil der Provinz Musashi war. Meine Eltern lebten in einer kleinen Stadt am Rand von Tokio. Meine Familienangehörigen sind stolze Abkömmlinge eines hochgestellten Samurai-Geschlechts, das im 15. Jahrhundert an der Seite des Kriegerpoeten Ōta Dōkan gekämpft hat. Er war es, der das alte Edo-jō erbaut hat, die Burg, auf deren Gelände heute der Kaiserpalast von Tokio steht.

Nach einer traditionellen Erziehung lernte ich an einem Mädchenpensionat in Tokio westliche Etikette, bevor ich an die Saitama University ging. Es war eine unglaublich aufregende Zeit. Ich studierte Englische Literatur und wollte Lehrerin werden. Abends jobbte ich in einem Kino im lebendigen Ginza-Viertel von Tokio. Dort lernte ich meinen ersten Ehemann kennen, einen jungen Arzt aus der höheren japanischen Gesellschaft. Bald lernte ich Diplomaten kennen, Unternehmenschefs und Mitglieder der kaiserlichen Familie. Die Feinheiten der japanischen Teezeremonie begeisterten mich, ich war fasziniert von den formalen Kodizes der japanischen Elite. All das war ein Riesenabenteuer für mich. Ich fühlte mich ein wenig wie Eliza Doolittle im Musical *My Fair Lady*.

Allerdings hatte ich einige Zweifel, was meine Ehe anging. Ich ging all den Arbeiten nach, die Frauen seit Generationen vom öffentlichen Leben fernhalten – Kochen, Putzen, Nähen und Flicken. Dabei überlegte ich oft, wie ich für mich und meine kleine Tochter etwas ändern könnte. Die Veränderung kam dann überraschend schnell. Mein Mann und ich trennten uns. Die Scheidung machte mich zur sozial Geächteten – in den 1980er-Jahren war eine Scheidung in Japan eine Seltenheit. Alleinerziehende Eltern gab es fast nicht. Ich war bestürzt und wusste nicht, was ich anfangen sollte. Angesichts dieses abrupten Umbruchs fühlte ich mich wie gelähmt.

Doch dann erinnerte ich mich an eine Art zu denken, die ich schon als Kind angewandt hatte. Es ging im Wesentlichen darum, dass man sein Augenmerk zunächst auf das Gleichgewicht im eigenen Geist richtet (Was geht in mir vor?), um in einem nächsten Schritt das spezielle Gleichgewicht in einem Raum zu erfassen (Was geht mit den anderen Menschen vor?). Diese Art zu denken blieb mir auch erhalten, als ich beschloss, mir auf der anderen Seite des Erdballs eine Existenz aufzubauen, ein neues Leben in England. Diese Art zu denken war für mich wie ein Schwert, das neben mir schlief, bis ich die Kraft haben würde, es zu schwingen. Es handelte sich um die Weisheit des Chōwa.

Man übersetzt den japanischen Begriff *chōwa* gewöhnlich einfach mit Harmonie. Doch die japanischen Schriftzeichen, die ihn bilden, bedeuten wörtlich: die Suche nach dem Gleichgewicht. Chōwa bietet Strategien zur Problemlösung, die uns helfen, die widerstreitenden Kräfte, mit denen das Leben uns so oft konfrontiert, in Balance zu bringen: zu Hause, in der Arbeit, in der Schule und in unseren persönlichen Beziehungen.

Irgendwann fing ich an, anderen Menschen die Kunst des Chōwa zu vermitteln. Ich gab Stunden bei mir zu Hause, später dann in größeren Gruppen oder an Schulen und Universitäten. Bald kamen Einladungen zu Vorträgen in Radio und Fernsehen dazu. Je mehr ich unterrichtete, desto mehr war ich überzeugt, dass die Ideen, Methoden und Denkweisen, die mir geholfen hatten, als Lektionen in der Kunst des Chōwa gelten konnten. Ich war zutiefst überzeugt, dass die Prinzipien des Chōwa auch anderen helfen würden.

Chōwa ist kein wohlgehütetes japanisches Geheimnis. Es ist eher eine Art Philosophie, eine Sammlung von Methoden, die unsere Art, uns selbst und andere zu sehen, verändern kann. Letztlich geht es um eine Weltsicht, die man lehren – und lernen – kann. Sich diese uralte Kunst anzueignen erfordert freilich eine bewusste, achtsame Anstrengung. Dann aber hilft Chōwa uns auch bei ganz alltäglichen Sorgen: Wie wir unser Heim in Ordnung halten, wie wir eine gute Work-Life-Balance herstellen oder eine dauerhafte Beziehung eingehen können. Chōwa lehrt uns, mit Herausforderungen umzugehen, etwa wenn liebe Menschen sterben oder Naturkatastrophen über uns hereinbrechen, es lehrt uns, wenn wir mutig für unsere Überzeugungen eintreten oder anderen Menschen beistehen wollen.

Heute lebe ich in London. Ich bin in BBC-Sendungen ebenso aufgetreten wie auf Channel 4. Berichte über mich waren im *Guardian* und dem *Daily Telegraph* zu lesen. Ich habe Vorträge an den Universitäten von Oxford und Cambridge gehalten sowie im Victoria and Albert Museum in London. Für die

Arbeit meiner Stiftung *Aid For Japan* – die ich nach dem Tsunami von 2011 gegründet habe, um Waisenkindern zu helfen – verlieh mir die damalige britische Premierministerin Theresa May den Preis »Points of Light«.

Ich hoffe, Sie werden einige der Lektionen in diesem Buch ebenso nützlich finden wie ich. Habe ich sie einst für absolut selbstverständlich gehalten, so bin ich jetzt, wo ich so viele Menschen in der Kultur meines Landes unterrichtet habe, von den Dingen, die ich hier mit Ihnen teilen werde, beeindruckter als je zuvor.

*Akemi Tanaka*

# Einführung

*Zwei Pilger folgen einer langen, langen Straße. Der eine trägt einen Strohhut mit breiter Krempe, der andere nicht. Es ist ein glühend heißer Tag. Das Gezirp der Grillen ertönt beinahe ohrenbetäubend. Keiner der Pilger spricht mit dem anderen auch nur ein Wort. Sie gehen nebeneinander her, jeder lässt dem anderen Raum für seine Gedanken. Nachdem sie eine Zeit lang still nebeneinander hergegangen sind, nimmt der eine Pilger seinen Hut ab und bindet ihn an seinen Rucksack. Dann setzen sie Seite an Seite ihren Weg fort.*

Inspiriert von *Bushidō – the Soul of Japan*[1]

## Was ist Chōwa?

Ich war immer schon der Ansicht, dass die Übersetzung mit »Harmonie« nicht ganz passend ist. Für mich klingt das nach breitem Lächeln und Flower-Power-Sprüchen aus den 1970ern, nach verstaubten Porzellanengeln auf dem Kaminsims älterer Verwandter und den Behauptungen von Schönheitswettbewerbsfinalistinnen, die erklären, sie würden jeden Abend für den Weltfrieden beten. Ob es nun um Religion oder Beziehungen geht, diese Übersetzung verweist in meinen Augen auf ein illusorisches, traumhaftes Idealbild – nichts, was die meisten Menschen tatsächlich verwirklichen möchten.

Der japanische Begriff *chōwa* kann zwar mit »Harmonie« übersetzt werden, aber es geht dabei um etwas, das viel praxisorientierter ist. Chōwa ist eine Art der Lebensführung. Etwas, das man aktiv tun kann. Daher wäre es richtiger, Chōwa nicht mit »Harmonie« zu übersetzen, sondern besser mit »Streben nach Harmonie« oder »Suche nach Gleichgewicht«.

Die japanischen Zeichen für Chōwa sehen so aus:

調和

Das erste Zeichen – *chō* – bedeutet »Suche«.
Das zweite Zeichen – *wa* – bedeutet »Gleichgewicht«.[2]

*Chō* ist ein einfaches Zeichen, aber es ist gleichwohl vielschichtig. Es kann ganz wörtlich verwendet werden, zum Beispiel für das Verb »suchen«, wenn wir unsere Schubladen durchstöbern, weil wir etwas verlegt haben. Aber es gilt auch für die Suche im übertragenen Sinn, wenn wir etwa unser Gedächtnis nach Inspirationsquellen durchforsten. Das Zeichen steht aber auch für ein anderes Verb, nämlich »vorbereiten«. In dieser Bedeutung steht es für das »Herstellen der Ordnung« bzw. die Vorbereitung auf eine bevorstehende Herausforderung. Und schließlich besitzt *chō* wie der Begriff »Harmonie« auch eine musikalische Bedeutung. Stellen Sie sich vor, wie ein Orchester sich aufeinander einstimmt. Der japanische Begriff dafür ist *chō gen*, wörtlich »jemandes Bogen lesen«. Das Zeichen *chō* ist mit dieser Art des Einstimmens eng verknüpft: Es steht in dieser Bedeutung für eine Reihe kleiner Schritte der Anpassung, mit denen wir den richtigen Ton finden, bis die verschiedenen Stimmen der Instrumente harmonisch zusammenklingen.

*Wa* heißt auch »Frieden«. Das kann ein Zustand von Ruhe und Stille sein – wie in einer friedlichen Atmosphäre oder auf ruhiger See. Als Verb benutzt steht es für den bewussten Akt des Friedensstiftens oder den Ausgleich zwischen zwei oder mehr Gegensätzen – ob diese nun zwischen Menschen, Kräften oder Ideen bestehen. Und zwar zum Zwecke der besseren Zusammenarbeit. Als Verb hat dieses Wort einen aktiven Beiklang – es steht also nicht nur für »Frieden« (der sich im Substantiv ausdrückt), sondern für einen Akt des Ausgleichs, der Mäßigung und des Milderns. Und schließlich bezieht sich das *wa* in *chōwa* auf Japan selbst, vor allem auf das traditionelle Japan. Japanische Kleidung heißt *wa-fuku*, der japanische Stil ist *wa-fū* und *washoku* meint sowohl »japanische Kochkunst« als auch »ausgewogene Ernährung«. Dasselbe *wa* findet sich auch in *Reiwa*, der Bezeichnung für jene Zeit, die am 1. Mai 2019 begann, als Kaiser Naruhito den Thron bestieg.[3] *Reiwa* heißt »schöne Harmonie« oder »das Trachten nach Harmonie«.[4]

Wenn wir nun *chō* und *wa* zusammensetzen, dann heißt das »die Suche nach Gleichgewicht« – und zwar auf höchst japanische Weise.

In der japanischen Alltagssprache verwenden wir *chōwa* als Substantiv – in etwa wie *harmony* im Englischen. Andererseits können wir *chōwa* auch als Verb benutzen. Dann hat es einen weniger musikalischen Charakter als das Verb »harmonisieren« und es ist weniger spirituell aufgeladen als »harmonieren«. Es klingt eher alltäglich und nachvollziehbar und hat etwas von »im Fluss sein«. Wie alles, was wir lernen – ob eine Kampfkunst oder ein Instrument –, ist *chōwa* etwas, was wir üben können, um darin besser zu werden.

## Das Land des Wa

Chōwa lehrt uns vor allem, uns um praktische Lösungen zu bemühen. Ob nun im persönlichen Leben, in der Familie oder im weiteren sozialen Umfeld, es geht bei der Kunst des Chōwa um die Suche nach friedlichen Wegen zum Gleichgewicht. Sie verlangt von uns, unsere eigenen Bedürfnisse objektiv zu sehen und sie mit den Bedürfnissen und Wünschen anderer in Einklang zu bringen, um echten Frieden zu schaffen. Dieser Ansatz erfordert wahre Demut. Es geht dabei um den Respekt vor anderen ebenso wie um die Achtung vor uns selbst.

Diese Art zu denken war jahrhundertelang das Herzstück des japanischen Lebens. Das *Buch Wei* ist ein Geschichtsbuch aus dem nördlichen China (damals die Provinz Wei) des 3. Jahrhunderts, und es beschreibt die ersten Begegnungen mit Japan, das die Chinesen zu jener Zeit das Land des Wa nannten. Reisende aus China, die Japan im 3. Jahrhundert bereisten, schrieben, dass die Menschen im Lande Wa »sich vor wichtigen Leuten verbeugen, um ihre Achtung zu zeigen. Sie sind Besuchern gegenüber freundlich und respektvoll.«[5] Die Tagebucheinträge der Reisenden wurden sodann ins *Buch Wei* aufgenommen. Sie beschreiben auch die japanische Sitte des Schenkens, die Tatsache, dass die Bewohner des Landes Wa ihre Hände zusammenlegen, wenn sie beten, und dass sie rohen Fisch verzehren – lauter Gebräuche, die sich in Japan bis heute erhalten haben.

## Unser kostbarster Schatz

Etwa 300 Jahre später herrschte Prinz Shōtoku Taishi über ein gespaltenes Land. Er hatte aus China moderne Formen der Regierung eingeführt, setzte auf neueste landwirtschaftliche Erkenntnisse und eine neue Religion, den Buddhismus. Die Anhänger der traditionellen japanischen Shinto-Religion kamen mit dem neuen Glauben nicht zurecht. Im Shinto – »dem Weg der Götter« – stehen die Schönheit der Natur und die rituelle Anbetung der Naturgeister und Ahnen, der *kami*, im Mittelpunkt. Der Buddhismus mit seinem Konzept der Erleuchtung und seinen hohen ethischen Anforderungen wurde letztlich nur von der gebildeten Elite verstanden. Aber Prinz Shōtoku schaffte es, dass die Anhänger beider Religionen friedlich zusammenlebten. Er erließ eine Verfassung, wonach der Buddhismus und der Shintoismus nebeneinander praktiziert werden konnten.

Im ersten Artikel dieser Verfassung heißt es:

以和爲貴、無忤爲宗。
人皆有黨。亦少達者。

»Harmonie ist unser kostbarster Schatz.
Streit sollte vermieden werden. Wir haben alle unsere eigenen
Ansichten, aber nur wenige von uns sind weise.«
Shōtoku Taishi (574–622)[6]

Bis zum heutigen Tag existieren Buddhismus und Shintoismus nicht nur nebeneinander, sondern befruchten sich gegenseitig. Die Japaner sehen sich als Shinto- oder Buddhismus-Anhänger, als beides oder als keines davon. Die Seele des modernen Japan entstand im Kontext dieser friedlichen, positiven Reaktion auf etwas, das sehr leicht zu blutigen Kriegen und Katastrophen hätte führen können: Man stellte den Einklang höher als persönliche Vorlieben oder Eigeninteressen, höher sogar als die jeweils bevorzugten Überzeugungen des Glaubens. Die Aufrechterhaltung dieser beiden Glaubenssysteme führte zur Entwicklung einer einzigartigen Kultur: Die Verehrung für die Kräfte, die unsere Natur hervorbringen und beherrschen, steht gleichwertig neben der ethischen Verpflichtung gegenüber anderen Menschen.

## Warum ist Chōwa heute noch von Bedeutung?

Vieles von dem, was Reisende an Japan heute noch reizvoll und spannend finden, schlägt sich in den Lektionen des Chōwa nieder. Vielleicht haben Sie ja schon entsprechende Geschichten gehört, wie die von den japanischen Footballfans, die am Ende jedes Spiels dableiben, um das Stadion zu säubern. Oder Filmaufnahmen von japanischen U-Bahnen gesehen, in denen selbst in Stoßzeiten jeder Reisende bemüht ist, eine Atmosphäre der Ruhe und Stille zu schaffen.

Seit ich Japan verlassen und mir in England ein neues Leben aufgebaut habe, sehe ich einige Aspekte der japanischen Kultur in anderem Licht, mitunter auch recht kritisch. Und doch! Jedes Mal, wenn ich Menschen von meiner Kultur und meinem Land erzähle, komme ich immer wieder auf die schlichten Schritte zurück, die uns ins Gleichgewicht bringen. Es gibt einige praktische Lektionen, mit denen wir alle unseren Alltag ausbalancieren können.

Nach Gleichgewicht zu streben und es gar zu finden ist heutzutage leichter gesagt, als getan. Wir haben eher das Gefühl, kein bisschen Zeit zum Innehalten und Nachdenken zu haben. Vielleicht haben wir den Eindruck, dass wir dem Leben eher wie Automaten begegnen: Wir lassen uns nicht auf unsere Familie ein und hoffen, dass mögliche Schwierigkeiten sich von selbst erledigen. Wir machen endlos Überstunden, obwohl es uns längst egal ist, mit wem wir zusammenarbeiten. Wir nehmen uns nicht genug Zeit für uns selbst oder unsere Lieben. Wir kaufen und kaufen und kaufen in der Hoffnung, dass all der Kram, den wir ansammeln, unser Leben ein bisschen schöner und leichter macht, ja, dass er uns eine Art »Instant-Gleichgewicht« beschert. Wir versuchen krampfhaft zu vergessen, welche Auswirkungen unser Verhalten auf Natur und Umwelt hat, vor allem die Tatsache, dass mittlerweile die Stabilität unseres Planeten bedroht ist. Es ist höchste Zeit, dass wir uns umeinander kümmern, dass wir tief durchatmen und ein bisschen Ruhe in unser Leben bringen. Nur dann ist uns ein vernünftiger Blick möglich auf das, was in uns vorgeht – und mit den Geschöpfen um uns herum. Das *chō* in Chōwa – das »Suchen« und »Vorbereiten« – ist der erste Schritt zum Gleichgewicht.

Dann kommt das *wa* von *chōwa*: ein Weg, um »aktiv Frieden zu bringen«. Zu Beginn dieser kurzen Einführung habe ich davon gesprochen, welche Vorstellung »Harmonie« als Substantiv erweckt: ein Zustand in weiter Ferne, ein Ideal, das fast unmöglich scheint, eher eine Art Illusion. Harmonie als Verb aber heißt, dass wir »in Harmonie« leben, mit uns selbst und mit anderen. Nur dann erkennen wir, dass es Dinge gibt, die wir alle tun können. Dann wird uns klar, dass wir zu einem Gleichgewicht – am Arbeitsplatz, in unseren persönlichen Beziehungen und in der Gesellschaft insgesamt – nur dann finden, wenn wir aktiv nach Lösungen suchen und nie vergessen, dass wir alle gemeinsam diesen Planeten bewohnen.

Ich glaube, dass wir alle von der Denkweise des Chōwa profitieren können – heute mehr denn je.

Ich würde mir wünschen, dass Sie beim Lesen dieses Buches eines im Gedächtnis behalten: dass die Kunst des Chōwa die Verpflichtung beinhaltet, so großherzig und mutig auf unsere Umwelt zu reagieren, wie es der Pilger in der zu Anfang erzählten Fabel tut. Es geht dabei um die Offenheit anderen Lebewesen gegenüber, damit wir ihr Leid ebenso mitfühlen wie ihre Freude. Und um die Einsicht, dass wir alle denselben Weg gehen: den der Suche nach dem Gleichgewicht.

## Wegmarken des Chōwa

Ich glaube nicht, dass die Ideen, die ich hier mit Ihnen teilen möchte, komplizierte Erklärungen erfordern. Nichtsdestotrotz werde ich mein Bestes tun, um Ihnen die mitunter recht facettenreichen japanischen Sprichwörter zu erläutern, die Sie in diesem Buch finden werden. Wenn ich Ihnen Beispiele aus meinem Leben gebe oder dem meiner Freunde bzw. Familienmitglieder, deren Dasein von dem Ihren grundlegend verschieden scheint, werde ich versuchen, diese Erfahrungen auf universelle Grundsätze zurückzuführen. Ich werde Ihnen auch Gelegenheit geben, innezuhalten und über das Gelesene nachzudenken, zum Beispiel, indem ich Ihnen Fragen stelle oder kurze Zusammenfassungen gebe. Darum soll es in diesem Buch gehen:

- Wie Sie Bereitwilligkeit, Flexibilität und Durchhaltevermögen zu Ihren Alltagsqualitäten machen, um ins Gleichgewicht zu kommen.

- Wie Sie für andere ein offenes Herz bewahren und so besser mit schwierigen Gefühlen umgehen können.
- Wie kleine Veränderungen in unserer Ernährung und im Umgang mit der Natur einen Ausgleich in Geist, Körper und Seele herbeiführen.
- Wie Sie Tod und Unglücksfällen begegnen und sich auf das Schlimmste vorbereiten können im Wissen, dass es durchaus eintreten kann. Und wie Sie danach zurück auf Ihren Weg finden.

## Teil I

## Das eigene Gleichgewicht finden

第一章

自分の調和を見つける

# Türen öffnen

*Vor jeder Tür
Schmutz von Holzsandalen.
Es ist wieder Frühling.*

Issa (1763–1827)[7]

In Japan stehen einige der weltweit ältesten Holzbauten, darunter auch viele traditionelle Wohnhäuser. Wenn auch vielen dieser Bauten eine strenge Eleganz eigen ist, so sind sie doch nicht immer unbedingt das, was man »schön« nennt. Es ist aber nicht so sehr die minimalistische Anmutung oder die gefällige Schlichtheit des *wabi-sabi*, die ich daran als spezifisch japanisch empfinde. Es ist vielmehr die Art und Weise, wie jeder einzelne Raum, jedes einzelne Möbelstück darin als praktische Übung in Vorbedacht und Planung gelten kann, als Trachten nach Gleichgewicht – mit der Natur, mit den Rhythmen des familiären Lebens und mit der Harmonie des Hauses selbst.

Lassen Sie mich Ihnen nun einige zentrale Chōwa-Grundsätze vorstellen, die sich von den Holzbalken, den papierbespannten Schiebetüren namens *shōji*, den *Tatami*-Bodenmatten und den täglichen Abläufen ableiten, die aus einem japanischen Haus ein Heim machen. Das sind Lektionen darüber, wie wir in unseren Häusern leben, aber auch darüber, wie wir dem Ort, an dem wir leben, etwas zurückgeben. Letzteres verlangt von uns, dass wir unserem Zuhause unsere Dankbarkeit mit Mitteln bezeigen, die Sie zunächst vielleicht als verwunderlich empfinden: die Toilette zu putzen, einen Raum für einen unerwarteten Gast schön herzurichten, unsere Wäsche zu trocknen, ein Bad zu nehmen oder nach Hause zu kommen.

Einige der Schlüssellektionen des Chōwa, zu deren Reflexion ich Sie hier anregen möchte, sind:

- **Achte die Rhythmen deines Heims.** Ich möchte, dass Sie sich Gedanken machen, was jeder Raum möglicherweise braucht, welchen tieferen Sinn Ihre täglichen Verrichtungen tatsächlich haben könnten. Wenn wir uns darauf besinnen, was unser Heim von uns braucht, können wir lernen, uns in unserem Zuhause wirklich daheim zu fühlen.
- **Bring dein Zuhause in Harmonie mit der Natur.** Beim Chōwa geht es darum, dass wir die Welt so nehmen, wie sie ist. Das heißt, wir müssen Mittel und Wege finden, uns mit dem Auf und Ab, den Gezeiten des Daseins zu versöhnen. Wir müssen Alter und Vergänglichkeit akzeptieren. Wir müssen akzeptieren, dass uns aus heiterem Himmel ein Unglück widerfahren kann. Ich werde Ihnen aber auch einige Möglichkeiten vorstellen, wie Sie die Welt der Natur in Ihr Alltagsleben hereinholen können.

## *Wabi-sabi* und *Chōwa* – was ist der Unterschied?

Das japanische Haus übt seit Jahrhunderten eine grenzenlose Faszination auf Innenraumgestalter und Architekten aus. Ich möchte hier nicht über altbekannte Dinge sprechen, zumal bestimmte Konzepte wie der japanische Minimalismus und das Prinzip des *wabi-sabi* einigen meiner Leserinnen und Lesern vielleicht schon bekannt sind. Ehe ich Sie im Anschluss durch ein japanisches Haus führe, möchte ich Ihnen den Unterschied zwischen Chōwa, dem Streben nach Gleichgewicht, und Wabi-Sabi aufzeigen. Letzteres steht für die Schönheit des Unvollkommenen, Zerbrechlichen bzw. für natürliche Schlichtheit.

**Wabi-Sabi** • Was ist Wabi-Sabi? Es bedeutet so viel wie zerbrechliche Schönheit oder natürliche Einfachheit, Schlichtheit. In diesem Begriff drückt sich das Wissen aus, dass nichts von Dauer ist und alles einmal zu Ende geht. Viele große Werke der japanischen Kunst und Dichtung sind von diesem buddhistischen Konzept inspiriert, das auch die Architektur und die Innenraumgestaltung japanischer Häuser beeinflusst hat.[8]

In diesem Zusammenhang fällt mir sofort der japanische Schriftsteller Jun'ichirō Tanizaki ein. In seinem Buch *Lob des Schattens* drängt er seine Leser, doch nicht die traditionelle Eleganz und melancholische Schönheit alter japanischer Häuser zu vergessen – er begeistert sich für die Maserung alter Holzdielen und den Anblick von Regen, der den bemoosten Fuß einer Steinlaterne im Garten nässt.[9]

**Chōwa: die Suche nach Gleichgewicht** • Chōwa steht für die Suche nach Balance, nach einem Gleichgewicht. Wenn wir sowohl in Bezug auf unser Zuhause wie auch auf den Seiten dieses Buches in den Maßstäben des Chōwa denken, konzentrieren wir uns auf den Weg, den *Akt* des Ausgleichens und Ausbalancierens. Chōwa kann uns helfen zu erkennen, was wir brauchen, um uns besser auf das Leben vorbereitet zu fühlen, selbst auf seine schlimmsten Momente. Das erfordert allerdings einige Anstrengung. So ein Gleichgewicht stellt sich nicht von selbst ein. Wir müssen uns hinausbegeben, aktiv werden, um Balance in unser Leben zu bringen. Gemäß den Prinzipien des Chōwa zu denken heißt, auch zu akzeptieren, dass wir den gepriesenen Zustand des Gleichgewichts, der Harmonie, vielleicht niemals erreichen werden. Man könnte sogar sagen, dass *jede* Form von Gleichgewicht stets ein Balanceakt ist.

Wabi-Sabi und Chōwa weisen einige Gemeinsamkeiten auf. Um sich im Gleichgewicht zu fühlen, müssen wir die Welt sehen, wie sie wirklich ist. Das kann bedeuten, dass wir uns für die vollkommen unvollkommene Harmonie der Natur öffnen. Doch möchte ich Sie daran erinnern, dass dies nicht die ganze Bedeutung von Wabi-Sabi ist. (Auch wenn dieses Lehnwort im Westen manchmal als Synonym gebraucht wird für alles, was irgendwie japanisch ist.) Gerade im Hinblick auf die mehr ästhetischen Konzepte, die hinter Wabi-Sabi stehen, sollten wir uns merken, dass es bei der Haltung, die wir unserem Zuhause gegenüber einnehmen, nicht nur darum geht, eine japanische Vorstellung von melancholischer Schönheit zu kultivieren. Schließlich und endlich müssen wir an dem Ort, den wir unser Heim nennen, auch leben können.

**Wie Sie Chōwa in Ihre vier Wände bringen** • Wenn Sie jetzt gleich durch ein japanisches Haus geführt werden, dann werden Sie vielleicht denken: »Das ist ja alles sehr schön, aber wie kann ich diese Prinzipien auf mein Leben übertragen?«

Ein Haus ist wie eine Sprache. Es hat seine eigene Grammatik. Wenn ich durch meine Arbeit als Japanischlehrerin eines gelernt habe, dann, dass es ein hartes Stück Arbeit ist, einem Nicht-Muttersprachler die Grammatik einer Fremdsprache zu erklären. Wenn Sie sich mit dem Gedanken tragen, die Prinzipien des Chōwa in Ihre vier Wände zu bringen, dann verlange ich von Ihnen nicht, dass Sie Ihre bisherigen Alltagsgepflogenheiten über Bord werfen – all die Dinge, die Sie bis jetzt getan haben, um sich zu entspannen oder den Menschen, mit denen Sie leben, Ihre Wertschätzung zu zeigen. Oder die Art und Weise, wie Sie sich um Ihr Heim kümmern. Es gibt Dinge an Ihrem häuslichen Leben, die Sie nicht ändern können, selbst wenn Sie das gerne möchten: Wir suchen uns unser Zuhause danach aus, ob es bezahlbar ist, ob es nah an unserem Arbeitsplatz liegt oder genug Platz bietet, um unsere Familie unterzubringen.

Auch rate ich Ihnen keineswegs dazu, die Einrichtung Ihres Heims umzukrempeln – etwa Ihre Teppiche durch Tatami-Bodenmatten zu ersetzen oder Türen und Fenster durch Shōji-Schieberahmen.

Aber ich werde Ihnen einige Chōwa-Lektionen erläutern, die uns ein japanisches Haus geben kann. Dazu gehört, dass wir lernen, auf die uns bestmögliche Art vorbereitet zu sein – sei es auf unerwartete Gäste oder auf dramatischere Einschnitte im Leben. Denn wo immer wir auch leben, die Prinzipien des Chōwa können wir überall in unser Heim holen: indem wir achtsamer darauf hören, was unser Zuhause braucht, damit es uns das geben kann, was wir brauchen.

Bitte lassen Sie sich nun durch die einzelnen Räume führen in dem Wissen, dass sie vielleicht ein wenig anders sind als die, in denen Sie sich gewöhnlich aufhalten. Ich wiederum werde mein Bestes tun, um Ihnen zu helfen, über diese Unterschiede hinwegzusehen und den Geist des Chōwa in Ihre vier Wände zu bringen.

## Das Haus der Familie Tanaka

Lassen Sie uns fünfzig Jahre zurückgehen, in die nördlich von Tokio gelegene ländliche Provinz Musashi, in das Haus, in dem ich aufgewachsen bin. Die historische Provinz Musashi existiert heute nicht mehr, die Landschaft meiner Kindheit ist in der Präfektur Saitama aufgegangen.

Alles, was Sie auf dem Weg vom Bahnhof zum Haus sehen können, sind Felder, so weit das Auge reicht. Unterwegs kommen Sie an einem kleinen Bauernhof vorbei. Es ist noch früh im Jahr, doch die dichten Wedel dunkelgrüner Blätter, die sich auf einer kleinen Parzelle ausbreiten, verraten Ihnen, dass dort in Erwartung des nahenden Frühjahrs *daikon* (Winterrettich) gesetzt wurde. Dann führt der Weg an einem Tempelfriedhof vorbei, auf dem eine verwilderte Weide steht. Sie hören, wie ein Gong angeschlagen wird, und ein zweimaliges lautes Klatschen. Jemand rezitiert ein Gebet.

Unmittelbar hinter Friedhof und Tempel schlagen Sie einen Feldweg ein und gehen auf ein großes Holzhaus zu. Links davon fällt Ihr Blick auf ein paar verfallene Stallgebäude. Vor einer Hütte zur Rechten steht ein Eimer mit etwas, das aussieht wie kleine flaumbedeckte Eier. Es sind Kokons von Seidenraupen. Diese kleine Hütte beherbergt eine Seidenraupenzucht, die Seide für Kimonos liefert. Sie gehen weiter auf den Eingang des großen Holzhauses zu. Sein Dachvorsprung ist mit Kawara-Tonschindeln gedeckt und wird gestützt von Pfeilern aus dunklem Holz. Jetzt steigen Sie die drei Steinstufen zum Eingang hinauf und suchen nach einem Türklopfer oder einer Glocke. Doch es gibt nichts dergleichen. Vorsichtig schieben Sie die hölzerne Tür auf und treten ein.

**Das Eintreten: positive Impulse der Bereitschaft schon an der Tür setzen** • Sie stehen jetzt in dem kleinen *genkan* oder Eingangsbereich. Einen Genkan kann man auch in den heutigen modernen Mietshäusern noch finden. Dies ist der Bereich, wo Gäste ihre Schuhe ausziehen und empfangen werden. Da Sie sich in einem traditionellen Wohnhaus befinden, sehen Sie auf dem Schrank, in dem die Schuhe abgestellt werden (einem *getabako*), eine Vase mit einem blühenden Pflaumenzweig stehen. Er erinnert Sie trotz der Kälte, die draußen noch herrscht, daran, dass schon die ersten Anzeichen des nahenden Frühlings zu spüren sind.

Da hören Sie eine Stimme vom Ende des Flurs. Da ich Sie erwartet habe, rufe ich Ihnen zu:

*»O-agari kudasai!«*

Dieser Gruß, mit dem ich Sie auffordere einzutreten, bedeutet wörtlich: »Bitte kommen Sie herauf!« Wenn man nämlich ein traditionelles japanisches Wohnhaus betritt, steigt man über eine Stufe vom Genkan zur Diele hinauf. Wenn Sie das Haus betreten, wird von Ihnen erwartet, dass Sie Ihre Schuhe ausziehen – in einer einzigen Bewegung. Wenn Sie daran nicht gewöhnt sind, kann es Ihnen passieren, dass Sie versehentlich auf den Fußboden treten. Doch wer das ein Leben lang übt, dem wird diese Bewegung zur zweiten Natur.

Sie bemerken, dass alle anderen Schuhe im Genkan so vor der Stufe aufgereiht sind, dass sie zur Tür zeigen. Sie machen es genauso und stellen Ihre Schuhe so hin, dass die Schuhspitzen zum Eingang zeigen. Dann können Sie einfach in Ihre Schuhe schlüpfen, wenn es für Sie Zeit wird, wieder aufzubrechen.

Dies ist ein kleines Beispiel für praktiziertes Chōwa: Beim Chōwa geht es darum, dass wir in jedem Moment für den nächsten bereit sind – um kleine Handlungen, die uns für eine ungewisse Zukunft wappnen.

**Bewusst Zuwendung zeigen: »Bitte sei vorsichtig auf dem Weg und sorge dafür, dass du zurückkommst.«** • Wenn ein Familienmitglied das Haus verlässt, dann sagt er oder sie:

»*I-tte-ki-ma-su.*«

Das bedeutet: »Ich gehe jetzt und werde zurückkommen.«

Die Person, die zu Hause bleibt, antwortet darauf:

»*I-tte-ra-ssha-i.*«

Das bedeutet: »Bitte geh und sorge dafür, dass du wieder zurückkommst.«

Diesem täglichen Ritual wohnt eine herzzerreißende Spannung inne: Wir wünschen uns, dass unsere Lieben wieder zu uns zurückkehren, und wissen gleichzeitig um die Möglichkeit, dass das Gegenteil eintreffen könnte (eine Vorstellung, die für viele Menschen zu schrecklich ist, um überhaupt darüber nachzudenken). Wenn Sie je lange wach geblieben sind, um auf den Anruf eines geliebten Menschen zu warten, oder dieser Mensch später nach Hause gekommen ist als erwartet, dann wissen Sie, was ich meine. Dieses Ritual signalisiert unsere Bereitschaft, auf alles vorbereitet zu sein, womit die Welt da draußen uns konfrontieren mag. Da es in Japan häufig Naturkatastrophen gibt, müssen wir immer auf das Schlimmste gefasst sein. Auch diese Tatsache ist ein Grund, warum wir sagen: »Bitte sorge dafür, dass du zurückkommst.«

Darum lagern wir eine Überlebensausrüstung für Erdbeben auf der Veranda bzw. im Flur und machen einen Treffpunkt aus, wo sich die ganze Familie im Katastrophenfall versammeln soll.

Das ist die zentrale Botschaft des Chōwa, die Ihnen in diesem Buch immer wieder begegnen wird: Im Gleichgewicht mit uns selbst und unseren Mitmenschen zu leben heißt, dafür Sorge zu tragen, dass das, was wir sagen, und das, was wir tun, zusammenpasst. Unser Streben nach Gleichgewicht in der Familie und in unserem Heim kann damit beginnen, dass wir unsere Hoffnungen und Ängste laut aussprechen und uns so unsere Sorge und Anteilnahme bewusster machen.

Mit diesem Thema musste ich mich unlängst selbst auseinandersetzen, da viele Mitglieder meiner Familie kein Japanisch sprechen. Ich kann daher nicht länger auf solche Rituale zurückgreifen. Das heißt, ich musste Möglichkeiten finden, wie ich auf Englisch in Worte fassen kann, wie glücklich ich bin, mit den Menschen zusammenzuleben, die mir wichtig sind. Manchmal ist das ziemlich schwer. Aber da man eben nie wissen kann, was der morgige Tag bringt, möchte ich Sie ermutigen, dasselbe zu tun.

**Tatami: wie wir unser Gleichgewicht in unserem Heim und in der Natur finden** • Wenn Sie ein japanisches Haus betreten haben, dann gehen Sie zunächst durch einen Flur. Er führt zu einem Raum, dessen Boden mit *tatami* ausgelegt ist. Den bloßen Fuß auf eine Tatami-Matte zu setzen, fühlt sich ein bisschen so an, als würde man auf trockenem Gras gehen. Tatsächlich werden Tatami ja auch aus fein verwobenem Reisstroh hergestellt. Der Geruch erinnert mich oft an Tee – teilweise, weil Teezeremonien in einem mit Tatami ausgelegten Raum abgehalten werden sollen, teilweise, weil der Geruch des Reisstrohs mich an *gen-mai-cha* (braunen Reistee) erinnert. Auf Tatami geht man entweder barfuß oder man zieht – so wie ich das mache – die traditionellen kurzen weißen Tabi-Socken an. (Das Tragen von [Haus-]Schuhen ist nicht gestattet.)

Die Aufmerksamkeit auf die Fußsohlen zu richten, sie beim Hinsetzen oder Aufstehen schulterbreit auf dem Boden zu platzieren und sich beim Atmen im Boden zu verwurzeln ist eine gängige Meditationstechnik. Sie gibt uns das Gefühl von Ausgeglichenheit. Ich glaube, das ist ein Grund, warum wir ein solch starkes Gefühl des Friedens empfinden, wenn wir barfuß oder in Tabi-Socken über Tatami gehen – es fühlt sich an, als würden wir barfuß über eine Wiese oder durch den Wald gehen.

In meinem Haus in London habe ich keinen Tatami-Fußboden, aber ich habe einen kleinen Garten. Wenn ich mich stärker geerdet fühlen möchte, gehe ich in den Garten und praktiziere diese einfache Meditationstechnik. Wenn Sie in Ihrem Heim das Gefühl von Geerdet-Sein entwickeln und sich der Natur näher fühlen möchten, können Sie diese Technik ebenfalls anwenden. Suchen Sie sich eine stille Ecke und achten Sie im Sitzen oder Stehen auf Ihre Atmung. Versuchen Sie diese Übung ruhig mal draußen im Stehen, sei es im Garten oder in einem öffentlichen Park. Oder öffnen Sie einfach ein Fenster und lassen Sie die frische Luft herein.

Während Sie durch die Nase einatmen, richten Sie Ihre Aufmerksamkeit auf Ihren Atem, darauf, wie kühl und angenehm er sich anfühlt. Vielleicht fühlen Sie auch, wie Ihr Atem Ihren Körper mit der Lebenskraft von Erde und Himmel erfüllt.

Atmen Sie langsam durch die Nase aus. Ausatmen entspannt den Körper. Vielleicht spüren Sie, wie Gefühle von Anspannung abfallen.

Wenn Sie achtsam ein- und ausatmen und bei jeder Ein- und Ausatmung langsam bis acht zählen, wird sich nach und nach ein natürliches Gefühl der Entspannung einstellen. Versuchen Sie es einmal fünf Minuten lang damit. Das kann Ihnen wirklich helfen, Ihre Aufmerksamkeit auf die Atmung und den gegenwärtigen Augenblick zu richten. Während sich Ihre Atmung beruhigt und natürlich wird, tut es auch Ihr Geist.[10]

*Shōji:* **Erwarten Sie das Unerwartete** • Nehmen wir mal an, ich hätte Sie zu einer Feier in das Heim der Familie Tanaka eingeladen. Der wichtigste, mit Tatami ausgelegte Raum ist groß. Dort können sich gut und gerne zehn Menschen im Schneidersitz oder kniend um den großen, niedrigen Tisch in der Mitte des Raumes versammeln.

Auf dem Boden sehen Sie, jeweils einige Meter voneinander entfernt, schmale Holzleisten, die den Raum durchziehen und die Tatami-Matten voneinander trennen. In diesen Holzleisten laufen die Schiebetüren aus Holz und Papier, mit deren Hilfe man diesen großen Raum in mehrere kleine Räume für die verschiedenen Familienmitglieder aufteilen kann. Man kann diese Schirme aus den Leisten nehmen und sie beiseitestellen, je nachdem, wie man den Raum aufteilen möchte.[11]

Diese Schiebetüren sind nicht nur ein wesentlicher Bestandteil der Architektur eines Hauses, sondern auch Beleg für die japanische Gastfreundschaft: Sie zeugen von der Bereitschaft, Gäste zu empfangen, die unerwartet hereinschneien. Oder Raum zu schaffen für ein Familienmitglied, das am Abend noch arbeiten muss.

Shōji-Schiebetüren haben darüber hinaus noch eine praktische Funktion. Wenn der letzte Gast den Raum betritt, zum Beispiel für eine Teezeremonie, dann schließt er die Schiebetür bewusst hörbar. Dieser leicht dumpfe Klang ist ein Signal, das die um den Tisch versammelten Gäste vernehmen. Sie haben ohnehin schon darauf gewartet. Nun wissen sie, dass alle anwesend sind. Auch der Gastgeber hat auf den Klang der sich schließenden Schiebetür gehorcht. Nun kann die Teezeremonie beginnen.

Das Unerwartete erwarten, in jedem Augenblick auf den Fluss des Lebens reagieren, darum geht es letztlich beim Chōwa. Und das beginnt bereits zu Hause.

Sind Klapp- oder Faltstühle bzw. -tische sinnvoll, um den Platz besser nutzen zu können? Da immer mehr Menschen in kleinen Stadtwohnungen leben, ist ein flexibler Umgang mit dem eigenen Wohnraum eine Möglichkeit, diesen voll und ganz zu nutzen. Man kann also in ein und demselben Raum arbeiten, schlafen und Gäste bewirten.

Was die Einrichtung der Räume in Japan angeht, so ist diese Flexibilität mitunter eine Frage von Leben und Tod. Bei einem Erdbeben können schwere Schränke zur Todesfalle werden. Regale, auf denen zu viele Dinge stehen, fallen vielleicht von der Wand. Hängende Spiegel oder verglaste Bilder können herabstürzen, sodass gefährliche Splitter durch den Raum fliegen. Aber selbst, wenn wir nicht ständig mit Naturkatastrophen rechnen müssen, kann diese recht wörtliche Interpretation von Gleichgewicht – im Sinne von Gewicht und Zahl der Dinge, die wir in unserem Heim haben – uns helfen, auf möglicherweise unerwartete Veränderungen und Herausforderungen des Lebens besser zu reagieren. Was würde passieren, wenn Sie morgen in eine andere Stadt oder ein anderes Land ziehen müssten? Der Arbeit oder der Liebe wegen, vielleicht auch nur für einen langen Urlaub? Was würden Sie mit all den Dingen anfangen? Könnten Sie sie verkaufen? Verschenken? Einlagern?

Heutzutage verbringen nur wenige Menschen ihr Leben an einem einzigen Ort. Wir sollten also nicht vergessen, dass leichtere Dinge auch beweglicher sind. Man kann sie besser transportieren, verkaufen oder einlagern. Und wenn wir uns auf diese konkrete Art des Gleichgewichts eingestellt haben, fühlen wir uns vielleicht weniger belastet, wenn es um wichtige Entscheidungen geht.

- Wo leben Ihre engsten Freunde? Wenn sie weit entfernt wohnen, signalisieren Sie ihnen, dass Sie an sie denken. Sagen Sie ihnen, dass Ihr Heim ihnen stets offensteht. Das kann schon genügen, um die Verbindung aufrechtzuerhalten. In Japan lässt man die Shōji deshalb häufig halb geöffnet.

**Entspannung als Form der Bereitschaft** • Nachdem ich Ihnen jetzt das Heim der Familie Tanaka gezeigt und etwas zu essen gereicht habe, schlage ich Ihnen vor, dass Sie über Nacht bleiben. Vielleicht haben Sie ja den letzten Zug verpasst. Ich würde Sie einladen, das Badezimmer der Familie zu benutzen. Anders als westliche Badewannen sind japanische eher tief als lang. Sie können sich bis zu den Schultern ins warme Wasser sinken lassen.

Für mich ist es absolut normal, jeden Abend zu baden. Es ist nicht nur entspannend, wenn Sie sich Zeit für sich nehmen, sondern auch hygienisch. In Japan baden viele Menschen bis zu einer Stunde. Ein Bad auf Japanisch heißt, dass Sie sich zuerst im Vorraum des Badezimmers kurz unter die Dusche stellen, bevor Sie in die Badewanne steigen. Das Bad ist eine klassische Nasszelle mit einer separaten Dusche. Dort steht ein Stuhl, auf den Sie sich zum Duschen niederlassen. Das Schmutzwasser fließt durch ein Gitter im Boden ab. Bad und Dusche sind in vielen japanischen Häusern getrennt. Mitunter verlässt man die Wanne mehrmals, um sich zwischendrin abzuduschen und dann wieder ins Wasser einzutauchen. Sobald wir unser Bad beendet haben, lassen wir das Wasser nicht etwa aus, sondern heben es auf für das nächste Familienmitglied. Das mehrmalige Aussteigen aus der Wanne und das Abduschen sollen gut für die Haut sein.

Ein weiterer Effekt eines Bades am Abend ist, dass es beruhigt. Wir haben Gelegenheit, auf unsere innere Stimme zu lauschen. Auf das, was wir empfinden. Was wir denken. Wenn es um uns herum laut und geschäftig zugeht, hören wir diese Stimme nicht. Im Bad aber ist unser Körper entspannt und bald auch unser Geist. Was auch immer andere Menschen tagsüber zu uns gesagt haben, diese Ruhe können sie nun nicht mehr stören, unsere innere Stimme nicht übertönen.

- Wie wäre es mit ein paar sanften Übungen in der Badewanne? Ein paar sanfte Dehnungen vielleicht? Oder eine kurze Nackenmassage?
- Lesen Sie etwa in der Badewanne? Oder hören Sie Musik bzw. benutzen Ihr Handy? Versuchen Sie mal, alle Ablenkungen abzustellen – und selbst das Buch wegzulegen. Schalten Sie ein paar Gänge herunter, um auf Ihre innere Stimme zu horchen. In meinen Augen ist dies der beste Weg, am Ende eines langen Tages zu meinem Gleichgewicht zu finden.
- Verschieben Sie das Duschen oder Baden mal auf den Abend. Dieser kleine Akt von Chōwa heißt, dass wir mit dem Rhythmus des Tages gehen. Und er hat mehr als nur einen Vorteil: Wir müssen uns morgens nicht so beeilen.

Und wir halten unser Bett sauber. Denn wenn Sie abends mit ungewaschenen Haaren schlafen gehen, wird das Kissen schmutzig.

***Tadaima*: Machen Sie es sich zur Gewohnheit, beim Heimkommen zu sagen: »Ich bin jetzt hier«** • Wenn in Japan ein Familienmitglied nach Hause kommt, sagt es: »*Ta-dai-ma*.«

Wörtlich heißt das: »Ich bin gerade hier angekommen.« Oder: »Ich bin jetzt hier.«

Die Familienmitglieder, die bereits zu Hause sind, antworten: »*O-ka-er-i-na-sai*.« Oder einfach nur: »*O-ka-er-i*.«

Und das wiederum bedeutet: »Willkommen zu Hause!«

Wir leben in einer Welt, in der man von uns erwartet, stets auf Empfang zu sein – auf E-Mails zu antworten, unser Telefon auf neue Nachrichten zu checken, in den sozialen Medien nach Neuigkeiten zu forschen. Doch die »Freunde« dort sind nicht selten Kollegen, alte Schulfreunde, Familienmitglieder und Fremde. Auf diese Weise wurden die Grenzen zwischen Heim und Arbeit und unserem Sozialleben auf immer verwässert. Eins allerdings können wir tun: Wenn wir zu Hause sind, bekennen wir uns dazu, auch wirklich da zu sein.

Diese Ansage, die uns so leicht fiel, als wir noch klein waren – »Ich bin jetzt da!« –, kann sehr wichtig sein. Für Japaner hört sich das an wie ein Lied, ein höchst musikalischer Klang, den wir automatisch mit der Liebe unserer Familie verbinden. Als wir klein waren, kamen wir nach Hause, zogen die Schuhe aus und riefen: »Ich bin zu Hause!« Darauf folgte ein langer Seufzer der Erleichterung, mit dem wir den Alltag hinter uns ließen. Bald danach sollten wir gemeinsam mit unserer Familie essen, ein Buch lesen oder zur Entspannung in die Badewanne steigen. Die Erinnerung, die in diesen Worten steckt, dieses tägliche Bekenntnis zum Leben in der Gegenwart – zumindest, wenn wir zu Hause sind – hat etwas durch und durch Kraftvolles: »Ich bin jetzt hier.«

## In Harmonie mit der Natur: wie wir uns besser um unser Zuhause kümmern können

Auch heute noch lebt man in Japan bewusst im Rhythmus der Jahreszeiten. Das gilt natürlich auch für die japanische Wohnung bzw. das Haus. Wenn wir nach Gleichgewicht für uns selbst streben, dürfen wir nicht vergessen, dass dies auch heißt, im Gleichgewicht mit der Natur zu leben.

Beim Chōwa – dem Leben in Harmonie – geht es nicht darum, sich eine hübsche, kleine Blase für sich selbst zu schaffen und zu übersehen, dass wir, wie alles andere auf dieser Welt, Teil der Natur sind. Wie viel Plastik wir auch immer benutzen mögen, wie viel Zeit wir in Städten aus Beton und Stahl verbringen, wir sind Natur. Und die Natur sind wir.

Wie alle natürlichen Dinge sind wir – und unser Leben – dem Wandel unterworfen.

Wie alle natürlichen Dinge werden wir einmal vergehen.

Das soll jetzt nicht nach Weltschmerz klingen: Es ist einfach eine Lebenstatsache. Das zu akzeptieren kann uns helfen, den Rhythmus der Natur anzunehmen – und damit den unvermeidlichen Verfall unseres Heims. Daher würde ich Ihnen jetzt gerne zeigen, was Chōwa uns über ein Leben im Einklang mit der Natur lehren kann und wie wir dem, was unser Zuhause wirklich von uns braucht, mehr Aufmerksamkeit schenken können.

Die Tatsache, dass japanische Häuser weitgehend aus natürlichen Materialien bestehen – aus Papier, Holz und verdichteter

Erde –, erinnert uns an diese einfachen, aber bedeutsamen Wahrheiten. Wenn Sie im Haus der Familie Tanaka einen Blick auf die Schiebeschirme werfen, werden Sie feststellen, dass das Haus zwar alt ist, die Schiebetüren aber nagelneu aussehen. Das Papier dieser Schirme wird einmal im Jahr ausgetauscht, und zwar am 30. oder 31. Dezember, vor Beginn des neuen Jahres also. Als ich noch klein war, genoss ich es, wenn ich mit meiner Mutter und meiner Tante durchs Haus meines Onkels ging, um die Schirme zu erneuern. Ich durchschlug mit meiner kleinen Faust das Papier und hinterließ ein Riesenloch. Die ausgerissenen Ränder kamen mir vor wie weiße Flammen. Das Papier wurde rechtzeitig für die Neujahrsfeiern ersetzt. Danach fühlte sich das Haus wie verjüngt an – wie eine blank gewischte Tafel.

**Wie man sich um sein Zuhause kümmert (inspiriert vom Shinto, dem Weg der Geister)** • Während Sie durch das Haus der Familie Tanaka spazieren, sehen Sie, dass die Holzwände in den Fluren makellos sauber sind. So sauber, dass Sie sich im dunklen Holz spiegeln können.

Die Strategien, die die japanische Aufräumkünstlerin Marie Kondo Leserinnen und Lesern in aller Welt vermittelt – Kleidung sauber falten, das Heim organisieren, alles, was man nicht braucht, verschenken oder wegwerfen –, wurden und werden in japanischen Familien von Generation zu Generation vererbt.[12] Einer der Gründe, warum die japanische Form des Aufräumens so beliebt wurde, ist unsere stillschweigende Verbindung mit dem natürlichen Fluss der Dinge: Zwischen dem Aufräumen unseres Heims und unserem inneren Gleichgewicht besteht eine enge Verbindung. Sein Heim sauber zu halten ist ein Weg, sich auf die Rhythmen der Natur einzustellen.

Die traditionelle Religion Japans, das Shinto (»Weg der Götter [oder der Geister]«), geht davon aus, dass überall in der Natur *kami* (Geister) leben – im Regen, in den Bergen, den Bäumen, den Flüssen. Und das gilt auch für die von Menschen gemachten Gegenstände in unserem Zuhause. Wir sind uns dieser Geister in den Dingen bewusst und dementsprechend reinigen wir sie. Wir wissen, dass sie ihr eigenes Dasein haben, ihre eigenen Bedürfnisse, und daher achten wir ganz bewusst auf die Pflege, die sie von uns fordern. Jedes unbelebte Objekt, vom Fächer bis zum Schuh, vom Stuhl bis zum Auto, kann einen Kami haben. Schließlich war alles, was heute unser Eigentum ist, früher einmal Teil der Natur. Selbst Dinge aus Plastik oder Stahl sind das Werk menschlicher Hände. Der Shintoismus lehrt uns, dass alle Dinge, ob natürlich oder menschengemacht, einen inneren Wert haben.

Wann immer ich mein *kiri-dansu* reinige, die hölzerne, mit Schubladen versehene Truhe, in der ich meine Kimonos aufbewahre, sage ich: »Danke, dass du mit mir von Japan hierhergekommen bist. Danke, dass du mir so gute Dienste leistest.«

- Haben Sie Objekte, die Sie regelmäßig benutzen – einen Sessel beispielsweise, einen Tisch, eine Uhr –, denen gegenüber Sie Ihre Dankbarkeit ausdrücken möchten, weil sie Ihnen nun schon seit Jahren dienen? Würde dieser Ausdruck von Dankbarkeit Sie nicht dazu veranlassen, sich besser um diese Dinge zu kümmern – zum Beispiel, indem Sie Ihren alten Sessel mal neu polstern lassen?
- Wie können Sie besser auf die natürlichen Materialien in Ihrem Haus achten? Wissen Sie, aus welchem Holz Ihr Esszimmertisch gefertigt wurde? Woraus besteht Ihre Bettwäsche? Achtsamkeit gegenüber den Materialien in

unserem Umfeld versetzt uns nicht nur in die Lage, sie besser zu pflegen. Es erweckt in uns auch ein Gefühl der Dankbarkeit dafür, dass sie uns so unermüdlich zur Verfügung stehen.

**Recycling und Wiederverwendung in unserem Heim** • Den Materialien in unserem Heim Gerechtigkeit widerfahren zu lassen heißt auch, dass wir sie so lange wie möglich nutzen und sie pflegen, damit sie gesund und zufrieden ihre Lebensspanne erfüllen können. Es versetzt mir immer einen kleinen Stich, wenn beim Weihnachtsfest in Großbritannien massenhaft Geschenkpapier in die Mülltonne geworfen wird. Meist wurde es ja nur einmal benutzt. Dann denke ich unwillkürlich: »*Mottainai!*« – Was für eine Verschwendung!

In Japan verpackt man Geschenke häufig immer noch in *furoshiki* genannte Seidentücher. Traditionell erfüllten diese Tücher viele Funktionen. Man benutzte sie beispielsweise zum Einpacken von Kleidern, die man dann in einem Schrank lagerte. Man konnte sie verwenden, um Dinge zu tragen. (Früher waren sie genauso verbreitet wie Taschen im Westen.) Man transportierte darin Gemüse, Reistüten, Imbissbehälter, ja sogar Babys. Wenn jemand ein in ein *furoshiki* gewickeltes Geschenk bekam (das er natürlich erst allein, zu Hause, öffnete), dann wurde das Stück Stoff sorgsam zusammengefaltet und dem Schenkenden zurückgegeben, damit er es wiederverwenden konnte. Geschenke in Tücher zu verpacken ist nicht nur elegant, sondern auch umweltfreundlich.

Selbst wenn Sie nun kein Furoshiki-Tuch kaufen, so können Sie doch beim Verpacken von Geschenken darauf achten, dass man das Papier wiederverwenden kann. Wenn Sie beim Verpacken des Geschenks keinen Tesafilm benutzen, sondern es nur mit Schleifen oder Bändern zusammenbinden, dann ermuntern Sie andere ebenfalls, das Papier wieder zu nutzen.

**Sich um das Zuhause kümmern – ein Ausdruck von Liebe und Dankbarkeit** • Inspiriert vom Shintoismus hat sich in Japan eine Glaubensvorstellung herausgebildet, die eine wichtige Chōwa-Lektion für uns enthält: Wenn wir Sorge für unser Heim tragen, dann wird es wiederum für uns sorgen.

Ich weiß noch, wie meine Großmutter mir einmal erzählte, dass es sogar in der Toilette einen Kami gibt. Wenn du die Toilette putzt, sagte sie, dann wird der Gott der Toilette dir eine gute Gesundheit schenken und dich vielleicht sogar wohlhabend machen. Und nicht nur das. Wenn du die Toilette wirklich sehr gut putzt, meinte sie, dann wirst du später mal schön werden. Ihre Lektion lautete: »Wenn der Geist der Toilette glücklich ist, dann wirst du es auch.«[13]

Unser Zuhause zu säubern sorgt auch dafür, dass wir uns unseren Lieben näher fühlen. Die Menschen, die uns zeigen, wie man sauber macht, sind meist die gleichen, die uns alles beibringen, was wir über das Leben wissen – unsere Mütter, Väter, Großmütter oder älteren Geschwister. Mein eigenes Heim in Ordnung zu halten bringt mich den Menschen näher, die ich liebe – den Lebenden ebenso wie den Toten.

**Putzen und Aufräumen für mehr Gleichgewicht in der Familie** • In Japan glauben viele Menschen, dass wir, wenn die Geister unseres Zuhauses glücklich sind, selbst Glück erfahren. Zumindest hat meine Mutter mir das immer gesagt, wenn ich meine Haushaltspflichten vernachlässigt habe.[14]

Aber ich unterscheide mich von meiner Mutter insofern, als ich den Rest meiner Familie beim Putzen und Aufräumen einbeziehe. Ich finde diese Tätigkeiten sowohl beruhigend als auch belebend, aber das heißt nicht, dass ich die ganze Arbeit allein machen muss. Gerade das Putzen ist ein schöner Weg, das Gleichgewicht in der Familie zu stärken – indem wir dafür sorgen, dass jedes Familienmitglied seinen Beitrag für das gemeinsame Zuhause leistet. Heute sind meist nur mein Mann und ich daheim, aber er trägt das Seinige bei.

**Sich um das Haus kümmern als Ausdruck der Dankbarkeit**
• Am 1. September 1923 war meine Großmutter ins Haus einer Freundin nach Tokio geladen. Sie plauderte mit ihrer Freundin und hielt ihr Baby im Arm (es war der ältere Bruder meiner Mutter, der einfach nicht einschlafen wollte). Plötzlich begann die Erde zu beben. Meine Großmutter hatte schon Erdbeben erlebt, aber nicht in dieser Stärke. Das ganze Haus schwankte wild hin und her. Bevor sie überhaupt reagieren konnte, sah sie schon nichts mehr. Das Dach hatte nachgegeben. Die Trümmer regneten auf sie herab und verletzten sie. Sie konnte sich nicht mehr bewegen. Und die Erde bebte weiter und weiter. Sie klammerte sich an ihr Kind. Das war das Große Kantō-Erdbeben von 1923, bei dem über 100 000 Menschen starben. Meine Großmutter konnte sich und ihr Baby gerade noch so retten. Als sie aus den Trümmern herauskroch, sah sie, dass viele Häuser vollkommen zerstört waren. Häuser aus Holz und Papier brennen leicht. In der Feuersbrunst, die auf das Erdbeben folgte, brannten viele Häuser, die jahrhundertelang liebevoll gepflegt worden waren, von einer Minute auf die andere nieder.

Am 11. März 2011 hörte ich in den Nachrichten von dem Erdbeben und dem folgenden Tsunami, die die Region Tōhoku im Nordosten Japans getroffen hatten. Erst als ich für die Opfer eine Hilfsinitiative ins Leben rief, konnte ich die Behelfsunterkünfte besuchen, die man für die Menschen errichtet hatte, die durch das Erdbeben, den Tsunami und die Kernschmelze im Fukushima-Daiichi-Atomkraftwerk ihr Zuhause verloren hatten. Was die Familien, mit denen ich sprach, am meisten belastete, war die Tatsache, dass sie sich nicht richtig waschen konnten. Trockenshampoo ist in Japan bis heute unbeliebt, weil es die Menschen an diese Zeit erinnert. Niemand findet es schlimm, sich täglich ein paar Minuten Zeit zu nehmen, um sich richtig zu waschen. Die Menschen wissen, was es für ein Glück ist, dass sie es tun können.

Aus Unglücksfällen zu lernen ist eine weitere Lektion des Chōwa: mit anderen Menschen Leid und Freude teilen. Da solche Katastrophen in Japan häufig vorkommen, werden die Einwohner ständig daran erinnert, wie viel Glück sie haben, wenn sie ihr Heim in Ordnung halten können, selbst wenn sie selbst noch kein solches Drama erlebt haben. Also mache auch ich mir ein Anliegen daraus, mein Zuhause aufzuräumen, weil ich für mein Glück dankbar bin und weil ich den alltäglichen Luxus eines sauberen Heims genießen möchte.

## Chōwa-Lektionen:

## Zu Hause ins Gleichgewicht finden

### Bemühen Sie sich bewusst

- Haben Sie ein Familienritual zur Verabschiedung und Begrüßung?
- Wünschen Sie, Sie könnten Ihren Lieben öfter zeigen, wie viel Liebe und Dankbarkeit Sie für sie empfinden?

- Gibt es Kleinigkeiten, die Sie tun können, um auf alle Eventualitäten vorbereitet zu sein? (Bewahren Sie eine Taschenlampe neben der Tür auf, falls es einen Stromausfall gibt. Drucken Sie alle wichtigen Notfallnummern aus und hängen Sie sie so auf, dass jedes Familienmitglied sie sehen kann.)

**Über das Putzen ins Gleichgewicht kommen**

- Was für einen Bezug hatten Sie zum Putzen, als Sie noch ein Kind waren? Hat sich etwas verändert, als Sie älter wurden?
- Wer hat Ihnen beigebracht zu putzen und hinter sich aufzuräumen? Ein Elternteil? Die Großeltern? Die Geschwister? Ein Partner oder eine Partnerin?
- Was passiert, wenn Sie das Putzen als einen Akt des Gedenkens an diese Person sehen?

**Im Einklang mit der Natur**

- Stellen auch Sie, wie die Tanakas, eine Vase mit Blumen der Saison in den Flur. Der Blumengruß heißt Sie und Ihre Gäste willkommen.
- Es gibt viele schöne Wege, um unser Gleichgewicht mit der Natur wiederzufinden. Als ich noch jünger war, hatten meine Schwester und ich ein jährliches Ritual namens *momiji gari:* Wir suchten und sammelten die schönsten herbstlichen Blätter. Wie sähe Ihre Momiji-Gari-Jagd aus? Was würden Sie am liebsten sammeln?

# Den eigenen Teil beitragen

*Der nie besungene Pfeiler stützt mit seiner Kraft das ganze Haus.*
                                                    Japanisches Sprichwort

Mutter. Vater. Frau. Mann. Tochter. Sohn. Die Rollen, die wir in unseren Familien innehaben, wandeln sich zusehends. Und viele dieser Veränderungen fühlen sich so an, als wären sie ein Wandel zum Besseren: Zum Beispiel teilen viele meiner Freunde die Sorge um die Kinder gleichmäßig zwischen sich auf. Das macht es für Frauen sehr viel einfacher, einem anspruchsvollen Beruf nachzugehen und trotzdem eine Familie zu gründen. Für einige Menschen aber ist es immer noch schwierig, mit den Anforderungen des modernen Lebens zurande zu kommen und ihr wahres Selbst mit der Verantwortung für die Familie zu vereinbaren.

Chōwa kann uns helfen, mit solch gegensätzlichen Ansprüchen umzugehen. Harmonie in der Familie im traditionell japanischen Sinn bedeutet, dass wir uns fragen: »Wie kann ich dienen?« Das heißt, dass wir unser Bestes tun, um uns gegenseitig in unseren Rollen und bei unseren Tätigkeiten zu unterstützen. Dabei sehen wir uns selbst als Teil eines größeren

## DEN EIGENEN TEIL BEITRAGEN

Ganzen. Was das Elterndasein angeht und die Verantwortung für die Familie, habe ich zwar viel von meinen Eltern gelernt, noch mehr aber von der Tatsache, dass ich in zwei Ländern lebe – England und Japan. Das hat mir gezeigt, wie sich Familienleben mit Spaß und Flexibilität angehen lässt und wie viel ich mir tatsächlich abverlangen kann. Eine Familie zu haben ist ein Balanceakt, den ich erst richtig erlernt habe, als ich selbst eine Tochter großzog.

Und ich möchte Sie anregen, über folgende Schlüssellektionen des Chōwa nachzudenken:

- **Betrachten Sie die Rolle, die Sie in Ihrer Familie spielen, als Balanceakt.** Teil einer Familie zu sein heißt, dass wir unsere oft so stolz vertretenen »Rollen« und »Verantwortungen« besser abstimmen, dass wir weniger Wert darauf legen, was von uns erwartet wird, und mehr darüber nachdenken, was wir tatsächlich geben können.
- **Finden Sie Harmonie im Familienleben.** An den eigenen Rollen Spaß zu haben ist mehr als möglich. Bringen Sie den Geist des Chōwa in Ihre Beziehungen ein. Gehen Sie ein bisschen mehr mit dem Fluss, ohne zu vergessen, woher Sie kommen. Vielleicht hilft es Ihnen ja, wenn Sie im Umgang mit der Familie Vokabeln wie »Kompromiss« und »Opfer« ersetzen durch »einander ergänzen« oder »Fürsorge«.
- **Sehen Sie sich selbst und den anderen klarer.** Chōwa lehrt uns, aufmerksam auf das zu achten, was wir einander abverlangen. Aber natürlich müssen wir auch lernen, wie wir uns selbst Pausen gönnen. Gerade wenn Ihnen die Vielzahl der Anforderungen über den Kopf zu wachsen droht, sollten Sie lernen, einen Schritt zurückzutreten und

sich selbst objektiv zu fragen: Wo liegt mein persönliches Gleichgewicht? Eben dies vergessen wir häufig, wenn das Familienleben turbulent wird. Es ist nicht immer leicht, mit anderen Menschen zusammenzuleben, wie sehr wir sie auch lieben mögen. Manchmal brauchen wir einfach Raum für uns, um herauszufinden, was wir tun können, damit die Dinge sich zum Besseren wandeln.

## Das Haus, in dem ich aufwuchs

Ich habe zwar einen Großteil meiner Kindheit im Haus der Familie Tanaka verbracht, aber aufgewachsen bin ich dort nicht. Das Haus gehörte meinem Onkel und seiner Familie. Da mein Vater nicht der älteste Sohn war, hat er das Haus nicht geerbt, auch das Land nicht oder andere Vermögenswerte der Familie Tanaka. Traditionsgemäß fiel all das an meinen Onkel, den erstgeborenen Sohn. Um Ihnen mehr über die Kunst des Chōwa im Familienleben zu erzählen, möchte ich Sie an einen anderen Ort einladen ...

Wenn Sie frühmorgens im Haus der Familie Tanaka aufwachen, dann falten Sie zuerst Ihren Futon und legen ihn weg. Sie suchen sich Ihren Weg zurück durch den Korridor und ziehen im Genkan die Schuhe an, die Sie dort am Abend zuvor abgestellt haben. Sie öffnen die Schiebetür, treten hinaus und schließen sie leise wieder hinter sich. Dann schlendern Sie die Straße entlang, vorbei am zugewachsenen Friedhof. An der breiten Straße lassen Sie Ihren Blick über die nebelverhangenen Reisfelder schweifen, so weit das Auge reicht.

Sie legen eine flottere Gangart ein und gelangen nach wenigen Minuten an ein kleines Bauernhaus. Hier lebte meine

Großmutter mütterlicherseits, und hier ist meine Mutter aufgewachsen. Noch ein paar Schritte und Sie kommen zu einem kleineren, zweistöckigen Holzhaus, das erste in einer Reihe gleich aussehender Häuser, die in einem Abstand von etwa 200 Metern zueinander stehen.

Hier bin ich groß geworden.

## Wie Sie Ihr Selbst ins Gleichgewicht bringen

In der Familie stehen wir häufig vor scheinbar unlösbaren Problemen. Wir wollen wir selbst sein, unser Potenzial entfalten können. Als Eltern oder Partner haben wir das Gefühl, eine bestimmte Verantwortung zu tragen, innerhalb der Familie eine bestimmte Rolle spielen zu müssen, ob es nun die des »strengen Zuchtmeisters« oder die der »fleißigen Organisatorin« ist. Manchmal haben wir das Gefühl, ohne uns würde alles einfach zusammenbrechen. Die Energie, die es braucht, um diese Rolle auszufüllen, gibt uns manchmal das Gefühl, dass wir uns selbst nicht treu sein können. Und doch empfinden wir es als nötig, diese Verantwortung zu übernehmen – irgendjemand muss schließlich für die Einhaltung der Regeln sorgen, aufräumen, die Harmonie zu Hause aufrechterhalten.

Hier möchte ich Ihnen nun einen japanischen Begriff nahebringen, in dem sich dieses Gleichgewicht ausdrückt, nach dem wir alle streben, ganz egal, aus welcher Familie wir kommen.

自分
*ji-bun*

Diese Schriftzeichen stehen für »Selbst-Teil«
(im Sinne von »Teil eines größeren Ganzen«).

Diese Schriftzeichen beinhalten eine Lektion, die durch und durch dem Chōwa entspricht: Was immer wir auch tun, wir tun es im Kontext unserer Beziehungen zu anderen Menschen, als Teil eines feinen Gleichgewichts, das wir ständig neu mit anderen aushandeln. Innerhalb unserer Familie spielen wir eine bestimmte Rolle. Wäre unsere Familie anders, wäre auch unsere Rolle eine andere. In gewisser Weise spiegelt sich in diesem Begriff die Doppelbedeutung des Begriffes »Teil« wider: Wir alle sind Teile eines größeren Ganzen. Und gleichzeitig spielen wir alle unseren »Part« im großen Spiel.

Dieses japanische Wort für »Selbst« kann uns helfen, innerhalb unserer familiären Beziehungen ins Gleichgewicht zu finden. Heute legen wir sehr viel Wert darauf, uns selbst treu zu sein. Wenn wir uns jedoch als Ji-bun sehen, als »Selbst-Teil«, dann begreifen wir, dass die Trennlinie zwischen unserem voll verwirklichten Selbst und dem »Part«, den wir spielen (also unsere Rolle in Familie und Gesellschaft) nicht so klar ist, wie wir mitunter glauben. Denn was ist unser Selbst denn anderes als der ständige Tanz zwischen dem, was wir anderen schulden, und dem, was wir uns selbst schuldig sind? Es ist der lebenslange Kampf darum, unsere Pflichten gegenüber anderen zu erfüllen, ohne dass dabei unsere Spontaneität und unser entkrampfter Umgang mit ihnen auf der Strecke bleiben.

Ji-bun zeigt uns auch, dass das Selbst mehr sein kann. Das Selbst ist eben nicht nur Teil eines größeren Ganzen. Es kann in einem häufig zersplitterten Ganzen auch zur einenden Kraft der Harmonie werden.[15]

**Äußere Anzeichen für inneres Engagement** • Wie so viele andere Kinder meiner Generation wurde ich zu strenger Disziplin erzogen. »Disziplin« wird mit diesem Zeichen geschrieben:

躾

*shitsuke*

Das Wort setzt sich zusammen aus den Schriftzeichen für
- Körper, Haltung oder Einstellung (身) und
- schön, korrekt, passend (美)

Wir werden noch mehrfach auf die Konzepte zurückkommen, die sich in diesem Schriftzeichen ausdrücken. Es ist auf jeden Fall eng mit der Idee des Chōwa verknüpft. Natürlich können Sie die Einstellung eines Menschen nicht direkt sehen, aber wie diszipliniert der Geist eines anderen arbeitet, lässt sich an seiner Haltung ablesen – und an seinen Worten und Taten. Unser Körper sollte – was auch immer wir in dieser Welt tun – unseren Geist, unsere innere Haltung ausdrücken. Wir können anderen Menschen nur dann unseren Charakter zeigen, wenn das, was wir tun, sagen oder denken, miteinander in Harmonie steht.

Sie sind, was Sie tun. Pünktlich zu Verabredungen erscheinen, abends rechtzeitig nach Hause kommen, um noch genug Zeit für die Kinder zu haben, sich Zeit nehmen, um mit alten Freunden Kontakt zu halten – die Summe Ihres Handelns, das, was Sie tatsächlich tun, bestimmt Ihren Charakter. Mehr als das, was Sie sagen oder planen.

**Unsere Kinder fordern** • Stellen Sie sich vor, ich hätte Sie in das Haus eingeladen, in dem ich aufgewachsen bin. In das bescheidene Heim einige Hundert Meter entfernt vom Haus der Familie Tanaka. Sie legen im Eingangsbereich Ihre Schuhe ab, bevor Sie das Haus betreten. Genauso, wie Sie es im größeren Haus gemacht haben.

Wenn Sie nun in den Korridor mit den Holzdielen treten, stehen Sie dem Lieblingsbild meines Vaters gegenüber. Es zeigt einen Tiger, der sein Junges im Maul trägt. Unterhalb des Bildes prangen drei Schriftzeichen, die das Motto unserer Familie umreißen: Stärke. Klugheit. Schönheit.

| 強く | 明るく | 美しく |
|---|---|---|
| *tsuyoku* | *akaruku* | *utsukushiku* |

Das Bild zeigt eine Szene aus einem beliebten Volksmärchen. Eine Tigerin trägt ihr Junges an den Rand eines Felsvorsprungs. Sie öffnet langsam das Maul. Das Tigerjunge rollt über die Kante. Wenn es nicht fähig ist, sich zurückzukämpfen, ist es nicht stark genug für diese Welt.

Ich weiß: Das Bild und die dahinterstehende Haltung sind schockierend. Aber als es damals darum ging, Mädchen zu erziehen, wandte mein Vater sich gegen die Tradition und tat alles dafür, dass wir nicht nur *klug* und *schön* wurden. Er lehrte uns auch, *stark* zu sein. Er bereitete mich auf Zeiten vor, in denen ich Herausforderungen zu bestehen haben würde, und zeigte mir, wie ich mit erhobenem Haupt und ohne Angst zu zeigen durch solche Zeiten gehen konnte.

**Eine Herausforderung kann positiv sein.** Natürlich müssen wir zu unseren Kindern nicht so unerbittlich sein wie die

Tigerin in dieser Geschichte. Mein Vater unterzog mich und meine Schwestern Prüfungen, denen ich meine Tochter niemals unterziehen würde – so wurden wir beispielsweise, wenn wir Widerworte gaben, in einen Schrank gesperrt. Aber Herausforderungen müssen ja nicht immer in solch einem Geist geschehen. Sie können durchaus positiv sein. Origami zum Beispiel kann innerhalb weniger Stunden erlernt werden. Doch diese Kunst des Papierfaltens zu meistern dauert ein ganzes Leben. Gerade zu Anfang wirkt es fummelig, ja sogar nervig. Aber für Kinder ist es wunderbar, weil es sowohl ihr Handgeschick fördert als auch ihr Gehirn fordert. So lernen sie die vielschichtigen Regeln der Geometrie und haben noch Spaß dabei.

**Für Ruhe im Haus sorgen** • Laute, glückliche Kinder haben etwas Wunderschönes an sich. Ich persönlich finde gar nicht, dass man Kinder sehen, aber nicht hören sollte. Worum es mir hier geht, ist ganz allgemein eine Atmosphäre der Ruhe im Haus, für die die Erwachsenen ebenso verantwortlich sind wie die Kinder. Kinder ahmen liebend gerne alles nach. Wenn ich mal die Geduld verlor, hörte ich bald darauf meine harschen Worte aus dem Mund meiner Tochter. Ich habe mich bemüht, meinem Kind nicht zu sagen, was es tun sollte. Stattdessen habe ich alles ruhig und in aller Stille erledigt, und sie konnte mir dabei zusehen, konnte beobachten und lernen. So regte ich ihre Fähigkeit zur Nachahmung an, indem ich ein gutes Beispiel gab. Die Aufmerksamkeit eines Kindes darauf zu lenken, wie man beobachtet und lernt, ist eine wunderbare Methode, es auf das Leben außerhalb der Familie vorzubereiten (wo es in Ruhe lernen muss, beim Spiel mit anderen nett sein soll etc.). Wenn wir mit anderen Menschen zusammenleben, wollen wir doch, dass unser Geist ruhig und klar ist. Für jene Momente, in denen wir schwierige Gespräche führen müssen, Streitigkeiten lösen oder Augenblicke der Trauer bzw. der Freude mit ihnen teilen. Für Ruhe im Haus zu sorgen ist ein wichtiger Schritt hin zu einem Heim, in dem alle sich entspannen und miteinander reden können.

**Haben Sie Freude an Ihrer Rolle** • Den eigenen Kindern ständig sagen zu müssen, sie sollen aufräumen, ihre Hausaufgaben machen oder sich besser benehmen, laugt einen auf die Dauer aus. Ich weiß noch, wie viel Energie mein Vater auf seine Rolle als »strenger Samurai-Vater« verwandte. Ich habe ihn jedoch als viel liebevoller in Erinnerung, wenn er diese Maske mal fallen ließ.

Jedes Jahr vor dem Frühlingsfest feierten wir *Setsubun*. Wenn Sie uns an diesem Februartag besucht hätten, hätten Sie meine Mutter, meine Schwestern und mich rufen hören: *»Fuku wa uchi, oni wa soto.« Fuku wa uchi* heißt: »Glück, komm herein.« *Oni wa soto* bedeutet: »Dämonen, bleibt draußen.«

In japanischen Haushalten ist es gewöhnlich der Vater, der eine Maske aufsetzt und so tut, als sei er ein böser Dämon. Die Kinder und die Mutter hingegen bewerfen ihn mit ganzen Händen voll gerösteter Sojabohnen, während er zu entkommen versucht. Nachdem der Dämon vertrieben wurde, reinigen alle zusammen das Haus.

Ich weiß noch, wie ich meinen Vater mit Sojabohnen bewarf, während er zornig knurrte. Wir warfen so fest, wie wir nur konnten. Als mein Vater dann die Maske abnahm, bemerkte ich Tränen in seinen Augen. Ich dachte zuerst, wir hätten ihn verletzt, aber es waren Tränen des Lachens – unsere wild entschlossenen Kindergesichter hatten ihn gerührt.

## WIE SIE IHR SELBST INS GLEICHGEWICHT BRINGEN

Mein Vater spielte seine Rolle – die des strengen Vaters – sein Leben lang. Wenn ich an sein verschwitztes Gesicht denke, das schließlich hinter der Maske zum Vorschein kam, denke ich an all die Energie, die ihn dies gekostet haben mag. Hier ein paar Gedanken zur Maske unserer familiären Rolle:

**Versuchen Sie, sich nicht allzu sehr in die Rolle zu verstricken, die Sie glauben, unbedingt spielen zu »müssen«.** Ob Sie nun versuchen, der Partner oder der Vater bzw. die Mutter zu sein, die Sie glauben, sein zu müssen, letztlich sind Sie eine Mischung aus dem, was Ihre Eltern Sie gelehrt haben, und dem, was Sie von anderen gelernt haben. Jeder von uns erfindet sich im Laufe des Lebens selbst. Und es täte uns allen gut, wenn wir unsere Rollen etwas weniger ernst nähmen.

**Legen Sie Ihre Sturheit ab.** Manchmal reden wir uns ein, dass es unsere Aufgabe ist, dies oder jenes zu tun – ob es nun um die Haushaltskasse geht, um die Reiseplanung oder ums Kochen. Im positiven Sinne heißt das, dass wir unserer Familie das geben, was wir am besten können. Aber wir büßen das innerfamiliäre Gleichgewicht ein, wenn das, was voll der besten Absichten begann, sich plötzlich ganz anders entwickelt: wenn wir nämlich nicht mehr der Familie dienen, sondern nur uns selbst und uns dabei entsprechend isolieren. »Ich bin *der Einzige* in der Familie, der Ferien richtig organisieren kann.« Oder: »Ich bin *die Einzige* in der Familie, die Geld richtig einteilen kann.« Dieses Gleichgewicht – das daraus entsteht, dass wir anderen zuhören und jedermanns Meinung Gewicht hat – ist für die Harmonie in der Familie unverzichtbar. Wenn Sie mit einem Familienmitglied sprechen müssen, das einfach nicht zuhört, ist es eine gute Idee, die »Kritik« in eine

Diskussion zu verpacken: »Ich verstehe ja, worum es dir geht, aber ...« Vielfach hilft das diesen Menschen zu begreifen, warum sie sich so sehr in Ihre Art, die Dinge zu handhaben, verbohren. Oder gar die komische Seite der eigenen Arroganz, Kleinlichkeit oder Sturheit einzusehen.

**Geben Sie zu, wenn Sie falschliegen.** Wir verwenden eine Unmenge an Energie darauf, alles korrekt zu erledigen, recht zu haben und die Kontrolle zu behalten. Aber Sie sollten keine Angst davor haben, es Ihren Kindern gegenüber zuzugeben, wenn Sie falschliegen. Oder sich zu entschuldigen, wenn Sie die Stimme erhoben haben. Häufig fällt gerade in solchen Momenten unser konventionelles Rollenverhalten in sich zusammen. Dann stehen Eltern und Kinder sich gleichberechtigt gegenüber – und nur dann können sie auch tatsächlich Freunde werden.

**Der Geist des Samurai: Lernen Sie, Ihrer Familie zu dienen, und Sie lernen, sich selbst von Nutzen zu sein.** • Wenn Sie das Wort »Samurai« hören, denken Sie vermutlich an japanische Krieger mit Haarknoten und Schwert in der Hand, allzeit bereit, armen Menschen beizustehen. Wie Akira Kurosawa es in seinem berühmten Film *Die sieben Samurai* darstellt. Was Sie möglicherweise nicht wissen, ist, dass der Begriff »Samurai« vom japanischen Wort *saburo* stammt. Das wiederum heißt »dienen«.

Üblicherweise bringt man Samurai-Tugenden eher mit Männern in Verbindung. Meine Mutter aber sah das anders. Wie gesagt stammt die Familie Tanaka von einem Samurai-Geschlecht ab, das dem Kriegerpoeten Ōta Dōkan diente. Doch zur Zeit der Samurai erwartete man keineswegs nur von

Männern, dass sie in den Kampfkünsten bewandert waren und fähig, Heim und Herd zu verteidigen – oder Armeen anzuführen, wenn Väter bzw. Gatten in der Schlacht fielen. Auch bei Frauen vertraute man darauf – zumindest in bestimmten Fällen –, dass sie zu den Waffen griffen, um ihr Zuhause zu beschützen. Meine Mutter beherrschte vielleicht die Kunst des Schwertkampfes nicht, auch keine militärischen Taktiken, doch war sie im Geist der Prinzipien der Samurai erzogen worden. Einmal erzählte sie mir, sie und ihre Klassenkameradinnen hätten früher Bambusspeere mit scharfen Spitzen in einer Ecke des Klassenzimmers aufbewahrt. Sollte Japan von Feinden überfallen werden, wollten sie diesen im Kampf entgegentreten und nötigenfalls einen ehrenvollen Tod sterben.

Ich habe mein Leben lang versucht, mir ihren Samurai-Spirit zu bewahren. Daher möchte ich hier an Sie weitergeben, was sie mir über den Dienst an der Familie beigebracht hat. Doch habe ich von ihr auch gelernt, dass es wenig Sinn hat, sich darüber selbst zu vergessen.

**Bekennen Sie sich stets neu zu Ihrem Engagement.** Zwischen meiner Mutter und meinem Vater gab es selbstverständlich auch Differenzen. Meine Mutter hatte sicherlich nicht immer recht, aber viele Auseinandersetzungen ergaben sich aus kleinen Unredlichkeiten meines Vaters oder aus seinen übertriebenen Ansprüchen. Doch einmal im Jahr, meist am Silvestertag, wurde bei uns ein Ritual der Vergebung durchgeführt. Wir trieben die »Schlechtigkeiten« des vergangenen Jahres aus und fingen im neuen Jahr ganz von vorne an. Mein Vater war der »Herr des Hauses«. Er schwenkte einen Bambusstab mit weißem Papier vom Shinto-Schrein zum Segnen über unseren Köpfen. Eine japanische Tradition, um die Dämonen, die »bösen Dinge«, die uns vielleicht in Beschlag genommen hatten, zu bannen. Dabei verbeugt sich jedes Kind als Zeichen des Respekts vor seinem Vater. Was mich jedoch am meisten beeindruckte, war, dass Mutter unserem Vater den Stock aus der Hand nahm, kaum dass er mit uns fertig war, und ihn über seinem Kopf schwenkte. Ich fragte mich, welche »Schlechtigkeiten« sie wohl zu vergeben hatte. In manchen Jahren beugte mein Vater sein Haupt tiefer als sonst, während sie den Stock schwenkte. Manchmal tat er das schelmisch, manchmal durchaus ernst, als gäbe es in diesem Jahr etwas Besonderes zu verzeihen. Auf jeden Fall handelte es sich dabei um ein jährliches Reinigungsritual, einen Akt der Erneuerung und Vergebung.

Am Neujahrstag sagen wir: »*Kotoshi mo yoroshiku onegaishimasu.*« Das heißt: »Bitte pass auch dieses Jahr auf mich auf.« Ich glaube, dass dies eine kraftvolle Erneuerung der gegenseitigen Verpflichtungen ist, vor allem, wenn es nicht nur die Kinder zu ihren Eltern sagen, sondern auch die Eltern zu den Kindern. Es ist nicht immer leicht, mit unserer Familie auszukommen – und auch wir sind nicht immer leicht zu ertragen. Aber ein solch wortloser Akt der Vergebung und ein klares Bekenntnis zum »Aufeinander-Aufpassen« stärken wichtige Bande.

Vielleicht sollten wir uns ja alle öfter darin üben: einander helfen, die »Schlechtigkeiten« zu bannen, und uns zur gegenseitigen Liebe zu bekennen.

**Haben Sie keine Angst, um Hilfe zu bitten.** Meine Mutter hat mehr Schwierigkeiten, um Hilfe zu bitten, als jeder andere Mensch, den ich kenne. Aber ich bilde mir gern ein, dass wir mit den Jahren beide gelernt haben lockerzulassen. Und das liegt, zumindest teilweise, an meiner Schwester und mir. Ich glaube, wir waren gute Töchter. Wann immer ich in Japan bin, helfe ich meiner Mutter bei großen und kleinen Aufgaben im Haushalt. Sie sagt immer, wie sehr sie sich darüber freut, dass ich sie öfter besuche als die Nachbarstochter ihre Mutter. Und dabei wohne sie nur wenige Stunden entfernt in Tokio. Aber meine Mutter hat nicht nur gelernt, die Hilfe ihrer Kinder anzunehmen, sondern auch, sich mehr auf ihr Umfeld zu verlassen. Die Menschen in ihrem Heimatort kümmern sich wirklich um ihre alten Nachbarn. Wenn ich meine Mutter besuche, sehe ich häufig Anschläge, in denen darum gebeten wird, auf eine ältere Dame zu achten, die sich des Öfteren verläuft. Und niemand denkt sich etwas dabei, die Dame nach Hause zu begleiten. Dann kommt der Tofu-Wagen, der von Haus zu Haus fährt und frischen Tofu an die Tür liefert. Vor Kurzem erst wurde meine Mutter Vorsitzende der Seniorenvereinigung vor Ort und ist jetzt für deren Finanzen zuständig. Natürlich ist sie eine große Hilfe für die Organisation – aber das tut auch ihr gut, denn so bleibt sie aktiv und geistig fit und kann noch die Gesellschaft anderer Menschen genießen.

**Teilen Sie sich langweilige Hausarbeit.** Chōwa lehrt uns, dass der erste Schritt zu wahrem Gleichgewicht eine Bestandsaufnahme ist: Wir müssen herausfinden, was getan werden muss. Ob Sie nun mit Ihrem Partner zusammenleben, mit Ihrer Familie oder mit Freunden, es passiert immer wieder, dass eine dieser Personen mehr Hausarbeit leistet als andere. Machen Sie eine Liste von all den Arbeiten, die wöchentlich erledigt werden müssen, und teilen Sie diese Arbeiten auf. Dann wechseln Sie sich darin in regelmäßigen Abständen ab, damit jeder weiß, wie sich diese oder jene Aufgabe anfühlt.

Vergessen Sie nicht, dass es typische »Männerarbeit« bzw. »Frauenarbeit« schlicht nicht gibt. Nur Arbeit, die getan werden muss. Manchmal gibt es auch Hilfen, an die man gar nicht gedacht hätte. Von meiner letzten Reise nach Japan zum Beispiel brachte ich einen Putzroboter mit nach England. Meine Mutter, die vorher nicht mal eine Geschirrspülmaschine akzeptiert hatte, war begeistert von ihrem. Sie gab ihm bzw. ihr den Spitznamen: *Kuriko-chan*. *Kuri* heißt »reinigen« und *ko* ist eine Endung für einen weiblichen Namen. Die Nachsilbe *chan* wiederum hängen wir als Kosewort an Jungen- oder Mädchennamen. Und auch ich schätze mein kleines Putzrobotermädchen sehr. Sie saugt gerade mein Londoner Arbeitszimmer. Wenn ich schreibe, hebe ich die Füße, damit sie die Staubflusen unter meinem Bett aufsaugen kann.

**Kämpfen Sie um Ihr Recht auf Ferien.** Mein Vater leistete in seinem Versandunternehmen in Tokio regelmäßig lange Überstunden. Wenn sein Chef entschied, lange zu arbeiten, hieß das auch für alle anderen im Büro, dass sie bis spät zu bleiben hatten. Danach erwartete man von meinem Vater, dass er mit den Kollegen einen trinken ging, ob er nun wollte oder nicht. Das hieß, dass er fast jeden Abend sehr spät nach Hause kam – und am nächsten Morgen wieder früh aufstehen musste. All das wäre nicht möglich gewesen, wenn meine Mutter nicht bei uns zu Hause geblieben wäre und ebenso viel gearbeitet hätte. Auch das stellte natürlich eine Art von Gleichgewicht dar – aber wohl keines, das wir heute anstreben würden.

Meine Mutter tat viel, um meinen Vater zu unterstützen, meist ohne ein Wort der Klage. Später, als wir älter waren, blitzte ihr

Samurai-Spirit häufiger auf. Die Risse wurden sichtbar, als sie anfing, mit größerer Bestimmtheit auf ihre Rechte zu pochen.

Sobald wir Kinder aus dem Haus waren, brach sich der Kampfgeist der Samurai dann auf überraschende Art Bahn. Als wir noch klein waren, fürchtete meine Mutter sich regelrecht vor den Ferien. Man erwartete von ihr schließlich, dass sie nach unserem Vater sah und ihm jeden Wunsch erfüllte – sie trug sogar seine Taschen für ihn. Als meine Schwester und ich auszogen, sprach sie ein Machtwort. Sie sagte ihm, sie würde das nun nicht mehr tun und im nächsten Urlaub mit ihren Freundinnen wegfahren. Ein kleiner Akt der Selbstbehauptung, der die Waage, die sich viel zu lange nicht auf ihre Seite gesenkt hatte, nun endlich ins Gleichgewicht brachte.

**Betrachte das Leben aus einem anderen Blickwinkel.** Chōwa, das Streben nach Gleichgewicht, fordert von uns, dass wir die Augen öffnen und erkennen, was tatsächlich geschieht. Manchmal müssen wir unser Leben objektiv betrachten, um uns ruhig die Frage zu stellen: »Wie kann ich mein Leben ins Gleichgewicht bringen?« Diese Frage zu stellen ist nicht immer leicht. Die Antwort darauf ebenso wenig.

Es gibt da ein japanisches Sprichwort: Der Frosch im Brunnen weiß nichts vom Ozean. Daran muss ich meist denken, wenn ich über die Herausforderungen in meinen Beziehungen oder denen meiner Freunde nachdenke.

Manchmal fühlt man sich eben wie ein Frosch im Brunnen. Man stolpert durch den Alltag und weiß, dass man nicht glücklich ist. Man weiß, dass man da irgendwie raus muss, weil man andernfalls ertrinkt. Wie der Frosch im Brunnen rennt man gegen die Wände an. Dieses Anrennen sind all die kleinen

Kompromisse, die wir eingehen, weil wir glauben, dass wir uns so der Situation entziehen können – oder unsere Lage sich dadurch bessert. Dabei rutschen wir jedes Mal wieder von den glatten Wänden ab. Und jeder dieser Versuche, die Dinge zu ändern, lässt uns noch müder und erschöpfter zurück.

Manchmal brauchen wir einfach nur jemanden, mit dem wir reden können. Wenn du ganz unten im Brunnen sitzt, dann gehört es mit zum Schwierigsten, um Hilfe zu rufen. Aber ein Gespräch mit anderen eröffnet uns mitunter einen neuen Blickwinkel. Manchmal erkennen wir dabei, dass unser Leben weit mehr aus dem Gleichgewicht ist, als wir dachten.

Mitunter können wir uns diesen neuen Blickwinkel auch selbst erarbeiten. Versuchen Sie mal, sich aus großer Höhe zu betrachten, als wären Sie die Sonne bzw. der Mond, die auf die Erde blicken. Treten Sie mehr als einen Schritt zurück und seien Sie objektiv. Wenn Sie sich Zeit nehmen, um sich vorzustellen, wie Sie Ihr Leben führen, dann werden Sie schnell merken, wie sich innere Ruhe ausbreitet und Sie das Gefühl haben, Ihr Leben besser unter Kontrolle zu bekommen. Sie haben aufgehört zu kämpfen. Sie springen nicht mehr gegen die Wand wie der Frosch. Jetzt erst sehen Sie, was in Ihrem Leben tatsächlich vorgeht.

Fragen Sie sich nun, was sich ändern muss!

## Chōwa-Lektionen:

## Wie Sie familiäres Gleichgewicht finden

- Ob Sie nun Mann oder Frau, »der Organisator« oder »die Starke« sind, »der Faule« oder »der praktische Typ«: Sie werden Ihren Beziehungen mehr geben können, wenn Sie sich weniger an Ihre – zugewiesene oder selbst gewählte – Rolle klammern. Denken Sie doch lieber darüber nach, wie Sie Ihren Partner, Ihre Familie, Ihre Freunde ergänzen können.

- Vergessen Sie die Rolle, in der Sie sich selbst sehen.
- Konzentrieren Sie sich stattdessen auf das, was Sie aktiv zum Gleichgewicht beitragen können.
- Federn Sie Ihre »Rollen« und »Verantwortlichkeiten« rund um Ihr Heim mit einer Spur Humor ab. Es ist absolut in Ordnung, wenn Sie die Maske auch mal fallen lassen.
- Welche Geschichten erzählen Sie sich über die Art von Mensch, der Sie sein wollen? Gibt es Anteile in Ihnen, die Sie gern stärker ausleben würden?
- Wie können Sie Ihren inneren Dichter oder Samurai fördern? Wie erwecken Sie Ihre empfindsame Seite?
- Gibt es Wege, wie Sie die Aufgaben in Ihrem Haushalt besser auf alle Mitglieder verteilen können?
- Vergessen Sie nicht: Wenn Sie für Ihre Familie alles in Ihren Kräften Stehende tun, kostet das viel Kraft. Häufig sind Sie selbst Ihr schlimmster Feind.
- Kämpfen Sie aus Leibeskräften für Ihr Recht auf Urlaub und Erholung, und sei es nur, dass Sie regelmäßig einen Tag freinehmen.
- Suchen Sie sich Verbündete innerhalb und außerhalb der Familie. Dann haben Sie jemanden, mit dem Sie reden können, wenn es – zwangsläufig – zu Problemen kommt.

# Finanziell in Balance kommen

*Geld verdienen fühlt sich manchmal an, als wolle man mit einer Nadel ein Loch graben.*
*Geld auszugeben hingegen gleicht Wasser, das im Sand versickert.*
Japanisches Sprichwort

Für viele Menschen ist Geld die massivste Ursache für Angst und Sorgen im Leben. In meinem Leben gab es Zeiten, in denen ich mir um Geld wenig Gedanken machen musste – als ich von meiner Familie oder von meinem Mann versorgt wurde, oder als die Gewinne meines Unternehmens sehr gut waren (in der Zeit, in der ich in London eine Sprachenschule betrieb). Aber selbst damals wachte ich manchmal mitten in der Nacht auf und fragte mich, was geschehen würde, wenn diese Unterstützung wegfiele, oder was ich tun würde, wenn der Erfolg plötzlich ausbliebe. Es gab allerdings auch Zeiten, in denen Geld ein Problem war, zum Beispiel, als ich frisch nach England gekommen war und ziemlich schuften musste, um mich durchzuschlagen. In guten wie in schlechten Zeiten aber machte es mich nervös, wenn ich meinen Finanzen nicht genug Aufmerksamkeit widmete. Was wohl auf alle Menschen zutrifft. Wir sollten die wichtigsten Zahlen regelmäßig kontrollieren, um auch finanziell ins Gleichgewicht zu kommen. Wie viel verdienen wir? Wie viel geben wir aus? Wie viel sparen wir? Wofür wollen wir unser Geld tatsächlich ausgeben? Was würde schlimmstenfalls passieren, wenn es zu massiven Problemen käme?

Wenn wir uns im Geist des Chōwa über unsere Finanzen beugen (wie wir es in puncto Heim und Familie getan haben), dann finden wir vielleicht ein finanzielles Gleichgewicht. Stellen Sie sich vor, Sie sind Buchhalterin und Ihre Aufgabe ist es, die Bücher in Ordnung zu bringen. Da spüren wir doch sofort wieder festen Boden unter den Füßen.

Die Chōwa-Lektionen, die ich Ihnen in diesem Kapitel vorstellen möchte, sind:

- **Betrachten Sie das Sparen als Balance-Akt.** Ich werde Ihnen zeigen, dass Sparen einfach nur heißt, sich seiner Einnahmen und Ausgaben bewusst zu sein. Setzen Sie sich ein Sparziel. Das kann helfen, jeden Monat ein wenig Geld auf die Seite zu legen. Wenn Sie für etwas Geld ausgeben wollen, überlegen Sie sich, welchen Platz der gekaufte Gegenstand auf Ihrer Prioritätenliste einnimmt.

- **Weniger haben, mehr teilen.** Beim Chōwa geht es darum, in Harmonie mit anderen zu leben. Das heißt auch, dass wir über unsere Beziehung zu den Dingen nachdenken und lernen, dass das Leben leichter wird, wenn man nicht so viel Zeug mit sich herumschleppt. Erforschen Sie, wie Sie Ihren Besitz mit anderen teilen können, sodass unsere Gesellschaft stärker und nachhaltiger wird.

## Kakeibo – das Haushaltsbuch

Versetzen wir uns für einen Moment wieder in das Haus meiner Familie in Musashi. Es ist beinahe Mitternacht. Sie und ich trinken eine Tasse Tee und unterhalten uns leise in der Küche. Meine Mutter bemerken wir kaum. Sie betritt das Esszimmer, setzt sich an den niedrigen Tisch und holt ein kleines Buch hervor. Würden wir zu ihr hinübergehen, fänden wir sie im Schneidersitz auf dem Boden, umgeben von allerlei Quittungen. Sie trägt Zahlen in das kleine Buch ein.

Würden wir sie fragen, was sie da treibt, würde sie sagen, sie berechne die Differenz zwischen Einnahmen und Ausgaben für diesen Monat. Das ist die Grundlage, der erste Schritt zum finanziellen Gleichgewicht. Die Methode und das Buch selbst heißen auf Japanisch *kakeibo*.

Kakeibo ist das geistige Kind der Journalistin und Autorin Motoko Hani. Als Japans erste berühmte Journalistin veröffentlichte Hani 1904 ein Buch über diese Form der Haushaltsführung.[16]

## Noch eine lästige Pflicht?

Ist das Festhalten Ihrer Ein- und Ausgaben nur eine weitere lästige Pflicht? Oder kann es wirklich etwas bringen?

Einer der Hauptgründe, weshalb man in Japan so viel Wert auf die Methode des Kakeibo legt, ist, dass man schließlich nie weiß, ob sich die eigenen Lebensumstände nicht plötzlich dramatisch wandeln. Das Geld, das Sie sparen, geht meistens für – angenehme oder unangenehme – Überraschungen drauf: eine Hochzeit, ein Neugeborenes, eine Party für einen alten

Freund, der neuerdings wieder in der Stadt ist. Oder aber für Arztrechnungen, für den Lebensunterhalt, wenn Sie Ihren Job verloren haben, für die Beerdigung eines Verwandten. Meine Mutter legte alles, was sie erübrigen konnte, vom Wechselgeld bis zum jährlichen Bonus meines Vaters, in den »Notfalltopf« *hesokuri*.

In einem traditionellen japanischen Haushalt – und oft ist das auch heute noch so – ist es die Frau, die über die Familienfinanzen wacht. Der Ehemann bekommt jeden Monat ein *kozukai* genanntes Taschengeld. Das ist keineswegs als Maßregelung gedacht. Hier sehen wir sehr schön, wie das Gleichgewicht in der Familie funktioniert: Man stellt sicher, dass niemand impulsive Entscheidungen treffen kann, die die Familienfinanzen aus dem Gleichgewicht bringen könnten. Solche Beschlüsse werden zu Hause gefällt. Meine Mutter wusste immer ganz genau, was an Einnahmen und Ausgaben anfiel. Und am Ende der Woche bat sie meinen Vater um die Quittungen für seine Ausgaben, wie eine gute Buchhalterin es nun mal tut. Wie uns der Geist des Chōwa lehrt, ist eine Bestandsaufnahme der erste Schritt zum Gleichgewicht.

## Kakeibo für Einsteiger

### 1. Organisieren Sie Einnahmen und Ausgaben

- Stellen Sie zu Beginn des Monats fest, auf welche Einnahmen Sie zählen können (Monatsgehalt etc.) und mit welchen Ausgaben Sie rechnen müssen (alle Fixkosten wie Miete/Hypothek, Telefon, Strom, Wasser, Gas, Heizöl, Versicherungen, Monatskarten, Babysitter, Kindergarten,

Benzin und andere Kosten fürs Auto, für Reisen, Lebensmittel etc.).
- Berechnen Sie den Unterschied zwischen Einnahmen und Fixkosten. Auf diese Weise wissen Sie genau, über wie viel Geld Sie in diesem Monat verfügen.
- Lassen Sie Ihre Fantasie spielen: Wofür könnten Sie Erspartes gebrauchen? Wollen Sie vielleicht Urlaub machen? Oder sich selbst etwas gönnen?
- Nun setzen Sie sich ein monatliches Sparziel. Bleiben Sie dabei realistisch. Es schriftlich festzuhalten stärkt Ihre Disziplin. So erreichen Sie Ihre Ziele leichter. (Es hilft, wenn man sich ein solches Ziel gesteckt hat.)
- Nun wissen Sie, wie viel Sie in diesem Monat ausgeben können.

*Die Differenz zwischen Einkommen und Fixkosten abzüglich des monatlichen Sparziels ergibt Ihr monatliches Budget.*

## 2. Halten Sie Ihre Ausgaben schriftlich fest

Halten Sie nun sämtliche Ausgaben dieses Monats schriftlich fest. Ordnen Sie sie dabei in Kostengruppen ein. Das geht sehr gut mit einem Excel-Sheet, aber das Schreiben mit der Hand verankert die Ausgaben noch einmal extra in unserem Bewusstsein. Ein gutes Kakeibo-Buch für das Jahr ist hier sehr nützlich. Darin sind die diversen Posten meist vorgegeben wie bei einer Smartphone-App. Das sieht dann zum Beispiel so aus:

Unverzichtbar: zum Beispiel Essen, Arztkosten, nötige Kleidung, Schulsachen für die Kinder etc.

Schöne Extras: das Abendessen im Restaurant, ein Kaffee auswärts, eine schicke Handtasche
Kultur: Bücher, Musik, Kino, Theater, Zeitschriften, Yogakurse etc.
Vermischtes: einmalige Ausgaben wie Reparaturkosten, neue Möbel, Geschenke

**3. Rechnen Sie aus, wie viel Sie diesen Monat gespart haben**

Am Ende jeden Monats berechnen Sie die Differenz zwischen Ihrem Budget und Ihren monatlichen Gesamtausgaben. Das ist der Betrag, den Sie gespart haben. So simpel sind die Grundlagen des Kakeibo.[17]

## Wie Sie für Dinge sparen können, die Ihnen wichtig sind

Ein guter Plan, wie viel Sie jeden Monat sparen können, und ein klarer Blick auf das, was Sie regelmäßig ausgeben, ist schon die halbe Miete, wenn es um Ihr persönliches Finanzgleichgewicht geht. Leider entgleitet uns die Kontrolle über unsere Ausgaben nur zu leicht – zum Beispiel, wenn wir uns jeden Tag auf dem Weg zur Arbeit einen Kaffee genehmigen. Oder wenn wir uns nicht trauen, den Kollegen abzusagen, wenn sie abends noch was trinken gehen. Die Grundlage des Kakeibo ist letztlich Ihr Sparziel: Entscheiden Sie, was Ihnen wichtig ist. Und stellen Sie sich folgende Fragen:

- Wofür wollen Sie am liebsten sparen?

- Wie viel müssten Sie jeden Monat weglegen, wenn Sie es sich bis zum nächsten Weihnachtsfest kaufen möchten? Oder bis zum nächsten Sommer?
- Wo können Sie schon heute ansetzen, um sich etwas zu leisten, das Ihnen wirklich wichtig ist?

**Haben Sie keine Angst, Nein zu sagen.** Setzen Sie sich ein persönliches Sparziel: ein Urlaub mit Freunden, eine Anzahlung auf eine Wohnung oder für Ihren ganz persönlichen Luxus, zum Beispiel öfter ins Theater oder ins Kino gehen zu können. Wenn Sie das nächste Mal eine unerwartete Einladung erhalten oder sich zwischendrin mal etwas leisten möchten (mit Kollegen zu Abend essen, mit Freunden ausgehen), dann haben Sie Ihre Prioritäten besser im Blick. Vielleicht entscheiden Sie sich ja zugunsten Ihres Sparziels.

**Übernehmen Sie die Verantwortung für Ihre Ziele** • Überprüfen Sie am Ende eines jeden Monats, wie weit Sie dem Sparziel, das Sie sich Anfang des Monats gesetzt haben, nähergekommen sind. Haben Sie es erreicht? Wenn nicht, was waren die Gründe? Fiel Ihnen das Sparen sehr schwer? Weshalb? Oder hatten Sie unvorhergesehene Ausgaben (Reparaturen, neue Haushaltsgeräte, ein Abendessen für mehrere Leute, das Sie ausrichten mussten), die Sie nicht in Ihre Planung aufgenommen hatten?

Seien Sie ehrlich zu sich selbst, aber auch freundlich: Die Karotte vor der Nase (das Sparziel, der Grund, warum Sie all das machen) wirkt besser als der Stock. Ein Kakeibo zu führen ist wie ein Ernährungstagebuch. Es hat keinen Sinn, hier unehrlich zu sein. Denn wenn Sie jeden Monat alle Ausgaben fein säuberlich festhalten, wissen Sie am Ende, wo Ihre Schwachstellen liegen.

**Sagen Sie Ihren Freunden Bescheid.** Es gibt einfach keine bessere Methode, sich selbst zu verantwortlichem Handeln anzuhalten. Auf diese Weise haben Sie Verbündete oder ein bisschen freundschaftlichen Wettbewerb, wenn Sie das eher motiviert. Das kann wirklich sehr hilfreich sein, ein echter Trost auf Ihrem Weg zum finanziellen Gleichgewicht.

## Gelegenheitsminimalismus: weniger besitzen, mehr teilen

Je älter meine Mutter wird, desto weniger scheint sie zu brauchen, desto mehr gibt sie weg. Ein paar wunderschöne alte Kimonos zum Beispiel, die sie mir und meiner Tochter geschenkt hat. Den Rest Ihrer Habe hat sie an Freunde verschenkt.

Als ich von Japan nach England zog, musste ich genauestens überlegen, was mir wirklich wichtig war. Ich konnte einfach nicht alles mitnehmen, was ich besaß. Am Ende entschied ich mich für meine Kimonos, ein paar Familienfotos und natürlich meine Tochter. Als mein damaliger Mann und ich in unsere neue Wohnung in London zogen, registrierte ich erstaunt, wie sich das Haus für mich anfühlte: wie eine leergewischte Tafel.

Meine Mutter und ich sind »Gelegenheitsminimalistinnen«. Wenn es um Ihr persönliches Gleichgewicht geht, ist es von entscheidender Bedeutung, dass Sie sich überlegen, wie Sie zu Ihren Besitztümern stehen. Wenn Sie je mit einem Kleinkind einkaufen waren und sich mit einer Reihe von Tüten durch die Absperrungen der Londoner U-Bahn quetschen und gleichzeitig nach Ihrer Fahrkarte suchen mussten, werden Sie wissen, was ich meine, wenn ich sage: Gleichgewicht ist leichter zu erreichen, wenn wir nicht allzu beladen sind.

Weniger Ballast ist oft wichtig, vor allem, wenn es um große Veränderungen im Leben geht, ob das nun eine neue Beziehung, ein arbeitsbedingter Wohnortwechsel oder der Umzug in ein neues Land ist.[18]

**Sie brauchen keine Dinge, um mit anderen (oder sich selbst) zu konkurrieren** • Der erste Kaiser von Japan bekam vom Himmel drei heilige Schätze geschenkt: ein Schwert, einen Spiegel und ein Juwel. Aber auch ganz normale Leute haben ihre »drei Schätze«. In den Boomjahren nach dem Krieg konnten die meisten Japaner sich einen Fernseher, einen Kühlschrank und eine Waschmaschine leisten. Diese Alltagsgegenstände machten die Dinge sehr viel leichter, sodass sich das Leben der Japaner enorm verbesserte. Seit dieser Zeit achten wir beim Einkaufen nicht mehr darauf, wie das Gekaufte uns helfen kann. Wir betrachten unseren Besitz vielmehr als Mittel, um anderen und uns selbst zu zeigen, wer wir sind. Ein neues Telefon, damit die anderen sehen, wie up to date wir sind. Eine Mitgliedschaft im Fitnessstudio, um zu beweisen, dass wir viel Wert auf sportliche Ertüchtigung legen.

Mein diesbezüglicher Rat ist, erst gar nicht darüber nachzudenken, wie Sie anderen signalisieren können, wer Sie sind. Weg mit allem, was Sie nur aus Imagegründen behalten haben. Wenn Sie die knallige Jacke verschenken, die Sie ohnehin nie getragen haben, wenn Sie den neuesten Roman weggeben, mit dem Sie sich einfach nicht anfreunden können, dann befreien Sie sich von der Notwendigkeit, mit anderen Menschen zu konkurrieren – oder mit anderen Versionen Ihres Selbst. Wenn wir unser persönliches Gleichgewicht finden wollen, dann müssen wir nicht nur überflüssige Dinge loswerden, sondern auch all die »Selbstbilder«, die wir nicht mehr brauchen und daher besser ablegen.

**Teilen Sie mehr** • Wenn wir im Geist des Chōwa über unsere Besitztümer nachdenken, wird uns klar, dass wir allein niemals ins Gleichgewicht finden können. Unser Sinn für Balance ist eng verknüpft mit dem Leben anderer Menschen. Wir sind alle Teil eines größeren Ökosystems. Das gilt auch für unseren Besitz. Wenn wir andere in die Gleichung aufnehmen, öffnen wir uns allmählich für eine sozialere Form des Wirtschaftens. Wir sehen uns selbst nicht mehr länger als Insel, sondern als Individuum, das Dinge besitzt, die es teilen kann, und das seinerseits von den Mitgliedern seiner Gemeinschaft Dinge ausleiht.

**Aktives Teilen stärkt die Gemeinschaft.** Wenn wir anderen zeigen, was uns wichtig ist, können wir eine lebendige Gemeinschaft von Menschen schaffen, die gleiche Interessen haben. Als ich nach England kam, hatte ich das Gefühl, es gäbe hier keine japanische Gemeinde. Aber Schritt für Schritt schuf ich mir selbst eine, indem ich meine Kimonos verlieh, mir Gegenstände für eine Teezeremonie auslieh oder meinen Nachbarn traditionell japanische Süßigkeiten schenkte. Wenn wir das teilen, was uns wichtig ist, schaffen wir uns ein erweitertes Familiennetzwerk und lernen, mit anderen in Harmonie zu leben.

## Chōwa-Lektionen:

## Wie Sie die Bücher in Ordnung bringen

### Ihre Prioritäten

- Was gönnen Sie sich regelmäßig, um sich eine Freude zu machen? Kaffee? Kinobesuche? Einen Drink mit Freunden?

Haben Sie Gewohnheiten, die – wenn man gründlich darüber nachdenkt – das Geld nicht wert sind, das Sie dafür ausgeben müssen? Könnten Sie dieses Geld nicht sparen, um sich dafür Dinge zu leisten, die Ihnen wirklich wichtig sind?
- Welche Dienstleistungen haben Sie gebucht? Eine Mitgliedschaft im Fitnessstudio? Bezahlkanäle im Fernsehen? Andere Formen der Unterhaltung? Listen Sie alles auf und verteilen Sie Noten: Was ist Ihnen am wichtigsten? Und gibt es etwas, worauf Sie verzichten können?

**Ihre Sparziele**

- Wofür wollen Sie sparen? Was möchten Sie sich in sechs Monaten oder in zwei Jahren leisten können? Schreiben Sie einige Gründe auf, warum Sie sparen möchten. So motivieren Sie sich selbst, um finanziell ins Gleichgewicht zu kommen.
- Nutzen Sie die Kakeibo-Methode, um realistische Sparziele für jeden Monat festzulegen.
- Überprüfen Sie das Ganze nach einem Monat. Waren Ihre Ziele zu hochgesteckt, dann setzen Sie sich jetzt solche, die Sie auch erreichen können. Wenn Sie schon im ersten Monat gut abgeschnitten haben, dann können Sie vielleicht noch mehr sparen. Tun Sie alles, was nötig ist, um mit Schwung vorwärtszukommen.

# Den eigenen Stil finden

*Eine Lage fort,*
*und gleich über die Schulter.*
*Zeit zum Wechsel der Kleidung.*

Matsuo Bashō (1644–1694)[19]

Als ich noch ein Kind war, arbeitete meine Mutter häufig von zu Hause aus. Sie besserte Kimonos und westliche Kleidung aus. Und als ich später das Gefühl hatte, mich sehr weit von meiner Heimat und meiner Familie entfernt zu haben, waren meine Kimonos ein wichtiges Hilfsmittel, um mich daran zu erinnern, wer ich war. Ich gewöhnte mir an, wenigstens einmal die Woche in der Öffentlichkeit einen Kimono zu tragen. Einen Kimono in strahlenden Farben für den Frühling, den ich auf dem Weg zu einem Pub auf dem Land anlegte. Oder einen leichten Sommerkimono in der Londoner U-Bahn. Es ist eine wahre Freude, diese elegante und zeitlos schöne Art sich zu kleiden mit anderen Menschen zu teilen. Das erfordert ein bisschen Planung – denn in einem Kimono kommt man nicht so leicht vorwärts –, aber in meinen Augen ist es das wert, schon wegen der Überraschung und dem Entzücken, die mir meine Londoner Mitmenschen entgegenbringen. Ich mag es, mich um mein Outfit zu kümmern, und genieße es, diese Tradition aufrechtzuerhalten. Ich verwende nicht all meine Zeit darauf, einen Kimono zu tragen, aber dieses traditionelle Stück japanischer Mode lehrt uns viel über Stil. Der Kimono als Kleidungsstück ist vom Prinzip des Chōwa inspiriert: Die Farben passen perfekt zusammen. Einen Kimono anzulegen heißt im Grunde, sich in Harmonie mit der Natur zu kleiden. Und man macht sich intensiv Gedanken, wie der Stil auf andere wirkt. Wenn wir einen Kimono tragen, achten wir genauestens darauf, was wir anderen mit unserer Kleidung sagen.

Doch die Lektionen des Chōwa drehen sich nicht darum, wie wir uns optimal anpassen, Regeln befolgen und den aktuellen Modetrends hinterherjagen. Jedenfalls ist es nicht das, was ich meine, wenn ich von Harmonie mit unseren Mitmenschen spreche. Chōwa führt uns ein in die Kraft, die aus Selbstbewusstsein erwächst und aus dem Stolz auf das, was uns wirklich wichtig ist. Chōwa kann heißen, dass wir uns fragen, worin wir uns am meisten wohlfühlen und worin wir am besten aussehen. Was auch immer Sie anziehen – Sie haben ja vielleicht nicht nur einen Stil, sondern mehrere –, vor dem Hintergrund des Chōwa können Sie sich fragen, wie Sie das, was Ihnen wichtig ist, noch besser ausdrücken können. Wie Sie das Selbstbewusstsein erlangen, eben das mit anderen zu teilen. Und welch tiefe Befriedigung es ist, wenn Sie sich zeigen können, wie Sie sind.

Einige wichtige Dinge, um die es in diesem Kapitel geht, sind:

- **Stil ist ein Streben nach Gleichgewicht.** Wir werden uns damit auseinandersetzen, wie Sie ein ästhetisches Feingefühl für die Farben entwickeln können, die Sie tragen. Dann wird Stil zu einem Akt des Chōwa – ein Weg, in jedem Outfit die Balance zu finden.

- **Wie Sie sich selbst besser verwurzeln.** Ich werde Ihnen zeigen, wie Chōwa Sie lehren kann, Ihren Platz in der Welt der Natur zu finden, sich in Harmonie mit anderen zu kleiden und sich gleichzeitig in Ihrer persönlichen Geschichte und Ihrem Erbe zu verwurzeln. Wie Sie herausfinden, was in dieser Hinsicht wirklich für Sie zählt.
- **Tun Sie, was Sie lieben, und lieben Sie, was Sie tun.** Chōwa lehrt uns u. a., wie wir eine Bestandsaufnahme unserer Stärken machen und mit dem arbeiten, was wir zur Verfügung haben – ob das nun ein Kleidungsstück ist (vielleicht ein Erbstück von der Oma), ein Charakterzug (wie Entschlossenheit oder schöpferische Begabung) oder eine Leidenschaft (für japanische Anime-Zeichnungen, Kunsthandwerk oder für eine bestimmte Jahreszeit bzw. Farbe). Um unseren Stil zu finden, müssen wir weder unsere bisherigen Interessen ändern noch neue entwickeln, die uns für andere akzeptabel machen. Den eigenen Stil zu finden heißt, dass wir den Mut haben, mit anderen zu teilen, was uns wichtig ist, ganz egal, wie unsere Interessen aussehen. Wenn wir uns in unserer Haut wohlfühlen, sind wir auch in Gesellschaft anderer Menschen ganz entspannt.

## Der Kimono – 1000 Jahre Mode

Die Geschichte des Kimonos (wörtlich übersetzt heißt er schlicht: »das Ding zum Anziehen«) reicht zurück bis in die Tage der recht formellen Kleidung am japanischen Hof der Heian-Zeit, vor über 1000 Jahren. Der Kimono, wie wir ihn heute kennen, geht eher auf ein kurzärmeliges Kleidungsstück zurück, das wir *kosode* nennen und das in der Edo-Zeit im 17. Jahrhundert populär wurde. Zu jener Zeit wurde das Kleidungsstück, das wir heute als Kimono kennen, schlicht von jedermann getragen, ungeachtet des Geschlechts, des Alters oder der Klassenzugehörigkeit.

Ein Kimono ist eine bodenlange Robe in klassischer T-Form. Die Länge der Ärmel variiert von lang und fließend (für Single-Frauen) bis hin zu einem eher kurzen Schnitt (für verheiratete Frauen). Der moderne Kimono wird nur von Frauen getragen, es gibt aber eine Unisex-Variante aus sommerlicher Baumwolle – *yukata* –, die auch von Männern gerne angelegt wird. Kimonos können sehr farbenfroh sein, manche haben unglaublich komplexe Muster (in die nicht selten auch Gedichtzeilen oder Abbildungen berühmter Kunstwerke verwoben sind). Andere wiederum sind von schlichter Eleganz. Sie werden durch einen Obi zusammengehalten, eine Schärpe aus Seide, Baumwolle oder Leinen, die um die Taille geschlungen wird. Der Schnitt des Kimonos blieb über die Jahrhunderte gleich. Nur Machart, Farben und Stoffe verrieten, welcher Klasse Sie angehörten. In der Edo-Zeit existierte ein komplexes Regelwerk darüber, wer wann welchen Kimono tragen durfte.

In den 1950er- und 1960er-Jahren verschwand der Kimono aus dem wimmelnden Straßenbild Tokios. Die Generation meiner Mutter interessierte sich mehr für westliche Mode. Im Westen allerdings fand der Kimono schnell Freunde. Die Modeschöpferin Elsa Schiaparelli führte in den 1920ern locker drapierte Mantelkleider mit weiten Ärmeln ein, die sich am Kimono orientierten. Yohji Yamamoto wiederum schuf in den 1980ern Avantgarde-Stücke in Schwarz, die zwar die Säume offen ließen, häufig auch zerschnitten waren, aber sichtlich dem Kleidungsstück der Edo-Zeit verpflichtet waren.

Und heute zeigt uns der Trend zu einfachen Rechteckschnitten bei Kleidern und Hemden in Läden wie Muji oder Cos, dass der Kimono immer noch inspirierend wirkt. Er hat sich als außergewöhnlich widerstandsfähig erwiesen. In Japan arbeiten junge Modeschöpfer erneut mit dem tradierten Schnittmuster und schaffen so aufregende neue Trends. Neuerdings ist es sogar wieder populär, sich zu besonderen Gelegenheiten Mutters Kimono auszuleihen.[20]

## Stil als »Streben nach Gleichgewicht«

Einen Kimono auszusuchen und zu tragen ist eine ständige Suche nach Gleichgewicht, ein unermüdliches, aber lohnendes Bemühen darum, dass alle Elemente unseres Outfits harmonisch zueinanderpassen. Einige der Lektionen, die ich durch das Tragen von Kimonos gelernt habe, lassen sich gut auch auf die moderne Mode anwenden.

**Finden Sie Schicht für Schicht zum Gleichgewicht in Ihrer Art, sich zu kleiden** • Wenn Sie je die großen Klassiker der japanischen Literatur wie *Das Kopfkissenbuch der Dame Sei Shonagon* und *Die Geschichte vom Prinzen Genji* gelesen haben, werden Sie wissen, dass japanische Frauen ihr Gesicht häufig hinter einem Fächer verbergen oder gleich ganz hinter einem Paravent aus Bambus verschwinden, vor allem, wenn potenzielle Verehrer anwesend sind. Zu jener Zeit – der Heian-Zeit (794–1185) – bewunderte man eine Frau für ihr Geschick in einer Reihe traditioneller Künste: das Schreiben von Gedichten, geistreiche Konversation und ihre Art, sich zu kleiden. Bei Hofe reichte der Ruf, eine Dame trage geschmackvolle

Kleidung, schon aus, um die Liebe eines Mannes zu entfachen. Das galt auch für vollendete Farbkombinationen, die durch das Papier der Schiebetüren schimmerten. Da das Gewand aus vielen Schichten bestand – von denen der Kimono tatsächlich nur eine war –, hatten die Frauen viele Möglichkeiten, ansprechende, mitunter auch schockierende Farbspiele zu ersinnen. Auch von Männern erwartete man, dass sie ein Gespür für solche interessanten Farbkombinationen bewiesen, mit denen sie zum einen Kreativität und Sensibilität ausdrücken konnten, zum anderen ihren Wohlstand. Als Prinz Genji im Frühling zu einem Treffen in einer wunderschön aufeinander abgestimmten Robe in Pink und Lavendel erschien, erregte er unter den anwesenden Damen (und Herren) einige Aufregung.[21]

**Layering für einen genuin japanischen Stil.** Ein Outfit in verschiedenen Schichten zu komponieren ist unglaublich praktisch: eine hübsche Bluse, die sich stofflich eigentlich eher für den Sommer eignet, kann über einem T-Shirt oder unter einer ärmellosen Weste getragen werden. Dazu noch eine wärmere Jacke, und schon haben Sie einen Weg gefunden, Ihr Lieblingsteil winterfit zu machen. Der Zwiebellook ermöglicht uns auch, uns besser auf die Wetterlage einzustellen, Schicht um Schicht, bis wir unser Gleichgewicht gefunden haben.

**Layering für exquisiten Geschmack.** Indem wir jahreszeitlich passende Farben und Muster mixen, verleihen wir unserer Kreativität Ausdruck und stellen uns auf den Rhythmus der Natur ein.

**Praktische und bequeme Kleidung finden** • Wir denken viel zu selten an den Komfort, wenn wir uns für ein Outfit entscheiden. In Japan gilt der »Schneider-Look«, also nicht zu eng und nicht zu weit, als das Maß aller Dinge. Ich werde immer wieder gefragt, ob ein Kimono denn auch bequem sei, und sorge für überraschte Gesichter, wenn ich das bestätige. Freilich müssen Sie sich im Kimono langsamer bewegen, aber ansonsten engt die Robe kein bisschen ein – anders als die viktorianische Kleidung, zu der man stets ein Korsett tragen musste. Kimonos zeichnen die Körperformen nach, sind aber niemals zu eng.

Auch, wenn wir Dinge, die wir brauchen, nicht griffbereit haben, fühlen wir uns unwohl: wenn wir sämtliche Taschen nach unserer Fahrkarte absuchen müssen oder keine Handtasche haben, um wichtige Dokumente oder ein Buch einzustecken, wenn wir uns in einen vollen Bus quetschen müssen. Wenn wir also unsere Kleidung ins Gleichgewicht bringen wollen, kann das einfach auch heißen, dass wir mehr Wert auf Bequemlichkeit und praktischen Nutzen legen. Wenn ich einen Kimono trage, kann ich Taschentuch und Kartenetui in den langen Ärmeln verstecken. Briefe oder ein kleines Buch finden im Obi Platz, der Schärpe um die Taille. Und natürlich auch ein Fächer für heiße Tage.

- Welche Teile Ihres Outfits geben Ihnen das Gefühl, absolut allem gewachsen zu sein?

## Bequemlichkeit versus Schönheit – eine spannende Frage

Menschen, die zum ersten Mal einen Kimono tragen, haben meist Probleme mit dem Obi. Dieser besteht gewöhnlich aus einem Naturmaterial wie Baumwolle, Leinen oder Seide und wird eng um die Taille geschlungen. Als meine Tochter das erste Mal einen Kimono bekam und der Schneider den Obi befestigte, schnaubte sie empört. Der Schneider aber meinte nur: »Damit musst du einfach zurechtkommen!«

Auch wenn das nicht immer sofort einleuchtet, ist der Obi letztlich wichtig für die Bequemlichkeit. Unser sitzender Lebensstil, bei dem wir uns über unser Smartphone beugen oder stundenlang am Computer arbeiten, hat uns eine schlechte Haltung beschert, die unsere Rückenmuskeln übermäßig beansprucht.

Eine bessere Haltung setzt voraus, dass wir die Muskeln, die wir häufig überstrapazieren, weniger gebrauchen. Ein eng gebundener Obi bedeutet eine andere Art der Spannung. Die aufrechte Haltung, die dadurch vom Träger oder der Trägerin verlangt wird, fühlte sich für die Menschen früherer Zeiten ganz normal an. Aber diese brachten ja auch nicht den Großteil ihrer Zeit sitzend zu. Ich denke mir dann immer: »Aha, so sollte ich also eigentlich stehen.«

**Pflegen Sie Ihre Kleidung** • In Kapitel 1 haben wir versucht herauszufinden, welche Pflege die Materialien brauchen, die unser Zuhause bilden, seien es nun Seegrasmatten oder ein hölzerner Tisch. Wir sollten sie pflegen, damit sie uns besser dienen können. Dieselbe Form des Gleichgewichts sollten wir unseren Kleidungsstücken angedeihen lassen.

Ich rede manchmal mit meinen Kleidungsstücken, natürlich nur im Geist. Ich sage zu ihnen: »Danke für die Dienste, die ihr mir leistet. Ich verspreche, mich zu bemühen, euch nicht zu verschmutzen und euch ein langes, gutes Leben zu ermöglichen.« Je länger wir unsere Kleidung in Gebrauch haben, umso besser für unseren Planeten. Je weniger wir kaufen und je mehr Zeit wir uns nehmen, um Altes auszubessern und auf den Zustand unserer Kleidung zu achten, desto weniger fördern wir »Fast Fashion«. Und natürlich müssen wir dann auch nichts Neues kaufen, um gute Kleidung zu haben.

Wenn ich einen Kimono getragen habe, hänge ich ihn zunächst auf einen extra Kimono-Bügel und lasse ihn über Nacht auslüften. Kimonos kann man nicht ständig waschen – wenn Sie ihn waschen wollen, müssen Sie das Gewand auftrennen und die Teile separat waschen, um sie später wieder zusammenzunähen. Was auch immer wir tragen, ein wenig Pflege sorgt dafür, dass unsere Kleidung stets in Bestform ist.

**Bereiten Sie sich auf den nächsten Tag vor.** Wenn es um Harmonie bei unserer Kleidung geht, sollten wir nicht vergessen, dass das *chō* von Chōwa auch »Vorbereitung« oder »Bereitschaft« heißen kann. Gewöhnen Sie sich also an, Ihre Kleidung bereitzulegen und zu inspizieren. Sie fühlen sich mit Sicherheit besser auf Ihren Tag vorbereitet, wenn Sie nicht in letzter Sekunde ein Loch in der Hose oder eine Knautschfalte in der Bluse entdecken, weil Sie Ihre Sachen schon am Vorabend in Augenschein genommen haben.

**Behandeln Sie Ihre Kleidung mit Sorgfalt.** Werfen Sie Ihre Sachen am Abend nicht einfach aufs Bett oder auf einen Haufen auf den Boden. Stellen Sie sich mal vor, wie Ihre

Kleidungsstücke sich dabei fühlen mögen. Freut es sie etwa, wenn sie in die letzte Ecke des Regals gedrückt werden oder im engen Schrank mit Ihren anderen Sachen um Platz rangeln müssen?

## Harmonischer Stil heißt: Zeit, Ort und Gelegenheit berücksichtigen

Wenn Sie tatsächlich einen Kimono auf traditionelle Weise tragen wollen, dann gehört dazu auch, dass Sie sich in einem Buch darüber informieren, welcher Kimono zu welcher Zeit, welchem Ort und welcher Gelegenheit passt.

In Kimono-Büchern wird großer Wert darauf gelegt, dass man sich dem gegenwärtigen Augenblick angemessen kleidet:

- Zeit: Abstimmen der Kleidung auf Jahreszeit, Monat und Wetter
- Ort: Wohin wollen Sie in Ihrem Outfit?
- Anlass: Handelt es sich um ein förmliches oder ein zwangloses Treffen? Um ein besonderes Ereignis, zum Beispiel eine Hochzeit? (Dabei denkt man auch an die Menschen, denen man vermutlich begegnen wird.)

Die Chōwa-Lektionen, die sich um den Kimono drehen – Kleidung in Harmonie mit unserem Umfeld, mit der Jahreszeit und dem speziellen Anlass –, können uns auch helfen, unsere Garderobe generell ins Gleichgewicht zu bringen, was auch immer wir üblicherweise tragen mögen.

**Zeit: im Gleichgewicht mit der Natur** • Was das Tragen von Kimonos angeht, gibt es strenge Regeln. Einige Kimonos dürfen nur an bestimmten Tagen des Jahres getragen werden.

Wenn wir Japaner einen Kimono tragen, tun wir unser Bestes, um *shizen ni awaseru* zu sein, in Harmonie mit der Natur. Ich hoffe, die japanische Art, Kimonos in Farbe und Muster auf die Jahreszeiten abzustimmen, inspiriert Sie, so etwas selbst auszuprobieren.

*Winter* – Hier kombiniert man meist gefütterte Kimonos in leuchtenden Farben, die sich ruhig mal beißen dürfen: zum Beispiel Dunkelgrün mit hellem Orange oder weihnachtliches Rot mit Weiß (rote Blüten oder Beeren im Schnee).

*Frühling* – Im Frühling trägt man helle, frische Farben, zum Beispiel strahlendes Pink, kombiniert mit Weiß und Grün; oder Purpur mit Weiß; ein strahlendes Narzissengelb mit einem dunkleren Gelbton. Zum Frühlingsbeginn trägt man zum Beispiel *ume*, Pflaumenblüten-, und *sakura*, Kirschblüten-Muster. Blumenmuster kann man das ganze Frühjahr über tragen.

*Sommer* – Die Menschen tragen im Sommer gerne Kimonos aus *usumono* (einem glänzenden Stoff). Der japanische Sommer ist sehr heiß und feucht. Wenn man sieht, wie jemand anders einen Kimono mit eisblauem Muster trägt – zum Beispiel einer Meereswoge, Regen oder fallenden Schneeflocken –, so heißt es, dass man sich davon selbst erfrischt fühlt. Im Sommer tragen Männer und Frauen auch *yukata*, den weniger förmlichen Sommerkimono.

*Herbst* – Auch im Herbst trägt man Kimonos aus leichten Stoffen. Die Farben sollen an das Farbspiel herbstlicher Szenen erinnern – fallende Blätter oder das im Laub spielende Sonnenlicht in Purpur-, Rot-, Orange- und Gelbtönen.

Noch ein Wort zur Vorsicht: Es gilt als absolut schlechter Geschmack, wenn man einen Kirschblüten-Kimono trägt, wenn die Kirschbäume tatsächlich blühen. Das wäre keine harmonische Einstimmung auf die Natur, sondern vielmehr eine Form der Konkurrenz mit ihr. Und hier kann nur die Natur gewinnen, die das Vorbild für die Stoffe liefert.

Ich versuche ohnehin immer, der Jahreszeit einen Schritt voraus zu sein, wenn der Frühling bzw. der Sommer vor der Tür steht. Meine Freunde lachen immer, wenn Sie mich in einem Sommerkimono sehen, obwohl es erst in gut einer Woche warm werden soll. Ich aber finde es einfach schön, den Wandel der Jahreszeiten vorwegzunehmen.

Sich in Harmonie mit den Jahreszeiten anzuziehen heißt nicht, dass Sie regelmäßig den letzten Schrei in Sachen Sommerkleider oder Wintermäntel kaufen müssen. Tatsächlich kann die Besinnung auf die Rhythmen der Natur auch bei der Kleidung dazu beitragen, der Achterbahn der schnelllebigen Mode zu entkommen. Unsere Inspiration aus der Natur zu beziehen kann auch heißen, dass wir Dinge, die wir bereits besitzen, geschickt kombinieren, statt uns von Modezeitschriften diktieren zu lassen, was man diese Saison so trägt. Schnuppern Sie mal in die frische Luft und überlegen Sie, welches Ihrer Kleidungsstücke heute dazu passt. Das heißt natürlich auch, dass Sie auf Ihre Kostbarkeiten achten müssen, damit Sie sie Saison für Saison tragen können. Doch das ist die Mühe wert, denn schließlich leisten sie Ihnen so ja lange gute Dienste.

**Ort: Bringen wir uns ein in das, was wir tun** • In Japan gehen wir davon aus, dass jeder Lebensbereich etwas anderes von uns verlangt. Das zeigt sich auch in der Art, wie Menschen sich anziehen. Natürlich trägt man auch im Westen einen förmlichen Anzug, wenn man zur Arbeit geht, und legt abends etwas Bequemeres an. Doch in Japan ist die Trennung zwischen den Outfits für all die Rollen, die wir spielen, viel ausgeprägter. Arbeitskleidung ist üblicherweise formell. Loungewear soll der Entspannung dienen. Wenn ich in Japan bin, wechsle ich mindestens drei Mal pro Tag die Kleidung. Das hört sich vielleicht übertrieben an, aber es ist durchaus üblich. Die Kleidungsstücke sind für den »Ort« gemacht, an dem wir uns aufhalten.

- Was wir zu Hause tragen, heißt *heya-gi*: lockere, weite, lässige Kleidung – lockere Hosen, Sweatshirts mit Kapuze, bequeme Schlupfkleider und Tuniken aus weichem Material. Es gibt sogar Loungewear im Partnerlook für Männer und Frauen, wenn Sie darauf Wert legen.
- Alltagskleidung heißt *fudan-gi*: Praktisch und bequem, wie diese Sachen sind, können Sie sie immer dann tragen, wenn Sie in die Stadt gehen oder Freunde treffen.
- Arbeitskleidung ist *shigoto-gi*: Sie ist in Japan meist klassisch und viel förmlicher als in Großbritannien oder anderen westlichen Ländern. Für Männer sind Anzug und Krawatte an den meisten Arbeitsplätzen vorgeschrieben (aber keine bunten Krawatten oder pinkfarbene Hemden). Frauen tragen hohe Absätze, elegante und einfarbige kniclange Röcke, dazu Strümpfe in neutralen Farben.

Das mag stark reglementiert erscheinen – bis zu einem gewissen Punkt finde ich das auch. Wenn manche Leute an Japan denken, dann fallen ihnen sofort die unzähligen Reihen uniform gewandeter *salarymen* ein, die auf die U-Bahn warten, oder die gehorsamen Schulkinder in Uniform, die aufrecht in der Schulbank sitzen und lernen. Aber diese Stereotypen verdecken nur die aufregenderen Aspekte der Leidenschaft, die ganz normale Japaner für Mode hegen.

Beliebte Modetrends sind in Japan schon immer als Graswurzelbewegung entstanden. Es stimmt nämlich nicht, dass die Bauern nur Lumpen trugen, während der Adel edel gewandet einherschritt. Familien auf dem Land trugen Baumwollstoffe, mitunter sogar Seide. Selbst die Overalls der Farmarbeiter und die Schürzen der Straßenverkäufer wurden extra für diesen Zweck entworfen. Man wusste Schönheit zu schätzen und fand Freude an den Kleidungsstücken, die man in der Freizeit, bei formellen Anlässen und zur Arbeit trug, ganz egal, aus welcher Schicht man stammte. Die Japaner von heute erscheinen den Menschen im Westen meist als stolz. Und tatsächlich sind sie prätentiös, was ihre Firmenbekleidung angeht oder die Wahl ihrer Krawatte. Auch ihre Modevorstellungen außerhalb der Arbeit muten mitunter fremdartig an – zum Beispiel bei den Anime-Conventions, wo Menschen die Kleidung ihrer Lieblingsfigur aus den Anime-Zeichentrickfilmen oder Computerspielen tragen. (Man nennt dies auch Costume Play bzw. einfach Cosplay, und es erfreut sich mittlerweile weltweiter Beliebtheit.) Dabei sollten wir nicht vergessen, dass diese Leidenschaft fürs Verkleiden Frucht der Begeisterung für Mode und Stil im Allgemeinen ist. Die Menschen sind stolz auf das, was sie tragen und was ihre Kleidung über ihre Lebensart aussagt.[22]

Ich denke, wir können alle von dieser durch und durch demokratischen Vorstellung von Mode lernen – sich nicht sagen zu lassen, was man anzuziehen hat, sondern achtsam den eigenen Stil zu erkunden: aus der Achtung für uns selbst heraus und für das, was wir tun. Wenn wir unsere Kleidung auf die verschiedenen Teilbereiche unseres Lebens abstimmen, dann zeigt das sowohl Kreativität wie auch Disziplin, ganz egal, womit wir unseren Lebensunterhalt verdienen.

**Anlass: im Gleichgewicht mit anderen** • Manche Stoffmuster – wie eisblaue Schneeflocken oder Regentropfen – entfalten angeblich auf die Menschen im Umfeld des Trägers eine kühlende Wirkung, wenn sie diese betrachten. Andere Menschen an die Jahreszeiten zu erinnern oder durch unsere Kleidung Empfindungen mit ihnen zu teilen, das ist das Prinzip des Kimonos: das Gefühl angenehmer Kühle im Sommer, das Gespür für die vergängliche Schönheit des Frühlings, ausgedrückt durch Kirschblütenmuster, die Melancholie des Herbstes mit Mustern fallender Blätter.

Seine Kleidung im Hinblick auf den Einklang mit anderen Menschen zu wählen, mag manchen Lesern seltsam vorkommen. Im Westen zielen wir ja eher auf ein »Fashion-Statement« ab, wollen durch unsere Kleidung unsere Individualität ausdrücken. Im Chōwa aber geht es nicht um individuellen Ausdruck, nicht um »Statements«, sondern eher um eine modische »Konversation«. Wenn wir uns Gedanken machen, was unsere Kleidung sagen soll, dann müssen wir auch darauf achten, was die Menschen um uns herum tragen, so, wie wir auf die Jahreszeiten achten, wenn wir uns im Einklang mit der Natur kleiden wollen. Wenn wir uns sensibel für den Stil unserer Umwelt zeigen und deutlich machen, dass wir an solch einem lebhaften Austausch teilhaben wollen, dann drückt sich darin genauso viel Kreativität und Flair aus, als wenn wir nach unserem lautesten Outfit greifen.

Wenn wir durch die Brille des Chōwa auf unseren Kleidungsstil gucken, dann streben wir nicht nach Anpassung um jeden Preis. Wir sind nur einfach achtsam, was unsere Wirkung auf andere angeht, und nicht nur in puncto Kleidung.

Vergessen Sie für einen Moment die Sprache der Konkurrenz, des Wettbewerbs und der Einschüchterung, die uns die Modezeitschriften und die Werbung beibringen. Machen Sie anderen ruhig mal ein Kompliment für ihr gelungenes Outfit. Auf diese Weise zeigen Sie, dass Sie sich in Ihren Sachen glücklich und wohl fühlen. Und Sie schaffen eine angenehme Atmosphäre.

## Wie Sie Ihren Stil finden

Der Kimono mag für seine zeitlose Eleganz bekannt sein, für seine komplexe Kleiderordnung und seine besondere Beziehung zur Natur, aber japanische Mode ist auch berühmt für ihre Originalität. Die Muster, Schnitte und Farben sind häufig in hohem Maße stilisiert. Man denke nur an die Straßenmode in Tokio, zum Beispiel den mega-niedlichen Kawaii-Stil, bei dem Rosa, Rüschen, Fransen und Accessoires mit Anime-Charakteren oder Figuren aus der Popkultur vorherrschen. Oder die minimalistische Ästhetik eines Yohji Yamamoto, der immer wieder kimonoartige Roben aus einem einzigen Stück Stoff schneidert.

Welches Design, welchen Stil Sie auch bevorzugen mögen, meiner Ansicht nach wurzelt die Originalität der japanischen Art sich zu kleiden im Spannungsverhältnis zwischen einer Kultur, in der man sich »regelkonform« kleidet, und dem daraus resultierenden Bedürfnis, mit allen Regeln zu brechen.

In Japan, so scheint es manchmal, finden nur die Mutigsten und Leidenschaftlichsten die Courage, anders zu sein. Im Alltag kann es in Japan sehr strikt und reglementiert zugehen. Während meiner Schulzeit war es noch üblich, dass die Lehrer mit einem Lineal durch die Klasse gingen, um die Rocklänge der Mädchen zu messen. Selbst heute fordert man von jungen Menschen, die ein Vorstellungsgespräch absolvieren, dass sie sich die Haare nach derselben Fasson schneiden lassen. (Man bezeichnet diese Frisur sogar als »Einstellungsschnitt«.) Und natürlich müssen die Bewerberinnen und Bewerber in einem bestimmten Outfit erscheinen, dem »Einstellungsanzug« bzw. dem »Einstellungskostüm«.

Viele junge Japaner, die ich kenne, wagen nicht, etwas anzuziehen, wodurch sie sich von der Masse abheben. Diese Angst aufzufallen ist in Japan zwar besonders stark ausgeprägt, aber finden wir es nicht alle hie und da schwierig, unsere soziale Rolle und unseren Wunsch nach Selbstausdruck unter einen Hut zu bringen?

Im letzten Abschnitt dieses Kapitels möchte ich mich damit beschäftigen, wie uns Chōwa lehren kann, Dinge auf unsere ureigenste Weise zu tun. Denn das Vertrauen in den eigenen Stil und die Akzeptanz dessen, was uns von anderen unterscheidet, hilft uns letztlich herauszufinden, wer wir wirklich sind. Dann müssen wir nur noch den Mut aufbringen, dies mit anderen zu teilen.

**Suchen Sie Ihren Anker: Finden Sie heraus, was Sie wirklich lieben** • Es ist kaum zu glauben, doch abgesehen von einigen wenigen Ausbesserungsarbeiten und Ersatzstücken habe ich in den letzten 25 Jahren kaum Geld für Kleidung ausgegeben.

Als ich heiratete, nahm mich die Familie meines Mannes mit nach Paris. Es war das erste Mal, dass ich Europa besuchte. Und die Kleider in den Pariser Boutiquen waren einfach atemberaubend – die Muster, die Stoffe, die Farben waren mir völlig fremd. Fast, als würde man Kunstwerke aus einer unbekannten Welt betrachten. Die wunderbaren Sachen, die ich von dieser Reise mitgebracht habe, besitze ich noch immer. Und ich finde sie heute genauso schön wie damals. Manche Menschen meinen, mein Geschmack in puncto Kleidung sei altmodisch. Ich finde vielmehr, dass wahrhaft schöne Dinge immer schön bleiben.

Meine Mutter erhob ihre japanischen Modezeitschriften fast in den Rang religiöser Schriften. Da sie auf dem abgelegenen Bauernhof meiner Großmutter wohnte, war in Sachen Unterhaltung wenig geboten. Einmal im Monat ging sie ins Kino. Daher gab sie das ganze Geld, das sie mit ihren Nebentätigkeiten verdiente (Kimonos nähen und die Arbeit im Krankenhaus), für schöne Kleider aus. Sie schnitt die Bilder bezaubernder Sachen aus, ging damit zu unserem Schneider und sagte: »Können Sie das bitte für mich machen?« Mittlerweile ist meine Mutter über achtzig und hat keine Gelegenheit mehr, diese Sachen anzuziehen, also hat sie sie mir vererbt. Zum Beispiel einen klassischen dunkelblauen Wollmantel mit einem weißgrau gestreiften Kragen, den der Schneider für sie genäht hat. Und zwei Kostüme – eins in Schwarz mit einem luxuriösen Seidenfutter und ein absolut umwerfendes in dunklem Rotviolett. Wenn ich diese sechzig Jahre alten Stücke trage, die für meine Mutter maßgeschneidert wurden, mir aber perfekt passen, habe ich das Gefühl, als sei sie bei mir.

Einer meiner Lieblingskimonos gehörte einmal meiner Großmutter. Der Rücken ist mit einer Libelle geschmückt. Die

Libelle ist in den Kampfkünsten ein wichtiges Symbol, weil sie einen 360-Grad-Rundumblick besitzt. Für einen Krieger ist dieser unverzichtbar, denn so hat er auch das Geschehen in seinem Rücken immer gut im Blick. Wann immer ich das Gefühl habe, für ein wichtiges Treffen meine volle Geistesgegenwart zu brauchen, trage ich diesen Kimono. Damit fühle ich mich stabil und fest verankert, so, als würde meine Großmutter mich beschützen.

- Besitzen Sie Kleidungsstücke, die eine Geschichte haben? Vielleicht Sachen, die früher Ihre Geschwister getragen haben? Oder Vintagestücke, die Sie besonders schätzen? Wenn Sie diese schon seit einer Weile nicht getragen haben: Wie können Sie sie in Ihren persönlichen Stil integrieren? Ein Kleidungsstück zu tragen, das mit unserer persönlichen Geschichte verwoben ist, erinnert uns stets daran, wer wir wirklich sind.
- Haben Sie je darüber nachgedacht, welche Kleidungsstücke Sie glücklich machen? Warum ist das so? Was an diesen Dingen verleiht Ihnen dieses aufregende Gefühl, wenn Sie sie anlegen? Oder fühlen Sie sich darin vielleicht entspannter als gewöhnlich, mehr Sie selbst? Spüren Sie dann den Dingen nach, in denen Sie sich nicht wohlfühlen. Warum ziehen Sie diese nicht gerne an? Sind sie vielleicht zu förmlich? Oder drücken sie schlicht nicht das aus, was Sie gerne sein möchten?

**Stil ist, was Sie gern mit anderen teilen** • Als meine Tochter und ich das letzte Mal in Japan waren, kaufte sie eine Zeitschrift, um sie im Zug zu lesen: *Tsurutokame* (Der Kranich und die Schildkröte). Es ist ein Mode- und Lifestyle-Magazin, das ältere Menschen genauso anspricht wie jüngere, da es deren eigenwillige Retro-Art sich zu kleiden als Inspirationsquelle nimmt. Diese Ausgabe war voller Fotos von älteren Menschen, von Landarbeitern, Handwerkern und Straßenverkäufern. Der Text schilderte diese Menschen – ihren Stolz auf ihren Beruf, auf ihr Hobby, aber auch ihre komischen Seiten, wenn sie zum Beispiel genauestens aufzählten, welche Medikamente sie wann einnahmen. Ein ganzseitiges Foto zeigte einen alten Mann auf seinem Elektromobil für Senioren, der augenzwinkernd über die Schulter zurückblickte – ganz der Easy Rider. Eine Nahaufnahme vom zerfurchten Gesicht einer alten Frau, die ihre Stirn in Falten legte, während sie konzentriert ihre Nudelsuppe schlürfte und völlig vergessen hatte, dass ein Fotograf anwesend war. Eine Frau lachte fröhlich in die Kamera und entblößte dabei den Goldzahn in der vordersten Zahnreihe. All diesen Bildern war gemeinsam, dass die Abgebildeten so glücklich und selbstsicher schienen. Und das lag nicht an ihrer Kleidung. Gleichgültig, wie ungewöhnlich ihre Hobbys, ihr Lebensstil oder ihre Haltung waren – es gab auch welche, die nackt in einer heißen Quelle posierten oder den Fotografen rockstarmäßig über den Gartenzaun mit bösen Blicken bedachten –, sie waren voller Leben. Sie hatten einfach Stil.[23]

In Japan hegen die Menschen Hochachtung vor alten Menschen, selbst wenn sie recht exzentrisch sind. Ich frage mich manchmal, ob das nicht auf Kosten der jungen Menschen geht, die sich solche Exzentrizitäten nicht leisten können. Von jungen Menschen erwartet man, dass sie sich anpassen, an die Konventionen halten und exakt das gleiche, reglementierte Leben führen wie die Generation vor ihnen. Einige junge Menschen wehren sich gegen diesen Anpassungsdruck und sind stolz auf das, was sie von den anderen unterscheidet. Aber viele junge

Menschen in Japan, die die Mode als Gegenkultur zelebrieren, die Cosplay oder den Kawaii-Stil lieben, haben das Gefühl, dass man sie in die Zwangsjacke eines alten Wertekanons stecken will – zumindest nach außen hin. Da sie ihre Eltern nicht beschämen oder bissige Bemerkungen von den älteren Nachbarn abkriegen wollen, packen sie ihre ausgefallenen Klamotten und Accessoires in einen Rucksack und machen sich auf in die Stadtmitte, wo sie sich auf öffentlichen Toiletten umziehen. Diese jungen Leute haben keinen Tadel verdient. Sie tun einfach nur ihr Bestes, um die Erwartungen der Gemeinschaft und ihren Wunsch nach Selbstverwirklichung unter einen Hut zu bringen. Aber auch Eltern und Nachbarn trifft keine Schuld. Mir allerdings scheint es, dass diese Kultur der Heimlichkeiten und der Scham eine verpasste Gelegenheit darstellt.

Wäre es nicht wunderbar, wenn wir produktive Gespräche über all das führen könnten, was uns antreibt? Damit wir uns endlich nicht mehr verstecken müssen, und das, was wir sind, miteinander teilen können. Ich denke, es gibt keinen anderen Weg zu dauerhafter Harmonie: Wir müssen lernen, uns einander anzuvertrauen und zu schätzen, was die Menschen wirklich lieben.

**Akzeptieren Sie mutig, was Sie anders macht** • Die Menschen mögen es, wenn ich in London einen Kimono trage, aber natürlich unterscheide ich mich dadurch auch massiv von meiner Umwelt. Die Leute sagen dann Dinge wie: »Was für ein einzigartiges Outfit! Woher kommen Sie denn?« Das ist natürlich meist gut gemeint, aber das als Kompliment zu nehmen fällt mir schwer. In Japan hat der Begriff »einzigartig« einen negativen Beiklang. »Ihr Stil ist einzigartig« – das klingt dort eher nach: »Sie macht etwas *wirklich* völlig Verrücktes!«

Ich habe meinen »einzigartigen« Stil akzeptieren gelernt, indem ich mich gefragt habe, was ich am Kimono-Tragen wirklich liebe. Was war es, das ich nicht aufgeben konnte, obwohl ich dadurch völlig anders aussah als die Menschen in London?

Es war ein bestimmtes Gefühl. Einen Kimono zu tragen gibt mir, ob nun in London oder in Japan, ein Gefühl von Geradlinigkeit und Bequemlichkeit. Mein Bauch wird eingezogen, mein Rücken bleibt gerade. Ein Gefühl, als würde ich geradewegs durch die Welt gleiten. Im Kimono bin ich auch immer glücklich und stolz, Japanerin zu sein. Es kann auch nützlich sein, zum Beispiel, wenn die japanischen Touristen, die verloren am Leicester Square herumstehen, gleich auf mich zukommen, wenn sie mich mit meinem Kimono sehen. Gewöhnlich kann ich ihnen nämlich den Weg zeigen.

Wenn wir uns mutig zu dem bekennen, was uns anders macht – was uns einzigartig sein lässt –, dann fällt es uns leichter, Anschluss zu finden. Das ist ein großartiges Gefühl, vor allem, wenn wir den Menschen helfen können, sich zurechtzufinden, wenn sie sich buchstäblich oder im übertragenen Sinne verlaufen haben.

Wir leben unser Leben Schulter an Schulter mit anderen. Stolz, Selbstvertrauen und der Mut zu akzeptieren, wer wir sind – das sind durchweg wichtige Werte. Wenn wir uns zu dem bekennen, was uns anders sein lässt, senden wir ein starkes und verbindliches Signal an andere Menschen: Wir werden jederzeit akzeptieren, was sie anders macht.

**Wagen Sie nicht nur den kleinen Unterschied: Seien Sie ganz Sie selbst** • In Japan gibt es ein Sprichwort: *deru kūi wa utatero* – »Der Nagel, der heraussteht, wird eingeschlagen.« Auf Japanisch schreibt sich das so:

出る杭は打たれる

Meist wird das Sprichwort so erklärt, dass es in Japan als schwierig oder gar falsch gilt, irgendwie »herauszuragen«. Die kleinste Abweichung von der Norm stößt auf Widerstand und löst Verstörung aus. Das Bild hat etwas Brutales, vor allem, wenn man sich selbst als Nagel sieht. Und was man auch über Japan sagen kann, in gewisser Weise stimmt das Sprichwort. Es gibt dort einen Menschenschlag, der nichts lieber tut, als anderen zu sagen, was sie tun sollen. Wenn wir das zum Besseren wenden wollen, vor allem, was die Gemeinde der Stirnrunzler angesichts bestimmter Arten zu leben oder zu lieben angeht, dann dürfen wir nicht nur ein bisschen anders sein. Dann müssen wir zu uns stehen, also aus der Masse so weit herausragen, dass sich dagegen gar nichts machen lässt. Wir müssen ganz wir selbst sein.

Ich habe mein Leben lang alles nach meiner eigenen Vorstellung gemacht, man könnte sagen, dass ich mich so ein kleines bisschen unterschieden habe. Und ich wurde dafür lange getriezt und kritisiert. In der Schule hat man mich regelrecht schikaniert. Selbst als ich Japan verlassen habe und nach England gegangen bin, wo ich die Dinge wieder nach meinem Kopf gehandhabt habe, galt ich einigen Mitgliedern der japanischen Gemeinde in London als »schwierig«, als Frau, die die Dinge auf ihre eigene Weise erledigte. Selbst die Gründung meiner Wohltätigkeitsorganisation stieß einigen Leuten sauer auf, die der Meinung waren, ich sollte mich weniger »wichtig machen«. Es war nicht immer leicht.

Immer wieder träumte ich, dass ich wieder in der Schule saß und von den Bullys aus meinen Kindertagen getriezt wurde. Ein wiederkehrender Albtraum. Ich war erschrocken, als diese

Träume auch im Erwachsenenleben wiederkehrten, gerade als ich das Gefühl hatte, mich in England richtig eingelebt zu haben. Offensichtlich bereitete mir die Tatsache, dass ich mich von meinem Umfeld unterschied, unbewusst immer noch Probleme. Da erzählte ich meiner Freundin davon. Die aber lachte nur hell auf.

»Akemi-san«, sagte sie, »du bist doch längst nicht mehr *deru kūi* (der Nagel, der heraussteht). Du bist doch *de-sugi-chatta* (der Nagel, der viel zu weit heraussteht).«

Sie meinte, dass ich, solange sie mich kannte, immer mein Ding gemacht hätte. In der Vergangenheit hatten die Leute immer wieder versucht, mich kleinzumachen, indem sie mir vorhielten, dass ich dies oder jenes nicht tun könne – als geschiedene Frau, als Frau eines Ausländers oder als Japanerin.

Meine Freundin meinte: »Wie auch immer, du bist schon längst nicht mehr das Kind, das du einmal warst. Du bist schon so lange Zeit deinen eigenen Weg gegangen, dass dich niemand mehr kleinmachen kann. Du bist der Nagel, den keiner mehr einschlagen kann, selbst wenn er es probieren sollte.«

Deshalb habe ich hier noch ein japanisches Sprichwort für Sie, wenn auch Sie versuchen, Ihren Stil zu finden, Ihr Ding zu machen und auszudrücken, wer Sie wirklich sind:

継続は力なり
*Keizoku wa chikara nari*
»Beharrlichkeit ist Macht.«

Streng genommen heißt es: »Kraft durch Fortdauern«. Aber »Beharrlichkeit ist Macht« gefällt mir besser. Wenn Ihnen etwas wirklich wichtig ist, wenn Sie es immer und immer wieder tun – ob es nun um ein Hobby geht, eine Fertigkeit, eine Arbeit oder eine Art zu leben –, dann werden Sie darin immer besser. Bis es Ihnen so selbstverständlich vorkommt wie das Atmen. Auf diese Weise werden wir, wer wir sein wollen: Wir finden heraus, was wir lieben, und wir bleiben dabei. Wenn wir wissen, wer wir sind und was uns wirklich wichtig ist, fühlen wir uns weniger unter Druck, der Mode zu folgen, den neuesten Film zu sehen oder mit den Nachbarn mitzuhalten.

- Unseren Stil zu entdecken ist so einfach wie herauszufinden, wie wir uns mit Selbstvertrauen, Stolz und Ehre durch die Welt bewegen können, wie wir leben, arbeiten und uns anziehen können. Je zufriedener wir mit uns selbst sind, desto mehr Selbstvertrauen strahlen wir aus, desto eher sind wir bereit, anderen zu helfen.

## Ein Tag beim Rennen

Eines Tages lud man meine Tochter und mich zur Royal-Ascot-Rennwoche ein. Nichts, was wir im Kleiderschrank hatten, schien zu dem Dresscode zu passen, der dort verlangt war. Wir diskutierten, was wir anziehen sollten, bis ich beschloss, einen Kimono zu tragen, auch wenn ich nicht wusste, ob das als passend galt.

Als wir eintrafen, fühlte ich mich in der Menge hochherrschaftlich gekleideter Frauen ein wenig verloren. Im Grunde war es ein Wettbewerb, wer den größten und auffälligsten Hut besaß. Ich trug ebenfalls einen Hut, genauer gesagt einen Schleier im Stil des 12. Jahrhunderts, der gut zu meinem Kimono passte und noch einen weiteren Vorteil hatte: Er verbarg mein Gesicht. (Meine Tochter und ich fanden einige der Outfits in Ascot ausgesprochen komisch. Wir hatten beide Schwierigkeiten, unsere Gesichtszüge unter Kontrolle zu halten.)

Wir standen in der Nähe der Royal Enclosure, eines Bereichs, den man nur auf Einladung betreten durfte. Alles, woran ich denken konnte, war, dass ich in meinem hellblauen Kimono die totale Außenseiterin war und sofort jedem auffallen würde. Die Damen waren wunderschön gekleidet, nippten am Champagnerglas und verzehrten Erdbeeren. Ich fühlte mich vollkommen fehl am Platze.

Nach einer gewissen Zeit kamen ein paar Frauen auf uns zu. Sie stellten mir unzählige Fragen, was den Kimono anging, und ich begann allmählich, mich zu entspannen. Ich merkte, dass ich mit der modischen Eleganz der Damen nicht konkurrieren konnte, aber mit meinem Stil ein Ausrufezeichen gesetzt hatte. Ich war meinen Wurzeln treu geblieben und wurde deshalb in diesem auf Stil versessenen Umfeld akzeptiert. Durch meinen Kimono konnte ich mich einfügen, obwohl ich eigentlich herausstach. Das ist genau jene Art von Gleichgewicht, das wir uns wünschen, wenn wir entscheiden, was wir tragen sollen. Und wenn es funktioniert, dann ist das ein echter Kick.

## Sich in Harmonie mit der Natur kleiden

*Winterfarben*
Grün mit Orange, Rot mit Weiß oder Grün mit Weiß

*Wintermuster*
Bambus, Tannenzweige, Kamelien oder Pflaumenblüten (*ume*)

*Frühlingsfarben*
Pink mit Weiß und Grün, Purpur (Rotviolett) mit Weiß, Hellgelb mit einem dunkleren Gelbton

*Frühlingsmuster*
Pflaumenblüten (*ume*) oder Kirschblüten (*sakura*)

*Sommerfarben*
Eisblau, Lavendel oder Dunkelblau

*Sommermuster*
Regentropfen, Schneeflocken, Yukata-Kimonos in uni oder gestreift (Sommer-Yukatas sind häufig dunkelblau auf weiß oder weiß auf dunkelblau gemustert)

*Herbstfarben*
Purpurtöne mit Orange und Grün oder Rot-, Orange- und Gelbtöne (wie die fallenden Blätter) bzw. Gelb- und Orangetöne (die das spezifisch herbstliche Sonnenlicht einfangen)

*Herbstmuster*
Fallende Blätter, Sonnenlicht, das durch Bäume blinzelt, Pampasgras, Mond oder Libellen

## Chōwa-Lektionen:

## So finden Sie Ihren persönlichen Stil

**Finden Sie heraus, was Sie lieben, um es mit anderen zu teilen**

- Was ist Ihnen wichtig?
- Nehmen Sie sich jeden Tag Zeit, genau das zu tun. Und bleiben Sie dabei.
- Vergessen Sie nicht: »Beharrlichkeit ist Macht.«
- Fragen Sie sich, wie Sie diese Leidenschaft mit anderen teilen können.

**»Der Nagel, der heraussteht, wird eingeschlagen.«**

- Wann haben Sie das Gefühl, aufzufallen?
- Wie können Sie dieses Anderssein in eine Stärke verwandeln und Ihre Einzigartigkeit schätzen lernen, sodass Sie am Ende »der Nagel werden, den kein Mensch mehr einschlagen kann«?

# Teil II

# Mit den anderen in Harmonie leben

第二章

他人との調和

#  Auf andere hören, sich selbst kennen

*Nichts zu sagen kann so schön sein wie eine Blume.*
Japanisches Sprichwort

Wir leben mit anderen Menschen. Sie leisten uns Gesellschaft, unterstützen uns, leiten uns an und manchmal können sie uns auch arg verletzen. Wie wir sie behandeln und sie uns, ist ein gewichtiger Bestandteil dessen, was wir sind. Aber obwohl wir fast jeden Tag unseres Lebens in Gesellschaft anderer verbringen, haben wir häufig das Gefühl, diese Menschen kein bisschen zu verstehen. Ein Missverständnis, einige barsche Worte können uns an der Nähe zu unseren Freunden, Kollegen oder Partnern zweifeln lassen. Zumindest erschüttern sie unser emotionales Gleichgewicht.

Eines der schmerzlichsten Gefühle ist es, wenn wir glauben, jemanden im Stich gelassen zu haben: Emotionen wie Schuld, Scham oder das Gefühl, nicht gut genug zu sein, können uns ein Leben lang begleiten und uns vielleicht sogar überwältigen. Wenn wir es zulassen, kann das so weit gehen, dass wir jede Lebendigkeit verlieren.

Wie bereits gesagt ist das japanische Wort für »Selbst« *jibun*, was wörtlich übersetzt heißt: »der Selbst-Teil«. Allein das verweist schon darauf, dass wir Teil eines größeren Ganzen sind.

Wenn wir über unsere schwierigsten Probleme nachdenken – über Gefühle wie Unsicherheit oder die Angst, den Erwartungen nicht zu genügen, ein gebrochenes Herz, Zorn oder Versagen –, stellen wir fest, dass sie meist mit anderen Menschen zusammenhängen. Ist Ihnen schon einmal aufgefallen, dass übellaunige Kollegen oder Angehörige letztlich auch unsere Stimmung runterziehen? Wir besitzen ein emotionales Ökosystem, das sich wie die Natur in einem höchst fragilen Gleichgewicht befindet. Ins Gleichgewicht zu kommen heißt nicht, dass wir unser Gefühlsleben in einen Zustand von Frieden und Harmonie zwingen sollen. Gefühle kommen und gehen. Unsere geistige Verfassung ist in ständigem Wandel begriffen. Aber wir können uns verpflichten, aktiv in Harmonie mit anderen Menschen zu leben. Dieses Kapitel macht Sie mit einigen Prinzipien bekannt, die Ihnen zu einem gesunden Gefühlsleben verhelfen sollen. Dabei ist die wichtigste Lektion die, dass unser persönliches Gleichgewicht damit beginnt, auf die Emotionen anderer zu achten.

- **Lesen Sie die Luft.** Ein Leben im Einklang mit den Prinzipien des Chōwa hilft uns, eine hohe emotionale Sensibilität zu entwickeln. Wenn wir uns auf die Atmosphäre eines Raums einstellen, auf das »Hier und Jetzt« eines Gesprächs, lernen wir, unsere vorüberziehenden Gedanken ruhig zu beobachten. So können wir auf entspannte und offene Weise die Voraussetzungen schaffen, dass andere sich in unserer Gegenwart wohlfühlen.

- **Verbessern Sie Ihre Beziehungen und lernen Sie, mit starken Gefühlen umzugehen.** Es mag zunächst unmöglich scheinen, die eigene Mitte zu finden, wenn wir mit starken Gefühlen wie Wut oder Frustration zu kämpfen haben. Chōwa kann uns helfen, unser Verhältnis zu diesen intensiven Emotionen zu überdenken, sodass uns der Umgang mit anderen Menschen künftig leichter fällt.

An dieser Stelle möchte ich Ihnen ein Gedicht vorstellen, das mein Vater einmal geschrieben hat:

> *Wenn du in den Spiegel blickst, wie siehst du dich selbst?*
> *Wenn du dich nicht klar erkennen kannst, dann bist du vielleicht nicht glücklich.*
> *Wenn dein Geist verhangen ist, kannst du dich nicht klar sehen.*
> *Selbst wenn du den Spiegel polierst, kannst du keinen klaren Blick auf dich werfen.*
> *Weißt du deinen Alltag zu schätzen?*
> *Arbeitest du voller Ehre?*
> *Hilfst du Menschen, die deine Hilfe brauchen?*

Das Gedicht geht vom Nachdenken über sich selbst und die Erkenntnis, nicht glücklich zu sein, über zu Fragen, die uns vom Blick nach innen abbringen und zurückführen in die Welt. Wenn es um das persönliche Gleichgewicht geht, hört es sich vielleicht widersinnig an, die Grenzen unseres Gewahrseins zu verschieben, sodass auch andere Menschen miteinbezogen sind. Meiner Ansicht nach aber ist das ein guter Anfang.

## Die Luft lesen

Haben Sie je ein Thema vermieden oder versucht, Ihre Worte sorgsam zu wählen, um andere Menschen nicht zu verletzen? Haben Sie je eine Tür leise geschlossen, um Ihr Kind, Ihren Partner oder einen Zimmergenossen nicht zu stören, die schwer arbeiten oder noch tief schlafen? Wenn ja, dann haben Sie damit eine Technik geübt, die japanische Schulkinder schon früh im Leben lernen. In Japan nennt man diese Geschicklichkeit: »die Luft lesen«.

空気を読む

*kuuki wo yomu*

Die Luft lesen heißt, dass wir so still sind, dass wir selbst winzige Veränderungen in der Atmosphäre bemerken, ob es sich nun um ein Klassenzimmer, ein Meeting oder ein Familientreffen handelt. Ein bisschen so, als würden wir die Temperatur eines Raumes messen. Das geht sogar, wenn wir nur zu zweit sind. Allerdings sollen Sie nicht zu erraten suchen, wie der andere sich fühlt. Es geht eher um die aktive Möglichkeit, durch kleine Gesten Frieden, Harmonie und Ruhe zu erzeugen. Diese Fähigkeit sollten wir unser Leben lang üben, aber das Ganze ist viel weniger mystisch, als es sich anhört. Um die Luft zu lesen, müssen Sie nur einfach darauf achten, was in Ihnen und den Menschen um Sie herum vorgeht. Und das kann in wenigen einfachen Schritten gelernt werden.

**Üben Sie sich im Stillsein** • In Japan gibt es ein Sprichwort: »Stille ist das Öl, das alles reibungslos laufen lässt.« Der erste Schritt beim Lesen der Luft ist es also, selbst still zu werden.

Das bedeutet nun nicht, dass Sie sich aus dem Geschehen zurückziehen sollen. Stellen Sie sich vor, Sie seien ein Empfangsgerät, das unausgesprochene Signale aufnimmt. Wenn das Gespräch stockt und sich eine unbehagliche Stille einstellt, verspüren Sie vielleicht den Impuls, diese zu füllen. Aber Reden ist nicht immer so sinnvoll, wie wir glauben.

**Lassen Sie Ihr Gegenüber zu Wort kommen** • Alle Gespräche sind letztlich ein Streben nach Gleichgewicht. Wir aber sehen sie häufig als Wettbewerb mit unseren Gesprächspartnern. Wenn wir uns mit jemandem unterhalten, kann es eine große Versuchung sein, unsere Neuigkeiten zuerst zu präsentieren und das Gespräch an uns zu reißen, bevor der andere zu Wort kommt. Lassen Sie Ihrem Gegenüber ruhig mal den Vortritt. Wenn Sie dann noch Fragen stellen, hat der andere das Gefühl, dass Sie ihm wirklich zuhören. Man nennt das auch aktives Zuhören. Sie werden überrascht sein, wie schnell Ihr Gegenüber genauso reagiert und Ihnen das Wort lässt. Je mehr wir selbst aktiv zuhören, desto eher folgt unsere Umwelt unserem Beispiel.

**Ratschläge können warten** • Ob Sie nun in einem Meeting über ein Problem sprechen oder Ihrem Kind zuhören, das seine Schwierigkeiten in der Schule schildert, ich bin sicher, dass Sie den Impuls verspüren, Ratschläge oder Tipps zu geben und die Erfahrung des anderen mit Ihren eigenen Erlebnissen in Verbindung zu bringen: »Genauso geht es mir auch ...« Der »Ich, ich, ich«-Impuls ist auch nicht grundsätzlich schlecht. Wir wollen dem anderen schließlich zeigen, dass wir mit ihm mitfühlen. Oft aber verstellt uns genau dies ein klares Verständnis für die Situation. Chōwa verlangt von uns, dass wir zuerst nachforschen, bevor wir eine Situation ins Gleichgewicht bringen. Im Gespräch mit einem anderen Menschen heißt das, dass wir zuerst zuhören und verstehen, was in ihm vorgeht. Selbst wenn Ihr Gegenüber aufgehört hat zu sprechen, sollten Sie das Gesagte sich erst einmal setzen lassen, bevor Sie antworten. Diese Minuten der Stille bieten dem anderen auch die Chance, noch etwas hinzuzufügen, wenn er das möchte.

**Antworten Sie großzügig** • Wenn Sie jemandem zuhören und diese Person über sehr persönliche oder schmerzhafte Dinge spricht, fragen Sie sich: »Wie kann ich dafür sorgen, dass mein Gegenüber sich wohler fühlt?« Das kann schon durch ganz kleine Gesten geschehen, durch ein Lächeln beispielsweise oder eine offene Frage. Wenn Sie einen engen Freund trösten, versuchen Sie, dieser Person zu sagen, dass Sie sie verstehen, dass Sie ihr gerne zuhören und für sie da sein werden. Schaffen Sie dann einen Moment der Stille, damit Ihr Freund vielleicht noch etwas sagen kann. Oder auch schweigen, wenn er das möchte.[24]

**Weiten Sie Ihr emotionales Gewahrsein auf andere Menschen aus** • Das eigene emotionale Gewahrsein auf andere auszudehnen ist so einfach, als würde man seine emotionalen Hausaufgaben machen. Es geht dabei zunächst einmal darum herauszufinden, was in Ihnen selbst vorgeht. Im zweiten Schritt machen Sie sich dann bewusst, was andere vielleicht empfinden mögen. Wenn wir ein Gespräch im Kopf von Neuem abspulen – was wir häufig tun, wenn wir ins Fettnäpfchen getappt sind –, dann stellen wir meist fest: Wenn wir etwas wenig Hilfreiches oder gar Unfreundliches gesagt haben, dann, weil wir nervös waren, frustriert oder wütend. Oder weil wir wollten, dass jemand anderer uns mag. Wenn wir diesen Emotionen erlauben, uns zu steuern, dann sagen wir am Ende Dinge, die uns später leidtun. Solche Situationen können wir vermeiden, wenn wir besonnen mit unseren Emotionen umgehen. Wenn das nächste Mal ein starkes Gefühl Sie mitzureißen droht, versuchen Sie es mit folgender Technik. Sagen Sie still zu sich: »So fühlt sich also Ärger an.« Oder: »So fühlt sich Frustration an.« Üben Sie sich darin, das, was Sie empfinden, zu identifizieren und zu benennen. Vor allem, wenn Sie das Gefühl haben, dass Sie gleich etwas sagen werden, was Ihnen leidtun könnte. Wenn Sie dann darauf achten, wie Sie sich fühlen, sobald Sie wieder ruhiger und objektiver gestimmt sind, werden Sie feststellen, dass Ihre Emotionen Sie eben nicht mehr überwältigen können.

Wenn Sie erst gelernt haben, einen Schritt zurückzutreten und Ihre Gedanken objektiv vorüberziehen zu sehen, ist es Zeit für den nächsten Schritt: herauszufinden, wie andere sich fühlen. Wenn Sie sich das nächste Mal mit jemandem unterhalten, versuchen Sie, Ihr emotionales Gewahrsein von sich auf andere auszudehnen. Fragen Sie sich: »Wie geht es dieser Person?« Wenn wir anfangen, auf andere Menschen und ihre Gefühle zu achten, stärken wir unser aktives Interesse an unserem emotionalen Ökosystem. Wir sollten uns klarmachen, dass wir alle Teil desselben seelischen Ökosystems sind. Denn wenn das Gleichgewicht in einem Raum verloren geht, dann leidet gewöhnlich auch unsere eigene innere Balance. Wenn wir uns ganz bewusst auf die Gefühle anderer einstellen, ohne dass dies nach außen sichtbar werden muss, reagieren wir gewöhnlich freundlicher. Wenn Sie beispielsweise merken, dass ein Kollege beim Meeting einzuschlafen droht, können Sie ihm eine direkte Frage stellen, um ihn zurück in die Gegenwart zu bringen.

Wenn einer Ihrer Freunde heute mal stiller ist als sonst, stellen Sie ihm doch eine Frage zu seinem Lieblingsthema. Solch ein großzügiger Akt kann die ganze Stimmung im Raum verändern. Wenn eine Person sich rücksichtsvoll zeigt, fangen auch die anderen an, die Vorzüge des Aufeinander-Eingehens zu erkennen.

- Was können Sie tun, um heute kleine, positive Anreize für Ihr emotionales Ökosystem zu setzen?
- Fragen Sie sich am Abend, wie der Tag verlaufen ist. Haben Sie anderen aktiv zugehört oder ihnen Ihre Präsenz signalisiert? War es dadurch vielleicht möglich, einen Streit zu vermeiden oder dafür zu sorgen, dass einer Ihrer Mitmenschen sich in Ihrer Gesellschaft wohlfühlt?

## Emotionaler Check-up

Nach der Geburt meiner Tochter war ich nicht mehr länger nur für meine eigenen Emotionen verantwortlich. Ich musste mich auf ihre Bedürfnisse und Gefühle einstellen: Hatte sie etwa Hunger? War sie müde? War ihr zu heiß oder zu kalt?

Diese gesteigerte Aufmerksamkeit setzte sich fort, als sie heranwuchs. Wann immer meine Tochter von der Schule nach Hause kam, hielt ich, ganz egal, womit ich gerade beschäftigt war, inne, sobald ich die Tür hörte. Hatte sie die Tür etwa gerade zugeschlagen? Oder sie leise ins Schloss fallen lassen? Das war für mich der erste Hinweis darauf, wie ihr Tag verlaufen war und wie sie sich fühlte. Dann hörte ich sie rufen: »*Tadaima!*« – Ich bin wieder da. Und ich antwortete: »*Okaerinasai!*« – Willkommen daheim.

Erklang dieses »Tadaima« beinahe atemlos, stellte ich mir vor, dass sie noch mit ihren Freundinnen geplaudert hatte und nach Hause gelaufen war, damit sie mir noch beim Kochen helfen konnte. Kam es hingegen dumpf und müde daher, machte ich mir Sorgen – vielleicht hatte sie ja eine schlechte Note bekommen oder Streit mit Schulkameraden gehabt.

Vielleicht gibt es ja auch in Ihrer Familie so ein Begrüßungsritual. Vergessen Sie nicht, jeden Tag den Gefühlszustand Ihrer Lieben zu erforschen. Gewöhnen Sie sich das an und Sie werden schnell merken, wenn jemand das Gleichgewicht verloren hat oder unglücklich ist. Dann können Sie immerhin darauf reagieren.

## Vorlieben und Abneigungen

Unsere Vorlieben und Abneigungen helfen uns, Freundschaften zu schließen oder den Partner fürs Leben zu finden. Menschen, die uns ähneln, die sich für dieselben Dinge interessieren wie wir, ziehen uns magisch an. Wir haben das Gefühl, mit ihnen etwas gemeinsam zu haben. Andererseits kann das unnachgiebige Vertreten bestimmter Ansichten uns auch in Schwierigkeiten bringen.

In Japan betrachtet man das starre Festhalten an den eigenen Vorlieben und Abneigungen mitunter als kindisch oder selbstsüchtig. Schließlich verhindert es, dass wir auf andere Menschen Rücksicht nehmen. Selbst wenn man eine Einladung ablehnt, eine Erlaubnis nicht geben will oder wenn kein weiteres Stück Kuchen mehr da ist, sagen Japaner auf die entsprechende Frage niemals einfach »Nein«. Man lehnt nicht ausdrücklich ab, sondern sagt *chotto*. Das bedeutet: »Es ist ein bisschen schwierig.«

Nicht einmal, wenn es um Dinge geht, die wir absolut nicht mögen – zum Beispiel, wenn wir eine Abneigung gegen Pilze oder bestimmte Früchte haben –, lehnen wir diese nicht rundheraus ab. Eine heftige Abneigung wird so gut wie niemals ausgedrückt. Das klingt freilich recht verdruckst, so als würden wir uns selbst massiv zurücknehmen. Und das kann tatsächlich sehr anstrengend sein. Andererseits sind unsere Abneigungen wie geschlossene Türen, die uns diktieren, wie wir leben: Wir verbringen keine Zeit mit diesem oder jenem Menschen, hören eine bestimmte Art von Musik nicht und lassen die ein oder andere Speise einfach stehen. Befreien wir uns von den Vorstellungen, was wir – oft seit Kindesbeinen – mögen oder nicht mögen, so bedeutet das häufig eine echte Erleichterung. In dieser Hinsicht eine gewisse Flexibilität zu entwickeln heißt ja nicht, dass wir uns selbst preisgeben. Wir halten uns nur verschiedene Optionen offen und gehen stärker mit dem Fluss des Geschehens. Vielleicht stellen wir ja auch fest, dass wir offener und abenteuerlustiger sind, als wir ursprünglich dachten.

Um zu zeigen, wie wir diese Haltung entwickeln können, möchte ich Ihnen nun eine elementare Einführung in die japanische Grammatik geben. Für Schüler, die eine andere Muttersprache haben, fühlt sich die japanische Grammatik meist recht kompliziert an. So steht das Verb zum Beispiel immer am Satzende. Pronomen (Fürwörter) werden kaum je benutzt. Japaner erschließen aus dem Kontext, ob Sie nun sagen: »Magst du Äpfel?« Oder: »Ich mag Äpfel.«

Nehmen wir den folgenden Satz als Beispiel:

> 林檎　　が　　好き　　です
> *ringo　　ga　　suki　　desu*
> (Ich) Äpfel (mögen) tue.

*Ringo* heißt »Äpfel«. »Ga« wiederum ist eine Partikel, die in Verbindung mit *suki* signalisiert: »ich mag«. Wie aber weiß man, dass der Satz nicht heißt: »Ich mag keine Äpfel«? Wegen des Wortes am Ende: *desu*. Stünde da: »Ich mag keine Äpfel«, sähe das so aus:

> 林檎　が　好き　で　は　ありません
> *ringo　ga　suki　de　wa　arimasen*
> (Ich) Äpfel (mögen) tue nicht.

Aus diesem Grund ist Hörverstehen für Japanisch eine echte Achtsamkeitsübung. Sie müssen bis zum Ende des Satzes warten, bevor Sie wissen, was Ihr Gegenüber sagt. Andererseits gibt dies den Japanern auch Gelegenheit, sich zu überlegen, was sie sagen wollen. Sie können die Festlegung bis zum Schluss hinausziehen: »Mag ich Äpfel? Oder: »Mag ich Äpfel nicht?«

Fragt Ihre Gastgeberin Sie zum Beispiel: »Mögen Sie Äpfel?«, dann wollen Sie vielleicht nicht rundweg sagen, dass dies nicht der Fall ist. Schließlich könnte sie ja zum Nachtisch Apfelkuchen gebacken haben.

**Nehmen Sie sich Zeit.** Das kann Sie vor einigen Fettnäpfchen bewahren. So verletzten Sie niemandes Gefühle, wenn Sie Ihre persönlichen Vorlieben und Abneigungen zum Ausdruck bringen.

**Nehmen Sie Ihre Vorlieben nicht so ernst.** Im Chōwa geht es nicht darum, Ihre Neigungen und Meinungen zu verschweigen, um eine falsche Art sozialer »Harmonie« herzustellen. Wir versuchen nur, uns alle Alternativen offenzuhalten und achtsam bzw. umsichtig auf andere zuzugehen.

Offen zu sein für die Erleichterung, die sich einstellt, wenn wir uns von all dem, was wir »lieben« oder »nicht ausstehen können« befreien.

## Der Umgang mit Menschen, die wir nicht mögen

Wie fühlt es sich an, wenn Sie jemanden nicht leiden können? Wenn Sie sind wie ich, ist es beinahe schmerzhaft, wenn Ablehnung und Hass sich im Körper ausbreiten. Die Gesichtszüge verhärten sich, und Sie verspüren eine gewisse Anspannung im Unterkiefer oder im Nacken.

Machen Sie sich deswegen keine Gedanken. Das kennt schließlich jeder von uns. Nehmen Sie sich ein paar Minuten Zeit, um über Ihre Gefühle nachzudenken. Dann stellen Sie vielleicht fest, dass Sie diese nicht unbedingt haben müssen.

Als ich frisch verheiratet war, nahm ich an demselben Teezeremonie-Seminar teil wie eine Frau namens Akiko. Auch sie war frisch verheiratet. Doch im Gegensatz zu mir war ihr Humor von der bösartigen, unangenehmen Sorte. Sie zog andere gerne auf, wurde nicht müde, ihren Stand als verheiratete Frau zu betonen, und verteilte Seitenhiebe, wann immer jemand einen Fehler machte. Es war mir beinahe unerträglich, mit ihr im selben Raum zu sein. Und irgendwann riss mir der Geduldsfaden. Ich blies meine Backen auf und stieß einen lauten Seufzer aus. Als Akiko aufblickte, verbarg ich meinen angesäuerten Gesichtsausdruck hinter meinem Fächer.

Meiner Schwiegermutter aber, die mit mir dasselbe Seminar besuchte, war meine Reaktion aufgefallen. Als wir zusammen nach Hause gingen, fragte sie mich: »Was ist das zwischen dir und Akiko-san?«

»Ich weiß nicht. Ich kann sie halt einfach nicht leiden«, antwortete ich ehrlich. Es gab einfach viel zu viele Gründe dafür.

»Aber gibt es denn etwas, was du an ihr magst?«, hakte meine Schwiegermutter freundlich nach.

Ich dachte nach. Ich mochte Akikos freche Art. Und bei genauerer Überlegung waren einige der Seiten, die ich an Akiko nicht schätzte, Dinge, die mich selbst betrafen: Wurde ich vielleicht zu hochnäsig? Machte ich mir zu viele Gedanken darüber, was die Leute sagten? Oder hatte ich Angst, etwas Falsches zu tun?

Chōwa lehrt uns nicht nur, unsere Einstellung zu unseren Vorlieben und Abneigungen zu überdenken. Es zeigt uns auch, wie wir unsere Haltung anderen Menschen gegenüber ändern können. Wenn wir uns erlauben, unsere Beziehung zu einem Menschen zu verändern, den wir als schwierig empfinden oder nicht leiden können, werfen wir möglicherweise eine große Belastung ab.

## Der Umgang mit schwierigen Emotionen

Was schwierige Emotionen angeht, verlasse ich mich ganz auf den philosophischen Ansatz. Wenn ich wütend oder frustriert bin, wenn ich mit Schmerzen zu kämpfen habe, versuche ich, mir selbst zu sagen: »So ist das Leben.« Schließlich leben wir. Wenn mir etwas Schlimmes widerfährt, sind meine »negativen Emotionen« eine natürliche Reaktion. Selbst wenn es wirklich wehtut, sind solche Gefühle doch Teil des Lebens, was ihnen letztlich auch eine gewisse Schönheit verleiht. Aber natürlich ist es leichter gesagt als getan, diese Haltung auch dann einzunehmen, wenn einen Wut oder Scham überfallen.

Hier sind ein paar Ideen, wie Sie mit zwei der schwierigsten Emotionen umgehen können. Die erste richtet sich meist gegen andere Menschen: Wut. Die zweite hingegen richtet sich eher gegen uns selbst: Frustration.

**Wut** • Es gibt Zeiten, zu denen Wut uns einfach nicht guttut. Ich bin sicher, jeder von uns weiß das nur zu gut. Wut macht uns blind für unsere eigenen Fehler. Wenn wir wütend sind, fällt es uns schwerer, uns in andere Menschen hincinzuversetzen. Es kann auch zur schlechten Gewohnheit werden, auf bestimmte Situationen mit Wut zu reagieren, ob wir nun zornig werden, weil uns jemand auf der Straße anrempelt oder weil ein Freund unabsichtlich einen Fehler gemacht hat.

Einerseits ist unsere Wut durchaus sinnvoll. Wir wollen die andere Person schelten, um ihr zu zeigen, wie wir uns fühlen. Aber ginge das nicht auch auf andere Art?

**Versuchen Sie, genau die entgegengesetzte Reaktion zu zeigen.** Wenn jemand Sie im Bus anrempelt, versuchen Sie zu lachen, statt zu schimpfen. Sagt jemand etwas, mit dem Sie sich so gar nicht einverstanden erklären können, dann versuchen Sie es mal mit: »Mir ist klar, wie Sie sich dabei fühlen.« Auf diese Weise entschärfen Sie nicht nur Ihren Ärger. Sie nehmen auch der anderen Person den Wind aus den Segeln, vor allem, wenn sie ohnehin auf Streit aus ist. In solchen Situationen zurück ins Gleichgewicht zu finden macht es für uns alle einfacher, uns in der Welt zu bewegen. Und Menschen, die Streit suchen, können danach zufrieden ihrer Wege gehen.

## Bannen Sie Ihren »rechtschaffenen« Ärger einfach auf Papier

Einmal erhielt ich einen Anruf von meiner Freundin Junko-san. Wir hatten uns eine ganze Menge zu erzählen, aber schließlich kam unser Gespräch auf ihren Verlobten. Die beiden hatten erst kürzlich einen Riesenstreit gehabt. Am Ende hatte er sie aus Leibeskräften angebrüllt. Ich war überrascht, dass sie das so gelassen, ja beinahe fröhlich hinnahm.

Sie erzählte mir, sie sei während des Gesprächs einfach weggegangen und habe ihren Verlobten kochend vor Wut zurückgelassen. Sie schloss leise die Tür zum Esszimmer, setzte sich hin und atmete drei Mal tief ein und aus. Auf diese Weise beruhigte sich ihr Puls. Dann nahm sie ein Stück Papier zur Hand und schrieb ihrem Verlobten einen Brief, in dem sie ihm all ihre Gefühle schilderte. Darin stand, warum sie es völlig inakzeptabel fand, dass er sie anschrie, ganz egal, wie wütend er war. Sie schrieb des Weiteren, dass sie keine Ehe wolle, in der diese Art der Auseinandersetzung der Normalfall wäre. Als sie den Brief beendet hatte, ging sie zurück und gab ihm das Schreiben. Anfangs machte ihn das wohl noch wütender. Sie erklärte ihm, sie sei so zornig gewesen, dass sie nicht sagen konnte, was in ihr vorging. Deshalb hätte sie es eben aufgeschrieben.

Sie sagte ihm weiterhin, dass er das Gleiche tun könne. Dann verließ sie das Haus, um mit ihren Freunden Tennis spielen zu gehen. Als sie wieder nach Hause kam, fand sie eine schriftliche Entschuldigung von ihrem Verlobten auf dem Frisiertisch.

**Untersuchen Sie Ihren Ärger gründlich, damit er für Sie arbeitet, nicht gegen Sie.** Auch andere Japanerinnen wenden Junko-sans Methode an: Sie schreiben auf, was sie verärgert, und geben diesen Brief dann ihrem Gatten. Versuchen Sie es doch ruhig damit, wenn Sie das nächste Mal auf Ihren Partner oder Ihre Mitbewohnerin wütend sind.

**Frustration** • Das Streben nach Gleichgewicht ist nicht immer einfach in die Tat umzusetzen. Sie werden Rückschläge erfahren, auf Hindernisse treffen und Zeiten erleben, in denen Sie das Gefühl haben, einfach nicht weiterzukommen. Frustration ist eines der schmerzlichsten menschlichen Gefühle überhaupt. Wir erwarten so viel von uns, sodass wir schnell zu unserem schlimmsten Kritiker werden. Manchmal schrauben wir unsere Erwartungen so hoch, dass wir enttäuscht werden müssen. Auch dafür gibt es in Japan ein Sprichwort:

七転び八起き

*nana korobi yaoki*

Das heißt: »Wenn du beim ersten Mal keinen Erfolg hast, versuch es wieder und wieder.« Das ist in meinen Augen eine bessere Übersetzung als die, die dafür üblicherweise geliefert wird und die lautet: »Fall sieben Mal hin, steh acht Mal auf.« Wir alle müssen akzeptieren lernen, dass wir hinfallen können, und zwar mehr als einmal. Mein Rat ist, mit dieser Tatsache Frieden zu schließen und weiterzumachen. Sie werden also sieben Mal hinfallen. Vielleicht sogar öfter. Wichtig ist, dass Sie danach wieder aufstehen.

## Manche Probleme sind zu groß

Mein erster Mann und ich ließen uns 1989 scheiden. Obwohl ich genau wusste, dass dies der richtige Schritt war, war mir überhaupt nicht klar, was ich danach tun sollte. Erst nach der Scheidung merkte ich, dass nicht ich aus dem Gleichgewicht war, sondern mein Umfeld. Die ganze Welt um mich herum war ein Scherbenhaufen. Ich hatte das Gefühl, die Gesellschaft, in der ich lebte, zum ersten Mal völlig klar zu sehen.

Die Scheidung hieß für mich, dass ich einen Job finden musste, um mich und meine kleine Tochter zu ernähren. Aber bei den Arbeitsstellen, auf die ich mich bewarb, musste man jeweils den Familienstand angeben. Wenn ich bei meiner Bewerbung erwähnte, dass ich »geschieden« war, dann schlug man mir meist die Tür vor der Nase zu. Ich musste auch eine Kinderkrippe für meine Kleine finden. Selbst dort fragte man mich, wieso ich alleinerziehend sei. Zu jener Zeit war es in Japan noch völlig ungewöhnlich, als Elternteil geschieden zu sein. Je mehr ich darüber nachdachte, desto deutlicher stand mir vor Augen, dass ich meine Tochter nicht in einer solchen Gesellschaft aufwachsen sehen wollte. Ich hatte Angst, dass wir, sollten wir in Japan bleiben, immer wieder geächtet werden könnten, bis wir am Ende nicht mehr die Kraft haben würden, wieder aufzustehen.

Manchmal tadeln wir uns für Probleme, die eigentlich gar nichts mit uns zu tun haben – sondern eher auf Mobbing am Arbeitsplatz zurückgehen oder auf einen Partner, der einen tyrannisiert.

In einer solchen Situation können wir uns noch so sehr bemühen, unser Umfeld ins Gleichgewicht zu bringen: Wir können andere Menschen nun mal nicht ändern. Es ist nahezu unmöglich, ein Umfeld zu verbessern, das uns einfach nicht her ist mitunter der einzig richtige Schritt, einen klaren Schnitt zu machen und vorwärtszugehen, wie schmerzhaft das auch sein mag.

## Chōwa-Lektionen:
### Wie Sie anderen zuhören und sich selbst erkennen können

**Anderen zuhören**

Üben Sie sich im aktiven Zuhören, indem Sie:
- ruhig bleiben (und wirklich darauf achten, was Ihr Gegenüber sagt).
- den anderen zuerst reden lassen (damit er seine Neuigkeiten loswerden kann, bevor Sie über die Ihren sprechen).
- abwarten. Manchmal ist Stille die beste Antwort. Vielleicht hat Ihr Gegenüber ja noch mehr zu sagen.
- Ihr Möglichstes tun, um großherzig zu reagieren, ob das nun heißt, dass Sie etwas sagen oder doch lieber schweigen. Fragen Sie sich, was Sie tun können, damit der andere sich in Ihrer Gegenwart wohlfühlt.

**Mit Menschen umgehen, die man nicht mag**

- Denken Sie an jemanden, den Sie nicht mögen. Schreiben Sie alles auf, was Sie an dieser Person stört.
- Nun listen Sie auf, was Sie an dieser Person mögen.
- Fahren Sie damit fort, bis die Liste der positiven Dinge mindestens genauso lang ist wie die der negativen.

**Selbsterkenntnis**

Stellen Sie sich diese Fragen, die ich dem Gedicht meines Vaters entnommen habe:
- Wie kann ich meinen Alltag besser wertschätzen?
- Wie kann ich meiner Arbeit ehrenvoll nachgehen?
- Wie kann ich anderen Menschen helfen?

# Das Lernen lernen und Lehrer lehren

*Belastungen sind gut, wenn wir jung sind, selbst wenn wir sie suchen müssen.*

Japanisches Sprichwort

Vom 12. Jahrhundert bis 1870 hatten mächtige Feudalherren oder *daimyo* die Herrschaft in Japan inne. Ihre Krieger, die Samurai, kämpften für sie um Macht und Einfluss. Ein Samurai musste eine ganze Reihe von Kriegskünsten erlernen, wie zum Beispiel *iaidō* (die Kunst, das Schwert zu ziehen), *battōdō* (die Kunst, das Schwert zu führen) und *bushidō* (die Ethik des Kriegers). Doch nach jeder Schlacht kehrten die Samurai zurück nach Hause und zu ihren Familien. Sie führten also im Allgemeinen ein recht friedliches Leben und ernährten sich von den Erträgen des Landes. Ebenso wichtig wie das Kriegshandwerk waren jedoch auch die schönen Künste wie *shodō* (die Kunst der Kalligrafie), *kadō* (die Kunst des Blumensteckens) und *chadō* (die Kunst der Teezeremonie). Und natürlich musste man wissen, wie man einen Bauernhof bewirtschaftete. Es war also eine rundum ausgewogene Erziehung, in der nicht das Kämpfen im Mittelpunkt stand, sondern das Bemühen, in Harmonie mit der eigenen Familie zu leben und die Schönheit der Natur in Friedenszeiten schätzen zu lernen.

Auch die moderne japanische Erziehung zielt auf solche »Allround«-Fähigkeiten ab. Man vermittelt den Kindern nicht nur Wissen, sondern auch den Wert des Teamworks, der Fähigkeit, mit anderen gut auszukommen und ein rücksichtsvoller Mensch zu werden, der »die Luft lesen« kann, ob nun im Klassenzimmer oder am Arbeitsplatz. Ich habe in England und Japan gelebt und gelehrt. Ich habe selbst erfahren, dass der japanische Erziehungsstil manchmal zu viel Gewicht auf Anpassung legt. Meiner Ansicht nach sollten wir in allen Lebensphasen wissen, wie wir uns einerseits auf die Bedürfnisse unserer Gruppe einstellen, andererseits aber auch in der Lage sein, die Prinzipien der »Harmonie«, die diese Gruppe zusammenhalten, zu hinterfragen. In diesem Kapitel geht es um folgende Schlüsselerfahrungen:

- **Lernen Sie zu lernen.** Chōwa lehrt uns, wie wir auf jede nur erdenkliche Situation mutig und positiv reagieren können. Ich möchte Ihnen zeigen, wie wir, wenn wir auf dieser Basis Erfahrungen sammeln, nicht nur effektiver, sondern auch unser Leben lang lernen.
- **Lehren Sie Ihre Lehrer.** Dass japanische Schüler mit ihrer eigenen Meinung gern hinter dem Berg halten, ist im Westen bekannt. Aber wenn uns Chōwa die richtigen Lektionen über aktive Balance vermitteln soll, müssen wir auch lernen, Autoritäten herauszufordern und deren Vorstellungen von Harmonie und Einvernehmen zu hinterfragen. Wir müssen lernen, unsere »Lehrer zu lehren«.

## Zurück auf die Schulbank – Lernen nach Chōwa-Art in einem japanischen Klassenzimmer

Es gibt an der westlichen Erziehung einiges, was ich wirklich bewundere. Ich habe als Japanischlehrerin bzw. als Dozentin für Kulturstudien Schulen in ganz Großbritannien kennengelernt. Außerdem habe ich Recherchen angestellt für einen japanischen Sender, der sich für die Besonderheiten des englischen Erziehungswesens interessierte. Doch nichts kommt einer japanischen Schule gleich, wenn es um Inspiration und die Begeisterung fürs Lernen geht. Das ist etwas, was ich an Japan tatsächlich vermisse.

Mit japanischen Schulen verbinden die meisten Leute das Bild von sehr strengen Lehrern. In gewisser Weise stimmt das auch, aber ich habe im Westen und in Japan so viele Schulen besucht, dass ich mit Sicherheit sagen kann, dass es beim Chōwa im japanischen Klassenzimmer nicht darum geht, Schüler heranzuziehen, die einander wie ein Ei dem anderen gleichen. Die Harmonie des Chōwa ist keine gruslige »Uniformität«. Daher werde ich Sie in diesem Kapitel in eine japanische Schule mitnehmen, damit Sie sehen, wie lebenslanges Lernen funktionieren kann.

**Engagieren Sie sich beim Lernen** • Wenn Sie eine japanische Grundschule betreten, dann legen Sie zunächst – wie bei einem Besuch in einem japanischen Privathaus – im Vorraum die Schuhe ab. Die Schüler haben meist ein eigenes Schuhfach, aber keine Sorge, es gibt auch Pantoffeln für Gäste. Die Schuhe zu wechseln, bevor wir das Klassenzimmer betreten, ist ein kleiner und einfacher Schritt, eine klare Linie zu ziehen zwischen dem Raum, in dem wir lernen, und der Außenwelt. Der erste Schritt zum Gleichgewicht beim Lernen ist zu wissen, dass wir andere Dinge brauchen, wenn wir lernen, wie wenn wir nicht lernen.

Wenn Sie ein japanisches Klassenzimmer betreten, kommt Ihnen vermutlich vieles bekannt vor. Da ist eine Tafel, Stühle und Tische stehen ordentlich aufgereiht, es gibt Pinnwände, an denen die Arbeiten der Schüler präsentiert werden, und abschließbare Fächer für die Schultaschen. Doch sobald der Unterricht beginnt, zeigen sich die Unterschiede.

Vor dem Unterricht begrüßen die Kinder förmlich ihren Lehrer. Wenn der Lehrer das Klassenzimmer betritt, braucht er meist ein paar Minuten, um seine Papiere hervorzuholen. Er wartet, bis die Kinder ruhig werden. Dann tritt ein Schüler, meist der Klassensprecher, aus der Bank und leitet die förmliche Begrüßung des Lehrers. Er sagt mit fester Stimme:

*Kiritsu* – Steht auf.
*Rei* – Verbeugt euch.
*Chakuseki* – Nehmt eure Plätze ein.

Auf dieses Element des Chōwa sind wir schon in anderen Kapiteln gestoßen: auf die äußeren Zeichen für inneres Engagement. Sicherzustellen, dass unser Handeln unseren Worten entspricht. In einem Lernumfeld schaffen diese Worte eine bestimmte Art Harmonie. Es ist ein starker Anreiz zu Beginn der Schulstunde, wenn alle Schüler dasselbe tun: sich bewusst auf das Lernen einstimmen.[25]

**Nehmen Sie sich Zeit fürs Lernen.** Haben wir die Schule oder andere institutionelle Ausbildungseinrichtungen einmal hinter uns gelassen, müssen wir uns zum Lernen motivieren, vor allem, wenn dies nach der Arbeit oder in der Freizeit passieren soll. Versuchen Sie, Ihr Lernumfeld von Ihrem Alltag abzugrenzen. Vielleicht gehen Sie einfach in die Bibliothek oder Sie reservieren eine Ecke im Wohn- bzw. Arbeitszimmer nur fürs Lernen. Setzen Sie bestimmte Zeiten fest, zu denen Sie lernen möchten. Stellen Sie sich einen Wecker und nehmen Sie sich fürs Lernen immer ausreichend Zeit.

**Achten Sie auf Ihr Lernumfeld** • Sobald Sie eine japanische Schule betreten, werden Ihnen zwei Dinge sofort auffallen: die Ruhe und die Sauberkeit, die überall herrschen. Japanische Schüler putzen die Schule, um ihre Dankbarkeit für die Dienste zu zeigen, die jeder Raum für sie leistet: Das Gebäude und das Klassenzimmer geben ihnen Sicherheit und den nötigen Raum zum Lernen.

Die Schüler sind nicht nur für das eigene Klassenzimmer verantwortlich, sondern auch für das Lehrerzimmer, die Flure, die Toiletten und den Schulgarten. Bei diesen Arbeiten wechseln sie sich ab, was nicht nur das Gefühl der Zugehörigkeit zur Klasse stärkt, sondern den Zusammenhalt als Schule.

Diese Arbeiten beschränken sich jedoch nicht auf das Schulhaus als solches. Japanische Schüler fühlen sich auch dem Stückchen Natur verbunden, das zu ihrer Schule gehört. Ich habe vor Kurzem eine Gruppe englischer Grundschüler begleitet, die eine Grundschule in Japan besuchten. Als wir ankamen, trafen wir viele Kinder draußen im Garten an, wo sie Unkraut jäteten und Pflänzchen setzten. Eines der englischen Kinder wollte daraufhin wissen, ob das eine Strafarbeit sei. Der Schulleiter, der uns herumführte, verneinte das. Die Schüler hatten sich freiwillig dafür gemeldet. Sie erledigten die Arbeit in der Pause und hatten Spaß daran. Es war ihre Art, der Schule ihre Dankbarkeit zu bezeigen.

**Setzen Sie auf unterschiedliche Lern- und Lehrstile •** In meiner Zeit als Lehrkraft habe ich die problematischen Seiten des japanischen Schulwesens selbst erlebt: Teenager mit Burnout, die ohne Abschluss von der Oberschule abgehen, und der Fokus, der sich auf Bestnoten verengt hat (weil Arbeitgeber darauf genauso viel Wert legen wie Lehrer). Im Westen assoziiert man heute das japanische Schulsystem vorzugsweise mit massivem Wettbewerb, Stress und einer rigorosen Gleichschaltung, was das Verhalten im Klassenzimmer angeht.

Umgekehrt ist mir schon des Öfteren aufgefallen, dass in Großbritannien bestimmte Unterrichtsmethoden kategorisch abgelehnt werden, obwohl sie nicht grundsätzlich schlecht sind. Nehmen wir nur mal das Auswendiglernen, das britische Schüler wie Eltern gleichermaßen zu entsetzen scheint. Es scheint heute irgendwie total veraltet, Stunden damit zuzubringen, Dinge auswendig zu lernen oder die Nase in ein Buch zu stecken. Ich als Sprachlehrerin kann dazu nur sagen: Natürlich ist es sinnvoll, den Schülern das Sprechen der Fremdsprache beizubringen, aber eine Sprache zu lernen heißt nun einmal, dass Sie einige höchst langweilige Dinge tun müssen: Verbtabellen lernen oder Vokabeln und Grammatikregeln pauken. Manche Lernschritte sind ohne Auswendiglernen nicht möglich.

Geht es hingegen um Sport, um komplexe Mathematik oder das Verständnis für Poesie, wird uns das Auswendiglernen von Regeln, Fakten oder Wörtern nicht weiterbringen. Wir müssen aus der Praxis lernen. Und, indem wir auf unsere Intuition hören, unsere Ideen. Sich die »Logik« eines Spiels, einer Gleichung, eines Romans zu erschließen erfordert Zeit. Wir müssen uns die lange Leine lassen, damit wir üben können, lernen, lesen und Querverbindungen herstellen. Für diese Art des Lernens braucht es viele Pausen.

Als Erwachsene scheuen wir uns manchmal, ein Buch aus der Hand zu legen, wenn wir es nicht zu Ende gelesen haben, und uns einem anderen zuzuwenden, das uns mehr interessiert. Aber wir müssen uns auch erlauben können, den eigenen Lernprozess entspannt anzugehen. Manchmal brauchen wir Zeit zum Nachdenken. Wir müssen Bilanz ziehen und überlegen, was wir nun tatsächlich gelernt haben. Wenn wir unserem Geist erlauben, sich auf Seitenwege zu begeben, führt uns dies vielleicht direkt zu neuen Inspirationen.

Auf jeden Fall gibt es nicht den *einen* richtigen Weg des Lernens. Und unterschiedliche Arten zu lernen setzen unterschiedliche Formen der Lehre voraus.

**Der Erfolg hängt nicht allein von uns ab** • Wenn die Schüler ein bisschen älter sind, besuchen sie vor wichtigen Prüfungen mit ihren Eltern einen Tempel, um für gute Resultate zu beten. Einen Schrein zu besuchen ist ein äußeres Ritual, das zeigt, wie wichtig uns Bildung und Erziehung unserer Kinder sind – ein äußeres Zeichen für inneres Engagement. Wenn wir einen Schrein besuchen oder einen Glücksbringer kaufen, unterstreicht das für uns und unsere Familie unsere Absichten und Werte. Aber natürlich erübrigt sich dadurch nicht, dass man auch entsprechend lernt.

Haben wir das Glück, die erhofften Noten zu bekommen, kehren wir zum Tempel zurück und sagen Dank. Und zwar nicht nur den Kami, den Geistern. Wir bezeugen ganz allgemein unsere Dankbarkeit: gegenüber unseren Eltern, die uns unterstützt haben; unseren Lehrern, die ihr Wissen mit uns geteilt haben; unseren Freunden, die mit uns gelernt haben. (Man sucht Schreine oder Tempel häufig mit Schulkameraden auf.) Man muss noch nicht mal religiös sein, um sich zu bedanken. Eine Erziehung, die auf den Prinzipien des Chōwa beruht, lehrt uns, dass auch das Lernen im Gleichgewicht erfolgt: Es geht dabei nicht nur darum, was wir gelernt haben, sondern auch darum, wer uns dies gelehrt hat. Der Erfolg hängt ja nicht allein von uns ab.

## Lernen Sie eine Fremdsprache (um ganz neue Arten des Gleichgewichts zu entdecken)

Wenn wir versuchen, unser Gleichgewicht zu entdecken, Instrumente zu finden, die uns zu Wachstum und Entwicklung verhelfen, ist das Erlernen einer Fremdsprache ein guter Weg. Die Chōwa-Prinzipien unseres eigenen Landes – was unsere Nation als Gleichgewicht betrachtet –, können uns blind machen für das, was wir von anderen Ländern lernen können. Wenn es um das eigene Gleichgewicht geht, offenbart uns das Erlernen einer Fremdsprache weit mehr als nur eine Fähigkeit, die uns lebenslang erhalten bleibt. Wir entdecken auch Formen des Lernens und Wissens, die wir bislang nicht kannten.

Ich war seit jeher fasziniert von der Welt außerhalb von Japan. Als ich noch Kind war, unterschied sich das amerikanische Fernsehen massiv vom japanischen. Es zeigte mir nämlich, dass Frauen sowohl schön als auch mächtig sein konnten. Ich sah Serien wie *Drei Engel für Charlie* und *Verliebt in eine Hexe* und fragte mich, wie es sich wohl anfühlte, eine freie Bürgerin der ganzen Welt zu sein. Und was das Erlernen einer Fremdsprache mir darüber hinaus noch bieten konnte.

Ein paar Tipps dazu würde ich gerne mit Ihnen teilen. Sie entstammen meiner Erfahrung als Studentin wie auch als Sprachlehrerin.

e mit dem, was Sie kennen •** Das Chōwa lehrt _, die Gesamtheit unserer Erfahrung und unseres Wissens zu nehmen, um aus jeder Situation das Beste zu machen. Es geht vor allem darum, mit dem arbeiten zu können, was wir kennen. Und uns nicht allzu viele Sorgen um Dinge zu machen, die sich uns entziehen. Wenn Sie eine Fremdsprache lernen, wird alles, was Sie lernen – was Sie wissen –, zu einem neuen, aufregenden Schritt hin zu dem, was Sie eben noch nicht wissen. Schon einige Wörter in einer Fremdsprache bringen Sie auf diesem Weg weiter. Hier ein paar einfache Sätze auf Japanisch:

Mein Name ist Akemi. – *Watashi wa Akemi desu.*
Wie geht es Ihnen? – *Hajimemashite.*
Schön, Sie kennenzulernen. – *Yoroshiku-onegai-shimasu.*

**Lernen Sie, anders zu denken •** Das Erlernen einer neuen Sprache vermittelt uns neue Instrumente, um ins Gleichgewicht zu kommen. Selbst wenige Wörter in einer anderen Sprache können unser Denken schon in andere Richtungen lenken.

Nehmen wir zum Beispiel den Satz: »Schön, Sie kennenzulernen« auf Japanisch: *Yoroshiku-onegai-shimasu.* Wörtlich übersetzt heißt das nämlich eher: »Danke, dass Sie sich mit mir so viel Mühe geben.« Das sagt man, wenn man jemanden zum ersten Mal trifft. Aber Sie können diesen Satz auch verwenden, wenn Sie Ihr Kind in der Schule abgeben. Dann heißt es eher: »Verzeihen Sie, dass meine Tochter so ein schwieriges Kind ist.« Letztlich geht es darum, die eigene Bescheidenheit zu zeigen und Ihrem Gegenüber zu danken, dass er sich um Sie kümmert.

Die Prinzipien des Chōwa werden in der japanischen Sprache ohnehin immer wieder sichtbar. Viele meiner Schüler sagen, ihrer Ansicht nach sind diese Prinzipien ein Gegengift zu einem Denken, das in England vorherrschend zu sein scheint und dem auch ich mitunter verfalle. Ich sage immer: »Ich freue mich so, dass …« Oder: »Ich hoffe, dass …« Im Englischen geht es immer wieder um »mich, mich, mich«. Wir konzentrieren uns ständig darauf, wie wir uns fühlen. Das steht im Japanischen deutlich weniger im Vordergrund.

Wenn wir uns beim Erlernen einer Fremdsprache dergestalt auf neue Formen des Denkens einlassen, stellen wir unsere vorgefassten Ansichten darüber infrage, was es heißt, mit anderen Menschen zu leben und zu sprechen. Und was »Harmonie« wirklich bedeutet.

**Vorsicht bei Lob** • Wenn Sie je nach Japan kommen und Japanisch sprechen, hören Sie vielleicht mal die Worte *nihongo ga jouzu desu ne*. Das bedeutet: »Ihr Japanisch ist sehr gut.« Das sollte Sie sofort misstrauisch machen! Dieser Mensch versucht vermutlich, höflich zu sein. Was nicht bedeutet, dass er sich über Sie lustig macht. Aber die Chancen stehen gut, dass man Ihnen sagen will, es läge noch ein weiter Weg vor Ihnen. Ich rate meinen Schülern dann regelmäßig, Folgendes zu antworten: *mada mada desu*. Denn das heißt: »Es liegt noch ein weiter Weg vor mir.« Damit bringen Sie Ihre Gesprächspartner zum Lachen!

まだまだ です<br>*mada mada desu*

Wenn Sie mit dem »Streben nach Gleichgewicht« beginnen, lassen Sie sich auf einen lebenslangen Lernprozess ein – genau wie beim Erlernen einer Fremdsprache. Denn das Streben nach

Gleichgewicht begleitet ein ganzes Leben – wie jede Fremdsprache.

## Lebenslanges Lernen: aus der Praxis lernen

Bevor ich mein Studium in Saitama aufnahm, ging ich noch für einige Zeit in ein Mädchenpensionat, um westliche Etikette zu lernen. Leserinnen, die im Westen aufgewachsen sind, mag das viktorianisch erscheinen, eher in die 1880er als die 1980er gehörig. Für mich jedoch war dies ein vollkommen logischer Schritt. Als Jugendliche begeisterte ich mich für die westliche Kultur. Ich wollte alles wissen über die Regeln und Codes, die unter der eleganten Oberfläche des westlichen Alltags wirksam waren.

Zu lernen, wie eine Frau aus dem Westen zu gehen, war für mich im wahrsten Sinne des Wortes eine Lektion in Balance, musste ich doch mit einem Buch auf dem Kopf sitzen oder stehen und mich dabei vollkommen gerade halten. Ich lernte, mich in westlicher Kleidung und westlichem Schuhwerk zu bewegen. Trägt man einen Kimono, macht man automatisch kleine Schritte. Trägt man jedoch ein Kleid und hohe Absätze, muss man selbstbewusster ausschreiten. Anfangs kam mir das völlig unnatürlich vor.

**Hören Sie nie auf zu lernen** • Manche Menschen denken, ihre Ausbildung sei abgeschlossen, wenn sie die Schule bzw. Universität verlassen. In Japan ist das nicht so. Chōwa ermutigt uns, immer weiter zu lernen, in jedem Augenblick. Erziehung und Bildung sind etwas, was unser Leben lang andauert, ob Sie nun im Beruf neue Fertigkeiten erwerben müssen oder sich aus freien Stücken neue Fähigkeiten aneignen, wie zum Beispiel ein Musikinstrument zu spielen oder eine fremde Sprache zu sprechen.

Selbst im Ruhestand übernehmen japanische Senioren häufig wichtige Funktionen in ihrer Gemeinde: Sich weiterzubilden gilt als angenehmer Zeitvertreib und als Möglichkeit der Pflichterfüllung. Japan hat eines der besten Senioren-Bildungssysteme weltweit entwickelt.[26] Als meine Mutter sich aus dem Berufsleben zurückzog, beschloss sie, an der Universität einen Kurs über Gartenbau zu belegen. Sie hatte immer schon gerne gegärtnert. Heute ist sie voll ausgebildete Gartenbaukünstlerin und kümmert sich unentgeltlich um die Gärten der Nachbarn.

Lebenslanges Lernen bereitet uns auf alle Eventualitäten vor. Einige meiner Freunde in England und Japan haben ihre Jobs verloren. Andere stehen kurz vor der Rente und wissen nicht, was sie mit sich anfangen sollen. Meine Mutter ist ihnen in dieser Hinsicht wirklich ein Vorbild. Vergessen Sie nicht: Je mehr Sie lernen, desto besser sind Sie auf Ihre nächste Lebensphase vorbereitet. Was auch immer wir an Gelerntem in veränderte Umstände einbringen können, hilft uns auch in Momenten der Verzweiflung.

Oder wie meine Großmutter immer sagte: »Man kann dir vielleicht deinen Schmuck stehlen, aber nicht, was du gelernt hast.«

## Lernen, sich nicht anzupassen

In der Schule hatte ich die Gesellschaft von gleichaltrigen Jungen immer zu schätzen gewusst. Es war also in gewisser Weise ein Schock, als ich in Saitama im Mädchenpensionat landete. Ich fand die ganze Erfahrung geradezu unheimlich. Die Mädchen hatten, nun, wo keine Jungs mehr zugegen waren, seltsame Verhaltensweisen angenommen, zum Beispiel hoben sie an heißen Tagen den Rock fast bis über den Kopf und fächelten sich und den anderen zu, um sich abzukühlen. Sie gingen auch nur zusammen auf die Toilette, was in meinen Augen schlechte Manieren waren. Als ein Mädchen mich fragte, ob ich mit ihr auf die Toilette gehen würde, lehnte ich das ab. Ich sagte: »Wieso? Schaffst du es nicht allein?« Sie war fünfzehn Jahre alt. Natürlich brauchte sie keine Hilfe. Sie lief feuerrot an und ging weg. Ich hatte das Gefühl, meinen Standpunkt gut vertreten zu haben, doch die anderen Mädchen reagierten darauf nicht gerade positiv. Ich hatte unmissverständlich zu verstehen gegeben, dass ich ihre Mätzchen nicht mitmachen wollte. Ich würde also nicht dazugehören.

Aus der Rückschau betrachtet gab es an dieser Schule Dinge, die geradezu lächerlich waren. Aber viele Menschen reifen nie so weit heran, dass sie sich von dem Wunsch nach Zugehörigkeit freimachen können. In Japan ist dies allerdings auffälliger als in Europa. Wenn ich nach Japan reise und in Tokio auf die Metro warte, bin ich von Japanerinnen umringt, die alle exakt die gleiche Louis-Vuitton-Tasche an sich drücken. Dieser Anblick springt Ihnen nachgerade ins Auge. Das ist der Preis, den wir für eine Erziehung zahlen, die ganz auf Anpassung ausgerichtet ist. Zu lernen, sich den Regeln einer Institution unterzuordnen, ist das Eine, unser Möglichstes zu tun, damit andere Menschen sich in unserer Gegenwart wohlfühlen, das Andere. Nicht wagen, man selbst zu sein, hat damit nichts zu tun.

Chōwa im letzteren Sinne zu interpretieren ist ein massives Missverständnis dessen, was das Streben nach Balance tatsächlich heißt. Um ins Gleichgewicht zu kommen, müssen wir lernen, für das einzustehen, was uns wichtig ist. In der Schule brauchte ich einige Zeit, bis ich das begriffen hatte. Mit der Zeit lernte ich, meinen Standpunkt zu vertreten, ohne andere vor den Kopf zu stoßen, denn die Mädchen hatten natürlich ihre Gründe dafür, dass sie dazugehören wollten. Ich schloss mich dem Gitarren- und Mandolinenclub an und lernte gleichgesinnte Mädchen kennen. Am Ende des Semesters kamen ein paar Jungs von einer Tokioter Schule zu unserem Abschlusskonzert. So hatte ich sogar Freunde außerhalb meines Pensionats gefunden. Man zog uns deshalb auf, aber wir fanden, das war die ganze Sache wert.

## Unsere Lehrer lehren: Argumente für die Harmonie

Japanische Erziehung legt mitunter zu viel Wert auf Harmonie in der Gruppe. Das ist eine Art von Chōwa-Gleichgewicht, das nur erzielt werden kann, wenn der Einzelne den Blick senkt und den Mund hält. Wir hören so oft: »Gib keine Widerworte« oder »Hör auf zu streiten«, dass wir am Ende klein beigeben. Doch lernen, etwas infrage zu stellen, sollte ein wichtiger Schritt in jeder Erziehung sein. Und genau darum geht es doch beim Chōwa. Der einzige Weg zum Gleichgewicht ist meiner Ansicht nach der: Wir entwickeln unsere Stärken und schauen, was um uns herum vorgeht. Wir stellen Untersuchungen an. Aber wir lernen auch, den Status quo infrage zu stellen.

Hier ein paar Tipps, wie Sie für eine bessere Welt eintreten können, indem Sie höflich, aber beharrlich Argumente präsentieren.

**Streitkultur lernen – die Lektion meiner Schüler** • Ich glaube, dass ich Begriffe wie »eigenwillig« oder »meinungsstark« erst richtig verstanden habe, als ich englische Teenager unterrichtete. Ich lehre heute immer noch Japanisch in Großbritannien. Meine Schüler sind optimistisch, eifrig und klug, aber auch echte Individualisten mit einer eigenen Meinung. Und das finde ich wunderbar! Sie haben mir geholfen, es schätzen zu lernen, wenn jemand klar seine Meinung sagt, sich andererseits aber auch korrigieren lässt, wo dies nötig ist. Auf diese Weise unterziehen sie ihre Meinung der Prüfung durch die Außenwelt.

**Streitkultur lernen – die Lektionen der Philosophie** • Ich hege große Achtung vor der Methode des Sokrates: etwas neugierig und beharrlich immer wieder zu hinterfragen. Die Wahrheit zu suchen durch Fragen, Fragen, Fragen. Nicht wie ein Kind, das ständig nach dem Warum fragt – eine gute Frage wird von echtem Interesse getragen. Es geht nicht darum, nur irgendeine Reaktion auszulösen. Sokrates ging wohl davon aus, dass ein solches Herangehen uns am Ende die Wahrheit erschließt. Ich glaube, wir können diesen Ansatz auch dazu gebrauchen, um ins Gleichgewicht zu finden.

Die Methode des Sokrates eignete sich auch bestens dafür, die »Allwissenden« aufs Glatteis zu führen. Meinte jemand, in Bezug auf irgendein Thema die Wahrheit zu kennen, hakte Sokrates sofort nach: »Und was ist damit?« So bot er dem Befragten wie allen Zuhörern Gelegenheit, seinen Standpunkt noch einmal zu überdenken. Das schuf eine Atmosphäre der Rücksichtnahme und Bescheidenheit.

Hören Sie niemals auf, Fragen zu stellen. Wenn wir das aus der richtigen Haltung heraus tun, lernen wir nicht nur mehr.

Wir ermutigen unsere Lehrer auch, schwierige Fragen zu beantworten und möglicherweise so auch selbst etwas zu lernen.

## Die Regeln erlernen, indem man sie bricht

Als ich als geschiedene Frau in Japan lebte, wurde mir schnell klar, dass ich mit jedem Schritt in mein neues Leben Regeln brechen würde. Ich musste also lernen, wie ich damit durchkommen und gleichzeitig meine Würde bewahren konnte. Und meine Karriere als Lehrerin vorantreiben.

Als ich zum zweiten Mal heiratete, war Scheidung in Japan immer noch ein Tabuthema. Schlimmer noch: Ich beabsichtigte, einen Ausländer zu heiraten, den Englischlehrer, der mein Geschäftspartner an der Schule geworden war. Als wir das erste Mal zum Standesamt gingen, wurde uns die Trauung verweigert – weil es dort noch nie eine Heirat zwischen einer Japanerin und einem Ausländer gegeben hatte. Wir mussten zuerst die britische Botschaft anrufen, bevor man uns unseren Trauschein aushändigte. Schon damals hätte ich wissen müssen, dass es für uns beide schwierig werden würde, in Japan zu leben. Und tatsächlich erlebten wir auch Rückschlag auf Rückschlag, bis wir schließlich beschlossen, nach England zu gehen und dort ein neues Leben anzufangen.

Die Erfahrung des Regelbrechens in Japan lehrte mich viel über mein Land. Die wichtigste Lektion aber war: Lernen, etwas infrage zu stellen, und ein Leben lang nach Antworten zu suchen, ist der einzige Weg, der uns je zum Gleichgewicht führen wird.

## Chōwa-Lektionen: Das Lernen lernen

**Jedes Thema ist ein Streben nach Balance**

- Was versuchen Sie gerade zu lernen? Worin wollen Sie besser werden?
- Wie sehen Ihre Lernziele aus?
- Wie eignen Sie sich die gewünschte neue Fertigkeit an? Hilft Ihr Lernstil Ihnen, Ihr Ziel zu erreichen?
- Würde sich ein anderer Lernstil besser für Ihre Ziele eignen? Wie wäre es mit einigen kurzen, aber intensiven Zeiten des Faktensammelns, gefolgt von längeren Perioden der Reflexion?

**Ihre Lehrer lehren**

Hier einige Tipps, wie Sie Ihren Lehrern bessere Fragen stellen können:

- Geschlossene Fragen (auf die man nur mit Ja oder Nein antworten kann) sind nicht der beste Weg, da sie keine Diskussion ermöglichen.
- Fragen Sie frei von der Leber weg. Stellen Sie allerdings Fragen, auf die Sie die Antwort schon kennen, riecht das nach Konfrontation.
- Wenn Sie bestimmte Punkte klären wollen, stellen Sie keine offenen Fragen, sondern bleiben Sie genau beim Thema: »Könnten Sie erklären, wie …?«
- Fragen Sie nicht ständig nach dem Warum. Das sind im Grunde als Frage maskierte Beschwerden. Wenn Sie

finden, dass etwas anders gemacht werden müsste, stellen Sie Nachforschungen an, damit Sie Alternativen vorschlagen können: »Wie wäre es denn, wenn wir …?«
- Machen Sie sich auf unerwartete Antworten gefasst. Ein Mönch bat seinen Schüler einmal, den Garten zu säubern. Der Schüler harkte alle Blätter zusammen, bis der Garten makellos dalag. Als der Mönch zurückkehrte, hatte der Schüler das Gefühl, dass er nicht zufrieden schien. »Ist der Garten denn nicht sauber genug?«, fragte er. Der Mönch schüttelte einen Baum, sodass ein paar Blätter zu Boden schwebten. »Jetzt ist es vollkommen«, sagte er.

### Ein Mantra fürs Lernen – fürs Lehren und fürs Leben

- *Mada mada desu* – »Es liegt noch ein langer Weg vor mir.«

# Balance ins Arbeitsleben bringen

*Kultiviert die rechte Geisteshaltung.*
Anweisung für Schüler der Kampfkünste

Unsere Arbeitswelt wandelt sich rapide. Die ganze Welt ist vernetzt. Häufig kommunizieren wir in mehreren Sprachen, über die Grenzen von Kontinenten und Kulturen hinweg. Meine Schüler bemühen sich aufrichtig, den wahren Sinn des Chōwa zu verstehen und zu lernen, wie sie im Unternehmen harmonische Geschäftsbeziehungen zu Menschen aus anderen Kulturkreisen aufbauen können. (Ich gebe in London Kurse für japanische Unternehmensetikette und habe mehr Schüler als je zuvor.) Aber es tun sich auch neue Verwerfungen auf. In aller Welt werden Unternehmen für ihre Gier, ihre Kaltschnäuzigkeit und ihren absoluten Mangel an ethischen Werten kritisiert. Und wir erfahren immer wieder – wenn auch meist zu spät – von den schrecklichen Folgen von Stress, Schikane und sexueller Diskriminierung bzw. Belästigung, die an unseren Arbeitsplätzen herrschen. Und von diesen negativen Entwicklungen ist auch die ständig wachsende Zahl der Soloselbstständigen nicht ausgenommen, die sich mitunter selbst der schlimmste Feind sind, wenn es um eine gesunde Work-Life-Balance geht. Dass wir diese Probleme, dort, wo es sie gibt, aufdeckten, hat allerdings nicht dazu beigetragen, dass unser Arbeitsleben wieder ins Gleichgewicht kommt, auch wenn das ein wichtiger Schritt war.

Ich möchte nun näher betrachten, wie Chōwa uns helfen kann, unsere Art zu arbeiten zu überdenken. Wenden wir uns unserer Arbeit mit der »rechten Geisteshaltung« zu, können wir auch im Berufsleben mit Güte und Bereitwilligkeit agieren. Dabei können uns Techniken helfen, die wir bereits in früheren Kapiteln erlernt haben, z. B. die Kunst des aktiven Zuhörens. Auf diese Weise kommen wir besser mit Kollegen und Kunden zurecht, erreichen eine gesunde Work-Life-Balance, üben konstruktive Kritik und hinterfragen die »Harmonie« am Arbeitsplatz, wenn sie für uns nicht funktioniert. Die Schlüssellektionen dieses Kapitels sind:

- **Zeigen Sie Bereitschaft.** Ich möchte Sie ermutigen, Ihre beruflichen Aufgaben in der rechten Geisteshaltung zu verrichten und dabei nicht zu vergessen, »äußere Zeichen inneren Engagements« zu setzen. Wenn Sie zeigen, dass Sie sich engagieren, kann dies Ihre Arbeit von Grund auf verändern.
- **Vergessen Sie Ihre Menschlichkeit nicht.** Betrachten wir unsere Arbeit als ein »Streben nach Gleichgewicht«, so hilft uns das zu erkennen, wie unser Arbeitsplatz funktioniert. Wir begreifen, dass »Harmonie« in Unternehmen – wie überall dort, wo sich Menschen zu Gruppen zusammenschließen – eine meist eher diffizile Angelegenheit ist. Doch wir sollten nicht glauben, dass dieser Harmonie größere Bedeutung zukommt als der Wahrheit über Übergriffe und Überarbeitung. Haben manche unserer Kollegen allzu lange in einem toxischen Arbeitsumfeld

ausgeharrt, so müssen wir die Unternehmensleitung darauf aufmerksam machen.

## Ein besserer Mensch werden

Vor einigen Jahren lud man mich nach Kyoto zu einem Kampfkunstfestival ein. Ich hatte das Glück, am Ehrentisch zu sitzen, zusammen mit einigen der bekanntesten Kampfkunstspezialisten Japans, aber auch mit einigen Industriebaronen des Landes. Es war nicht leicht, die beiden Gruppen zu unterscheiden, denn tatsächlich stehen einige der größten Kampfkunstexperten auch japanischen Unternehmen vor.

In dieser Gesellschaft hatte ich das Gefühl, mich bestens benehmen zu müssen. Die Herren legten alle eine tadellose Haltung an den Tag. Ich gab mir daher redlich Mühe, es ihnen gleichzutun. Selbst die Art, wie sie aßen, wirkte elegant und selbstbewusst. Als sähe man ihnen beim Tanzen zu. Gleichzeitig schienen sie total entspannt und freundlich.

Der Mann zu meiner Linken stellte sich als Judoka vor. Gleichzeitig war er Vorstandsvorsitzender eines großen Softwareunternehmens. Ich fragte ihn, was ihn zu den Kampfkünsten gebracht hatte. Und wie er seinen beruflichen Anforderungen gerecht werden konnte, wenn er doch gleichzeitig ein körperlich forderndes und zeitraubendes Hobby ausübte? Seine Antwort war einfach. Mit einem Achselzucken und einem Lächeln sagte er: »Ich wollte ein besserer Mensch sein.« Er erzählte mir, er sei vor Kurzem erst von einer jugendlichen Olympiahoffnung im Judo besiegt worden. Dann plauderten wir über Judo als olympische Disziplin. Der Vorstandsvorsitzende meinte, dies löse in ihm zwiespältige Gefühle aus, denn er sähe Judo nicht als Sport, sondern als Kunst. Gold-, Silber- und Bronzemedaillen hätten damit nichts zu schaffen. Vor einem Kampf verneigt man sich gewöhnlich vor einem Altar im Dōjō, dem Trainingsraum. Wenn der Lehrer anwesend ist, verneigt sich der Schüler auch vor ihm. Das alles geschieht in vollkommener Stille und mit äußerster Achtung. Der Kampf selbst aber gilt als eine Angelegenheit auf Leben und Tod.

Natürlich lebt jedes Unternehmen vom Wettbewerb. Andererseits sollten wir nicht vergessen, wie wichtig unsere innere Haltung, unsere Werte und unsere Persönlichkeit für unsere Arbeit sind. Ist ein Unternehmen oder ein Angestellter für seine Aufrichtigkeit, Freundlichkeit und innere Stärke bekannt, dann kann man auch gelassen mit kleinen Verlusten oder Fehlern umgehen: voll der Achtung für unsere »Wettbewerber«. Mit einer guten Vorbereitung auf unsere »Kämpfe«. Und mit Anstand, wenn wir »verlieren«. Wie in den Kampfkünsten helfen diese Werte uns, auch mit zutiefst enttäuschenden Resultaten fertigzuwerden. Streben wir aber nur ständig nach Gewinn, treffen wir vermutlich eher wenig sachdienliche Entscheidungen und behandeln unsere Kollegen nicht mit dem Respekt, den sie verdienen. Und wir übersehen, wie problematisch ein solches Verhalten ist.

Vielleicht ist ja auch das Arbeitsleben – wie Judo – eher Kunst als Sport.

## *Kokoro-gamae:* die rechte Geisteshaltung

Das Zeichen *chō* in Chōwa kann man übersetzen als »Streben«, »Suche«, »Studium« oder »Vorbereitung«. Das japanische Wort, das ich Ihnen jetzt vorstellen möchte, ist mit diesem

Zeichen eng verbunden und lehrt uns einiges über die Art von »Bereitschaft«, die wir für das Gleichgewicht im Berufsleben brauchen. Obwohl dieses Wort uns eher im Umfeld der Kampfkünste begegnet, ist es auch wichtig für die rechte Haltung im Geschäftsleben:

心 構え
*kokoro-gamae*

*Kokoro* bedeutet wörtlich »Herz«, aber auch »Geist« oder »Seele«.
*Gamae* wiederum heißt »Haltung« oder »Positur«. Als Verb gelesen meint es »sich vorbereiten«.

Die beiden Zeichen zusammen bedeuten »Geisteszustand« oder »Geisteshaltung«. Meist wird dies mit »Bereitschaft« übersetzt. In den Kampfkünsten ist *kokoro-gamae* – die »Bereitschaft des Geistes« – eng verknüpft mit *mi-gamae,* der »Bereitschaft des Körpers« (d. h. unsere Körperhaltung, unsere Bereitschaft zum Kampf). In Japan bringt man diese Geisteshaltung aus den Kampfkünsten auch ins Arbeitsleben ein. Die meisten würden mir wohl zustimmen, wenn ich sage, dass Kollegen wie Kunden jemandem, der seine Füße auf den Schreibtisch legt (oder anderweitig zeigt, dass seine Arbeit ihm nicht wichtig ist), keine großen Leistungen zutrauen.

Ich kann Ihnen nicht sagen, was »Bereitschaft« in Bezug auf einzelne Berufe bedeutet, beinhaltet sie doch für einen Lehrer sicher etwas anderes als für einen Vertreter, einen Architekten oder eine Pflegekraft. Allerdings möchte ich Ihnen die Vorteile erläutern, die sich damit verbinden, unser Arbeitsleben als »Streben nach Gleichgewicht« zu betrachten. Mit dieser Sicht kommen Stille und Güte, Energie und Begeisterung in unseren Berufsalltag. Vor allem dort, wo es darum geht, mit anderen Menschen Geschäfte zu tätigen und »harmonische Partnerschaften« mit Kunden aufzubauen.[27]

**Zeigen Sie, dass Ihnen Ihr Beruf wichtig ist** • Die Menschen im Westen denken meist, dass die Art, wie Japaner ihre Visitenkarte mit beiden Händen und einer Verbeugung überreichen, etwas extrem Gezwungenes hat. Aber was für westliche Augen Ausdruck von extremem Formalismus ist, hat in Wirklichkeit eine tiefere Bedeutung.

Wie jemand zu seiner Visitenkarte »steht«, gilt als Ausweis der eigenen »Bereitschaft«, der rechten Geisteshaltung in beruflichen Dingen. Wenn Sie auf Ihre Visitenkarte stolz sind, heißt das, dass Sie Ihre Stellung im Unternehmen wertschätzen. Gestaltung und Zustand Ihrer Visitenkarte (zum Beispiel, dass Sie Ihre Visitenkarte nicht zerknautscht aus der Hosentasche fischen, sondern aus einem eigens dafür bestimmten Etui nehmen und überreichen) sagen Ihren Geschäftspartnern, wie Sie Ihre Geschäfte betreiben und welche Haltung Sie dabei an den Tag legen.

Wenn man umgekehrt Ihnen eine Visitenkarte überreicht, erwartet man von Ihnen, dass Sie sie einige Sekunden lang eingehend betrachten. Dabei müssen Sie sie an den Ecken halten, damit Sie nicht wichtige Informationen mit Ihren Fingern verdecken. Auch dies ist keineswegs nur eine Formalität. Es zeigt vielmehr, dass wir unser Gegenüber und das Unternehmen, das es vertritt, respektieren.

**Keine Angst vor der Stille** • In Japan ist es bei geschäftlichen Besprechungen nicht ungewöhnlich, dass plötzlich Stille eintritt. Einige meiner britischen Schüler finden dies zermürbend. Sie fragen sich, ob sie etwas Falsches gesagt oder unabsichtlich jemanden beleidigt haben. Die Antwort darauf ist gewöhnlich ein klares Nein. Ihre japanischen Gesprächspartner sind einfach nur höflich und geben Ihnen Gelegenheit, vielleicht noch einmal das Wort zu ergreifen.

In Japan heißt es, Stille sei das Öl, das für einen reibungslosen Ablauf sorgt. Bei geschäftlichen Meetings in Japan gehören solche Momente der Stille zum guten Ton, weil erwartet wird, dass die Teilnehmer aktiv zuhören und »die Luft lesen«. Das gilt auch für Beziehungen zu Kollegen oder Kunden. Wenn wir auf die Atmosphäre achten, erfahren wir viel über die Menschen, mit denen wir zu tun haben.

Ein Meeting im Chōwa-Stil, bei dem alle »die Luft lesen« und Stille als Möglichkeit betrachten, das »Streben nach Gleichgewicht« zu einem Teil des Meetings zu machen, bringt viele Vorteile. Selbst wenn nur Sie allein die Übung der Stille praktizieren, werden Sie feststellen, dass dies überraschend ansteckend ist.

**Seien Sie geduldig** • Jeder, der schon einmal Geschäfte mit japanischen Partnern gemacht hat, weiß, dass diese Zeit brauchen, um Sie kennenzulernen. Das erste Treffen läuft meist recht formell ab, ebenso das zweite und dritte. Haben Sie aber diese »Kennenlernphase« erst einmal überstanden und japanische Kunden gewonnen, dann werden Sie feststellen, dass sie zu den treuesten auf der Welt gehören. Tatsächlich sind sie meist nicht nur Kunden. Aus solchen Beziehungen entstehen manchmal lebenslange Freundschaften. Meiner Ansicht nach trifft das auf alle Kunden oder Kollegen zu, bei denen wir uns die Mühe machen, sie wirklich kennenzulernen.

In unserem Berufsleben vergessen wir häufig die einfache Tugend der Geduld, vor allem dann, wenn wir uns selbst, unsere Firma oder deren Dienstleistungen verkaufen wollen. Wir mühen uns redlich ab, um Gemeinsamkeiten zwischen unseren Kunden und uns zu finden. Je mehr wir uns aber darauf fixieren, desto eher bekommt dies den Beigeschmack des Verzweifelten und Bedürftigen: »Bitte hab mich gern! Bitte, bitte hab mich gern!«

Die meisten Menschen, mit denen wir zusammenarbeiten, ob nun Japaner oder nicht, sind nicht an einer solchen Beziehung interessiert. Sie wollen einfach wissen, welche Vorzüge Sie haben, wie Sie sind und wie es ist, mit Ihnen Geschäfte zu machen. Und das erfordert nun einmal Zeit.

## Chōwa am Arbeitsplatz – Gleichgewicht im Beruf

Gleichgewicht am Arbeitsplatz ist selten eine so simple Angelegenheit, dass es genügt, mit Kollegen und Kunden nur auszukommen. Hier treffen Erwartungen, Termine und Aufgaben aufeinander. Möglicherweise haben wir Schwierigkeiten, unsere Arbeit im gesteckten Zeitrahmen zu erledigen und Aufgaben zu delegieren. Oder wir schaffen es nicht, uns vom Beruf loszueisen und genug Zeit für unser Privatleben aufzubringen.

Chōwa am Arbeitsplatz heißt, auf zwei Dinge zu achten: darauf, was in anderen vorgeht, und darauf, was sich in uns selbst abspielt. Und dass wir unsere Argumente fair, aber mit dem Mut der Überzeugung vorbringen.

**Aufwärmen, bevor Sie in den Tag starten** • Bevor die Japaner morgens zur Arbeit gehen, ganz gleich, ob sie als Putzkräfte, Postboten oder Angestellte in großen Unternehmen arbeiten, machen sie einige einfache Übungen, deren Anleitung über NHK, das öffentliche Radio in Japan, gesendet wird. Es ist schon ein berührender Anblick, wenn man ganze Gruppen ernsthaft aussehender Angestellter sieht, die sich alle im Gleichklang bewegen. Diese Radio-Calisthenics nennt man *rajio-taisō*.

Diese leichten Dehnübungen bringen den Kreislauf in Schwung und geben den Angestellten vom CEO bis zum Lehrling Gelegenheit, sich gemeinsam zu bewegen und für den beginnenden Tag aufzuwärmen.[28] Selbstverständlich können Sie sich auch durch individuelle Übungen auf den Tag vorbereiten, aber dies mit Kollegen zu tun, unterstreicht einige ganz offensichtliche Punkte deutlich: dass wir alle gleich sind und der Erfolg unserer Arbeit von jedem Einzelnen abhängt.

Wenn Sie mit Ihren Arbeitskollegen solche Übungen ausprobieren wollen (selbst wenn es nur ein paar Dehnübungen sind), würde ich zunächst einmal kurze Sitzungen vorschlagen. Achten Sie darauf, was die Leute sich wünschen, was gar nicht geht und wie viel sie überhaupt trainieren wollen.

**Seien Sie da für die Menschen, mit denen Sie zusammenarbeiten: die *Sempai/Kōhai*-Beziehung** • Unsere aktiven Bemühungen, mehr Gleichgewicht in unser Leben zu bringen, müssen ja nicht enden, wenn wir morgens aus der Haustür treten. Ich finde es traurig, dass viele Leute aufhören, an ihre Mitmenschen zu denken, sobald sie anfangen zu arbeiten. Ob es nun um Kollegen oder Kunden geht – oder um Schüler und Lehrer in einem eher akademischen Umfeld wie dem meinen: Es bringt viel, wenn wir uns die Zeit nehmen, uns auf die Menschen, denen wir im Arbeitsleben begegnen, auch wirklich einzulassen.

In Japan sind Beziehungen zwischen ranghöheren und rangniederen Kollegen formeller als im Westen – zumindest, soweit es meine Erfahrungen in der Zusammenarbeit mit westlichen Geschäftsleuten betrifft. Wir haben sogar eigene Bezeichnungen für Menschen, die in einem Unternehmen gerade erst angefangen haben – *kōhai* (Neuling) –, und diejenigen, die ihnen übergeordnet sind – *sempai* (Dienstälterer, in neuerer Schreibung auch *senpai*). Eine nähere Betrachtung dieser Beziehung vermag vielleicht den Wert der Chōwa-Lektionen des vorigen Kapitels verdeutlichen, wo wir Überlegungen zum Thema »Lehrer« bzw. »Schüler« angestellt haben: In Lehrer-Schüler-Beziehungen geht es um Gleichgewicht, nicht nur um Respekt. Natürlich kann man den Kōhai ein wenig aufziehen, während man den Sempai respektvoll ansprechen muss, aber letztlich geht es um aktives Mentoring und aktives Lernen. Der Kōhai tut sein Bestes, um so viel wie möglich zu lernen, und widmet dem Sempai seine ganze Aufmerksamkeit. Der Sempai wiederum tut sein Bestes, damit der Kōhai so schnell wie möglich vorankommt, damit er dann seinerseits andere anleiten kann.

In Japan führt der Sempai den Kōhai auch schon mal abends zum Essen aus. Dabei wird nicht nur Dampf abgelassen nach einem langen Tag. Vielmehr werden bei dieser Gelegenheit die Lektionen des Arbeitstages fortgesetzt. In dieser Umgebung haben Sempai und Kōhai Gelegenheit, über alles Mögliche zu sprechen: die Liebe, das Leben, Politik, Probleme in der Arbeit und Ziele für die Zukunft.

Gute Manager verstehen, dass man »die Probleme nicht einfach zu Hause lassen« kann oder die »Arbeit am Arbeitsplatz«. Es kommt ja häufig vor, dass die Schwierigkeiten im Beruf unser Familienleben beeinträchtigen oder familiäre Krisen sich negativ auf unsere Arbeit auswirken. Wenn wir, vor allem in schweren Zeiten, für unsere Kollegen da sind, praktizieren wir ein zentrales Prinzip des Chōwa: in jeder erdenklichen Situation so großzügig wie nur möglich zu reagieren.

- Wie können Sie für Menschen, mit denen Sie zusammenarbeiten, ein besserer Mentor werden?
- Wie können Sie ein besserer Schüler werden, wenn Sie sich im Arbeitskontext fortbilden müssen?

**Arbeit und Freizeit im Gleichgewicht** • Wenn Sie auch nur ein bisschen so sind wie ich, fällt es Ihnen schwer, sich freie Zeit zuzugestehen. Von dem, was uns wichtig ist, auch mal einen Schritt zurückzutreten, kann wirklich schwierig sein.

Was Sie mit Ihrer Freizeit anstellen, hängt ganz von Ihnen und Ihren Vorlieben ab. Das Wichtigste aber ist, dass Sie Ihr Bestes tun, um »Arbeitszeit« und »Freizeit« gleichermaßen wertzuschätzen.

Wie ich in Kapitel 1 sagte: Wenn wir nach Hause kommen, sehen wir die Entspannung als Einstimmung auf jene »Geisteshaltung« *(kokoro-gamae)*, die wir für den nächsten Tag brauchen und den Tag danach und so weiter.

**Zeigen Sie Wertschätzung für Ihre Freizeit.** Das hört sich jetzt vielleicht nicht sonderlich entspannt an, aber ich habe immer versucht, jede Minute mit Lernen oder anderen Aktivitäten zu füllen. Mein Mann Richard fand dieses ständige Bedürfnis nach Stimulation und Machen schlichtweg ermüdend. Am Ende schlossen wir einen Kompromiss. Haben wir einmal gemeinsam frei, machen wir einen Plan. Wir unternehmen etwas miteinander oder sehen uns zu zweit etwas an – wir machen zum Beispiel einen langen Spaziergang oder besuchen ein interessantes Museum.

Als ich anfing, Freizeit als »freie Zeit« zu sehen, konnte ich mir davon noch weniger zugestehen. Wenn es Ihnen ähnlich geht, habe ich einen guten Rat für Sie: Sie müssen nicht »abschalten«. Machen Sie einen Plan, wofür Sie Ihre Freizeit verwenden wollen, ob Sie nun ein Buch lesen oder mit der Familie kochen. Auf diese Weise lernen Sie, auch die Zeit, in der Sie nicht arbeiten, wertzuschätzen.

## #WeToo – sich gegen sexuelle Gewalt und Diskriminierung in Japan zur Wehr setzen

#MeToo hatte es in Japan schwer. Viele Japaner finden es riskant, öffentlich Anklage zu erheben, weil sie fürchten, sich damit letztlich zu schaden. Ich spreche hier vor allem von Frauen in der Unterhaltungsindustrie, die vergewaltigt worden waren und sich am Ende dafür entschuldigen mussten, dass sie Anzeige erhoben hatten.[29] Freundinnen von mir versuchten, ihre Vergewaltiger vor Gericht zu bringen – und wurden am Ende selbst mit strafrechtlichen Schritten bedroht. Immer und immer wieder gibt man Frauen zu verstehen, dass sie, sollten sie sexuelle Gewalt, vor allem am Arbeitsplatz, anzeigen, ihre Karriere und die ihrer Familienmitglieder vergessen können.

Die #WeToo-Bewegung bemüht sich, diese Vorurteile gegenüber den Opfern sexueller Gewalt in der japanischen Gesellschaft abzubauen. Den Organisatoren geht es u. a. darum, den Diskurs in neue Bahnen zu lenken, um jeden und jede Einzelne dafür zu sensibilisieren, was sie oder er tun kann, um am Arbeitsplatz eine Null-Toleranz-Politik gegenüber sexueller

Belästigung von Frauen zu fördern. Die #WeToo-Bewegung stellt eine Kultur infrage, die es erschwert, über solche Dinge zu sprechen. Zu diesem Zweck wendet sie sich speziell an Beschäftigte im Justizwesen, aber auch an Unternehmensführer, um ihnen zu zeigen, wie sie hier Veränderungen herbeiführen können. Außerdem arbeitet die Bewegung daran, die Art und Weise, wie über sexuelle Gewalt und Belästigung gesprochen wird, zu verändern, damit die Geschichten der Frauen endlich Gehör finden.[30]

## Den Mund aufmachen, wo es wirklich wichtig ist

Zum Thema Klagen am Arbeitsplatz gibt es ein berühmtes japanisches Sprichwort:

*kusai mono ni, futa wo suru*
»Wenn es schlecht riecht, mach einen Deckel drauf.«

Das ist einer der am wenigsten »weisen« Sprüche, die Japan vorzuweisen hat. Wenn jeder immer den Mund hält, wird sich nie etwas ändern. Aber in Japan sitzt diese Lektion tief, vor allem bei älteren Menschen. Der Druck, das Gesicht nicht zu verlieren, die Integrität des Unternehmens zu wahren, den Ruf des Vorgesetzten – all das heißt letztlich, dass die Menschen sich wirklich größte Mühe geben, den Status quo aufrechtzuerhalten.

Die Angst, den Mund aufzumachen und laut zu sagen, was los ist, existiert allerdings nicht nur in meinem Geburtsland. Dass man sich damit in Gefahr bringen kann, ist eine Tatsache und die Angst durchaus begründet. Wenn wir nicht sorgfältig den richtigen Moment wählen, kann es sein, dass wir uns in Schwierigkeiten bringen, wie berechtigt unsere Klage, wie gerecht unsere Sache auch sein mag. Doch wenn es um unfaire Behandlung, Schikane am Arbeitsplatz oder andere Ungerechtigkeiten geht – vielleicht auch grundsätzlich um Fragen der Unternehmenskultur –, wollen wir ja unser mulmiges Gefühl nicht unbedingt unter den Teppich kehren müssen. Wir wollen, dass man uns zuhört. Hier ein paar Ideen für eine optimale Vorgehensweise und die Wahl des richtigen Zeitpunkts.

**Informieren Sie sich** • Im Chōwa geht es darum, dass wir die Umstände jeder Situation erkunden, bevor wir tätig werden. Wenn wir nach Gleichgewicht im Arbeitsleben streben, geht es bei dieser Analyse darum, wo unser Unternehmen in den Dingen, die uns am Herzen liegen, wirklich steht. Handelt es sich zum Beispiel um bestimmte Geschäftspraktiken, informieren Sie sich, warum Ihre Organisation die Dinge auf diese Weise handhabt und ob man sich über Alternativen bereits Gedanken gemacht hat. Sondieren Sie, mit welchem dienstälteren Mitglied Ihrer Gruppe Sie reden können – vorzugsweise mit jemandem, dem Sie vertrauen. So haben Sie ein Maximum an Informationen gesammelt, bevor Sie handeln oder Kritik üben. Vielleicht sind Sie ja die einzige Person, die den Mut hat, diese Dinge anzusprechen. Möglicherweise geht es vielen anderen mit diesen Fragen genau wie Ihnen, aber aus dem einen oder anderen Grund haben sie bislang keinen Weg gefunden, den Mund aufzumachen oder die Situation zu verändern. So geht es vielen meiner Freundinnen und auch anderen Frauen, mit denen ich in Japan zusammenarbeite, wenn es um Schikane, sexuelle Belästigung und Geschlechterdiskriminierung am Arbeitsplatz geht. Mein Rat ist in diesem Fall: Setzen Sie sich mit Leuten zusammen, denen es genauso ergeht, und reden Sie mit ihnen.

Leserinnen, die sich über alltäglichen Sexismus informieren bzw. ihre Geschichten teilen wollen, empfehle ich die Website: everydaysexism.com und den zugehörigen Twitter-Account sowie in deutscher Sprache die Instagram-Seite OIDAitssexism. Die Geschichten dort werden Ihnen nur zu bekannt vorkommen, manche sind auch wirklich erschreckend. Aber in einer Welt, in der viele von uns Frauen wissen, dass wir diese Geschichten teilen können, fühlen wir uns vielleicht auch weniger allein.

Für Leser in Japan oder solche, die mehr über Diskriminierung, Sexismus und sexuelle Gewalt wissen wollen, empfehle ich die Arbeit der Journalistin Shiori Ito, vor allem den Dokumentarfilm über ihre eigene Geschichte: *Japan's Secret Shame* (2018).[31]

Die Prinzipien des Chōwa lehren uns, dass es wichtig ist, eine gemeinsame Basis mit unseren Kollegen zu finden, wenn wir Ungerechtigkeiten am Arbeitsplatz oder schlechte Arbeitsbedingungen auf konstruktive Weise ansprechen wollen. Auf diese Weise bringt Harmonie am Arbeitsplatz allen Vorteile. Wenn Sie Veränderungen anregen, eine andere Ausrichtung oder neue Strategien vorschlagen – aber auch wenn Sie eine berechtigte Klage vortragen –, wird Ihre Meinung mehr Überzeugungskraft entfalten, wenn auch die Vorstellungen anderer Mitarbeiter darin eingeflossen sind. Ein »wir« ist immer stärker als ein »ich«.

**Stellen Sie Fragen** • Eine Frage ist keine Beschwerde, sondern eine uralte Methode, um einer abweichenden Meinung Gehör zu verschaffen. Statt zu sagen: »Ich finde, wir sollten das anders machen«, können Sie es doch damit versuchen: »Warum machen wir das eigentlich so?« Oder: »Haben wir eigentlich schon mal darüber nachgedacht, wie sich das anders lösen ließe?« Natürlich gibt es Arbeitgeber, die auch solche Fragen schulterzuckend abtun. Aber auch in dem Fall haben wir mehr über unseren Vorgesetzten in Erfahrung gebracht und machen unsere Kollegen auf etwas aufmerksam, was wir bereits wissen. Indem wir Fragen zuerst unter vier Augen stellen, um dann, wenn wir mit der Antwort nicht zufrieden sind, ein wenig mehr Öffentlichkeit herzustellen.

**Sagen Sie die Wahrheit** • Es gibt viele Themenbereiche, über die in Unternehmen nicht unbedingt gerne gesprochen wird, vom Stress am Arbeitsplatz bis zur Geschlechterdiskriminierung. Dies gilt vor allem für Japan, wo man solche Diskussionen als unerwünschte Ablenkung betrachtet. Unternehmensführern und Managern ist die »Harmonie am Arbeitsplatz« wichtig. Das aber ist eine verdrehte Auffassung von Chōwa, die den Leuten suggeriert, sie sollen gefälligst schweigend weiterarbeiten, statt nach mehr Balance am Arbeitsplatz zu streben.

Solche Dinge gibt es natürlich auch in anderen Ländern, aber in Japan sind bestimmte Probleme besonders ausgeprägt. Wenn Sie in Japan morgens zur Arbeit pendeln, können Sie sehen, wie die Herren der Schöpfung ganz offen pornografische Zeitschriften konsumieren. Und es ist kein Einzelfall, dass Frauen oder Mädchen in der U-Bahn unsittlich berührt werden.[32] Bis vor Kurzem wurden an der medizinischen Fakultät der Universität Tokio die Aufnahmeprüfungen so manipuliert, dass mehr Männer als Frauen den Ärzteberuf ergreifen konnten.[33]

Unternehmen pflegen möglicherweise eine Kultur, in der sexuelle Gewalt nicht gemeldet oder im Interesse eines

»harmonischen« Betriebsklimas verschwiegen wird. Man geht davon aus, dass in Japan 95 Prozent aller sexuellen Übergriffe nicht angezeigt werden.[34]

Ich erzähle Ihnen all das, weil die Vorstellung, die »Harmonie am Arbeitsplatz« und den Status quo zu wahren, solchem Unrecht Vorschub leistet. Doch das heißt, die Idee des Chōwa gründlich misszuverstehen – denn eine solche Harmonie ist nur für eine kleine Minderheit harmonisch. Je vernehmlicher wir die Wahrheit sagen, desto eher bringen wir echtes Gleichgewicht in unser Arbeitsleben ein.

**Weder Zeit noch Ort** • Nachdem mein erster Mann und ich geschieden waren, brauchte ich einige schwierige Monate, um herauszufinden, was ich künftig tun wollte. Am Ende lag die Antwort direkt vor meiner Nase. Ich hatte immer schon gerne Englisch gelernt. Die britische Kultur faszinierte mich – die Etikette, das Klassensystem, die Geschichte der britischen Demokratie, die Suffragetten und natürlich das britische Kino: Mein Lieblingsfilm war *My Fair Lady*. Und so beschloss ich, in Saitama eine Sprachenschule zu gründen, in der ich britisches (nicht amerikanisches) Englisch lehren wollte.

Die Männer, die ich in meiner Rolle als Schulleiterin kennenlernte, fragten mich ganz offen, was ich – eine junge Frau – in dieser Position zu suchen hatte. Manche Männer lachten über mich, andere wandten peinlich berührt den Blick ab. Eine Frau wie ich hatte kein eigenes Geschäft zu führen. Man erwartete von mir, dass ich mich schön anzog und meinem Mann diente. Ganz bestimmt sollte ich nicht über geschäftliche Dinge mit Männern reden.

Es ist Ihnen vielleicht schon aufgefallen, dass die beliebte Zeichentrickfigur *Hello Kitty*, ein süßes kleines Katzenmädchen, keinen Mund hat. Das ist kein Zufall. Von meiner Schulzeit an bis zu meinem Eintritt ins japanische Arbeitsleben war eines klar: Man erwartete von mir, dass ich wie Hello Kitty süß und hübsch war – und natürlich stumm. Das wurde zwar etwas besser, als ich nach England zog, aber dieselben Probleme gibt es auch in der britischen Gesellschaft.

Als ich die School for British English in Saitama leitete, musste ich regelmäßig an einem Treffen für lokale Geschäftsleute teilnehmen. Ich war da eine von zwei Frauen – unter zwanzig männlichen Firmeninhabern. Die andere Frau leitete den örtlichen Hostessen-Club, in den wir nach dem Meeting regelmäßig eingeladen wurden. Ich ging mit, obwohl man mir zu verstehen gab, dass ich nicht willkommen war. Ich saß daneben, während junge Frauen aus Thailand und von den Philippinen vor den meist über Sechzigjährigen niederknieten, sie *sensei* oder »Meister« nannten und ihnen ihre Drinks eingossen.

Das ganze Ambiente für diese Art von »Unterhaltung« war ganz klar nicht auf eine gemischte Gruppe von Geschäftsleuten ausgerichtet. Ich fühlte mich in dieser Umgebung als Unternehmerin weder geachtet noch respektiert, sondern schlicht erniedrigt.

Ich würde ja nun gerne sagen, dass mich diese Erfahrungen stärker gemacht haben, dass ich viel gelernt habe aus der Erfahrung, als Frau in Japan ein kleines Unternehmen zu führen. In gewisser Weise stimmt das auch. Aber das Gefühl, das damals meinen Alltag bestimmte, war, dass man mich immer wieder zu Boden drückte. Dass ich jetzt über diese Erfahrungen sprechen kann, ist vielleicht ein Zeichen, dass sich die Dinge wirklich zum Besseren verändert haben, wenn auch sehr, sehr langsam.

## Chōwa-Lektionen:
## Gleichgewicht am Arbeitsplatz schaffen

**Chōwa beim Meeting**

- Entscheiden Sie schon vorher, welche Themen Sie ansprechen möchten, welche es wert sind, in der Gruppe diskutiert zu werden, und welche durch E-Mails oder Einzelgespräche effektiver gelöst werden können.
- Hören Sie immer dem Sprecher zu. Antworten Sie nur auf Fragen, die Sie direkt um Ihre Meinung bitten.
- Wenn niemand sonst mehr etwas zu sagen hat, widerstehen Sie dem Impuls, noch einige Worte anzufügen. Nutzen Sie die Stille, um Ihre Gedanken zu sammeln und sich auf das nächste Thema auf der Agenda vorzubereiten.

**Harmonische Beziehungen zu Kunden und Kollegen aufbauen**

- Betrachten Sie das Kennenlernen nicht als Kampf. Wenn wir übereifrig sind, vor allem, wenn wir etwas an den Mann bringen wollen, schließen wir bestenfalls oberflächliche Kontakte, ohne den anderen wirklich kennenzulernen. Schlimmstenfalls gehen wir unserem Gegenüber auf die Nerven, weil wir versuchen, Dinge vor der Zeit übers Knie zu brechen.
- Ob es nun Kollegen sind oder Kunden, nehmen Sie sich die Zeit, diese Menschen wirklich kennenzulernen. Das ist der beste Weg, neue Geschäftspartner und Freunde zu finden und mit ihnen harmonische Geschäftsbeziehungen

einzugehen. Und das gilt nicht nur für Geschäfte mit Japanern.

## #WeToo

- Sie müssen auf Twitter nur #WeToo eingeben und sehen sofort, dass die Gemeinschaft derer wächst, die sich unter diesem Hashtag zusammengefunden haben. #WeToo hat zum Ziel, die Arbeitsbedingungen von Frauen zu verbessern und gesellschaftliche Praktiken infrage zu stellen, die zu sexueller Belästigung, Geschlechterdiskriminierung und sexueller Gewalt geführt haben.
Von Japan bis Südkorea, von Australien bis Indien und Großbritannien: #WeToo will das Leben von Frauen auf diesem Planeten verbessern.[35]

# Größere Veränderungen anstoßen

*Hätte ich nicht in den Stunden des Friedens
gelernt, mit Leichtigkeit auf das Leben zu blicken.*
Ōta Dōkan (1432–1486)[36]

Die Prinzipien des Chōwa lehren uns, was wir von unserer Seite tun können, damit die Menschen sich mit uns wohlfühlen, damit wir im Fluss bleiben und unser Leben aus einer realistischen, offenen Geisthaltung heraus führen. Doch Harmonie ist nichts, was sich von allein einstellt. Ein Gleichgewicht lässt sich nicht immer einfach dadurch herbeiführen, dass wir die Dinge so akzeptieren, wie sie halt sind. Manche Menschen können zwar ganz gut mit Ungerechtigkeit leben, weil sie der Ansicht sind, dass die Welt nun mal so ist. In ihren Augen funktioniert die herrschende »Harmonie«, der Zustand der Welt, so, wie sie ihn vorfinden. Sind wir aber selbst von Diskriminierung betroffen oder sehen, dass bestimmte Menschen einen hohen Preis dafür zahlen, wie es in der Welt zugeht, dann erkennen wir, was Ungerechtigkeit tatsächlich ist: ein Mangel an Gleichgewicht, der beseitigt werden kann und muss.

Große Veränderungen – ob am Arbeitsplatz, in der Familie oder in der Gemeinschaft, in der wir leben – setzen voraus, dass wir zuhören. Nur so wissen wir, was in anderen Menschen vorgeht. Nur so lernen wir, ihren Schmerz ebenso zu teilen wie ihre Freude. Wir wissen, welche Erleichterung es mitunter ist, wenn wir über unseren Kummer, über Stress oder unangenehme Erfahrungen mit jemandem sprechen können; wenn wir den Druck, dem wir ausgesetzt sind, mit anderen teilen können. Anderen Menschen wirklich zuzuhören heißt, ihnen den Raum geben, ihren Ballast abzuwerfen. Und manche Menschen gehen darüber noch hinaus. Wenn es um die Wurzeln von Hass geht oder um das Leid derer, die beispielsweise Opfer einer Naturkatastrophe geworden sind, haben wir nicht nur eine Verantwortung, anderen zuzuhören, sondern müssen aus dem Gehörten auch lernen. Und sobald wir die Situation analysiert haben – das *chō* von Chōwa –, müssen wir die Kraft finden zu handeln, als Individuen wie als Gemeinschaft. In diesem Kapitel möchte ich Ihnen erzählen, wie die Prinzipien des Chōwa mir geholfen haben, einer Wohltätigkeitsorganisation zu dienen (der Burma Campaign Society) und später selbst eine Hilfsorganisation ins Leben zu rufen. Aid For Japan unterstützt Kinder, die durch das Tōhoku-Erdbeben und den Tsunami von 2011 zu Waisen wurden. Die Schlüssellektionen dieses Kapitels sind:

- **Öffnen Sie sich für fremdes Leid.** Anderen Menschen helfen und etwas bewirken zu wollen beginnt manchmal schlicht damit, dass wir aufmerksam zuhören. Das ist an sich schon ein Akt der Großzügigkeit. Beim Chōwa geht es darum, die Bürde des Leids mit anderen Menschen zu teilen und, wenn möglich, daraus zu lernen.
- **Machen Sie Ihre Hausaufgaben, sodass Sie stets gut vorbereitet sind.** Wir haben schon darüber gesprochen,

dass wir manchmal ins Gleichgewicht finden, wenn wir uns aktiv für Frieden einsetzen – das *wa* von Chōwa. Doch bevor wir aktiv werden, sollten wir uns die Zeit nehmen, möglichst viele Informationen zu sammeln über die Sache, für die wir uns engagieren wollen, auch wenn wir glauben, schon alles zu wissen, und unbedingt helfen wollen. Ein Kerngedanke des Chōwa ist einzusetzen, was wir zur Verfügung haben, um anderen zu helfen, und zusammenzuarbeiten, um eine bessere Gemeinschaft aufzubauen. Chōwa heißt, dass wir uns die nötige Rückversicherung besorgen, bevor wir anderen zu Hilfe eilen. Es bedeutet, dass wir fragen: »Wie kann ich dir helfen?«, und nicht einfach selbstherrlich beschließen, womit dem anderen am besten geholfen ist.

## »Über die Rückzahlung müsst ihr euch keine Sorgen machen!«

Am 10. März 1945 zerstörte ein einziger Bombenangriff auf Tokio fast vierzig Quadratkilometer des Stadtgebiets. Die Bomben durchschlugen die Dächer. Manche entzündeten sich beim Aufschlag, andere spuckten Napalm aus und legten japanische Häuser komplett in Schutt und Asche. Schließlich bestanden diese Häuser aus den gleichen Materialien wie das Haus der Familie Tanaka, das ich Ihnen beschrieben habe – aus Holz, Papier, Stroh und Lehm. Über 100 000 Zivilisten starben. Mehr als eine Million Menschen waren mit einem Schlag obdachlos.[37]

Meine Mutter war damals noch ein Kind. Vom Garten des Bauernhauses meiner Großmutter aus beobachtete sie, wie

Tokio brannte. Und sie erinnert sich, dass das Feuer die Nacht erhellte wie die Mittagssonne.

Als die Menschen vor den Bombenangriffen hinaus aufs Land flohen, wollte meine Großmutter helfen. Ihre Familie hatte nicht genug Geld, um neue Kleidung zu kaufen oder gar neue Häuser zu errichten. Doch sie bot all ihre Ressourcen auf, um den Menschen beizustehen. Regelmäßig ein Bad zu nehmen, um sauber zu bleiben, ist ein Luxus, den die Menschen in Japan seit jeher zu schätzen wissen. Vor allem nach einer Katastrophe wie dieser verschärft es das Leid noch, wenn man sich nicht einmal anständig waschen kann. Da die Familie meiner Mutter Truhen und Schatullen aus Paulowniaholz herstellte, besaß sie ein Wäldchen in geringer Entfernung vom Haus. Dort lag ein vergleichsweise großes Freiluft-Badebecken, in dem drei bis vier Menschen Platz hatten. Meine Großmutter organisierte eine Menschenkette, um sauberes Wasser aus dem nahe gelegenen See heranzuschaffen. Natürlich wurde das Wasser erhitzt, bevor man das Badebecken füllte. Meine Mutter gehörte mit anderen Dorfkindern zur Menschenkette. Schnell bildete sich eine Schlange von Obdachlosen vor dem Becken. Bis zu den Schultern ins Wasser einzutauchen beruhigt den Geist, selbst in schweren Zeiten. Im warmen Wasser konnten sich die Überlebenden entspannen, im Chaos einen Augenblick der Ruhe genießen und miteinander reden. Sie konnten sich den Ruß und die Chemikalien abwaschen, um dann ihren Weg fortzusetzen.

Die Bombenangriffe und die schlechten Ernten 1944 und 1945 hatten zur Folge, dass Lebensmittel noch lange nach Kriegsende rationiert wurden. Nur wer wie meine Großmutter sein Gemüse selbst zog, entging dem Schlimmsten. Ihre Nachbarn allerdings hatten keinen Bauernhof. Sie konnten sich daher auch nicht selbst versorgen, geschweige denn etwas kaufen. Eines Tages schließlich baten sie meine Großmutter um Hilfe. Sie hatten kein Geld, um Lebensmittel zu kaufen, aber auch meine Großmutter hatte kein Bares, das sie ihnen hätte geben können. Stattdessen schenkte sie ihnen einen großen Sack Reis. »Über die Rückzahlung müsst ihr euch keine Sorgen machen!«, meinte sie. »Bitte akzeptiert den Reis als Geschenk.« Ihr ist es zu verdanken, dass die Familie überlebte.

Jahre später, als meine Schwester eine neue Schule besuchte, erfuhr sie, dass eine ihrer Klassenkameradinnen von dieser Familie abstammte. Ich weiß noch, wie sie nach Hause kam und erzählte, ein Mädchen aus der Schule hätte sich dafür bedankt, was unsere Großmutter getan hatte.

Die Großzügigkeit meiner Großmutter wurzelte im Geist des Chōwa: ruhig und nüchtern zu überlegen, was der andere zum Überleben braucht, was ihm am meisten helfen würde.

Viele Jahre später, als ich selbst eine Hilfsorganisation ins Leben rief, gründeten meine Helfer und ich unsere Arbeit auf genau diese Frage: »Was braucht ihr am dringendsten? Wie kann ich euch geben, was ihr am nötigsten habt?«

## Wie man Hass überwindet

Die Entscheidung, sich aktiv für andere einzusetzen, fällt häufig, nachdem man am eigenen Leib bestimmte verstörende Erfahrungen gemacht hat. Mir passierte das gerade in dem Augenblick, als ich dachte, mein persönliches Gleichgewicht gefunden zu haben. Doch dann hatte ich einige Erlebnisse, die zur Folge hatten, dass ich mich genauso verwundbar fühlte wie damals, als ich frisch nach England gekommen war. Erlebnisse, die meine schlimmsten Ängste bestätigten, hatte ich mich doch ständig gefragt, was die Leute in England über jemanden wie mich dachten.

Es ist über zwei Jahrzehnte her, dass ich an einer Schule in Ipswich einen Vortrag über japanische Kultur hielt. Kaum hatte ich meinen Vortrag beendet, stand ein älterer Herr auf, kam aufs Podium und fing an, mich anzuschreien. Er meinte, er sei ein Veteran des Zweiten Weltkriegs und hätte in der britischen Armee in Myanmar gedient, das früher Burma hieß. Die Japaner hätten ihn gefangen genommen und in ein Kriegsgefangenenlager gesteckt. Er sei dort gefoltert worden, und viele seiner Freunde hätten im Lager den Tod gefunden. Er sagte, er könne meinem Land und meinem Volk niemals vergeben. »Ich hasse alle Japaner«, schrie er.

**Über Hass reden** • Die anderen Zuhörer im Saal kamen mir zu Hilfe. Sie sagten ihm, dass ich viel zu jung sei, um den Krieg erlebt zu haben. Dass das Ganze schließlich nicht mein Fehler sei. Ich sagte, es sei schon in Ordnung. Ich war ja bereit, mit dem Mann zu sprechen. Je mehr er erzählte, desto klarer wurde uns, wie tief verletzt er war. Als er sich langsam beruhigte, wurde er sehr emotional. Sein Zorn, seine Frustration darüber, dass niemand ihm zuhörte, verebbten allmählich, und er erzählte, dass er nach dem Krieg nicht mehr in ein bürgerliches Leben zurückgefunden hätte. Er hatte schreckliche Albträume. Manchmal glaubte er, dass sogar seine Familie gegen ihn sei. Es hätte ihm leidgetan, dass er für Frau und Kinder eine solche Belastung war. Daher sah er seine Familie kaum noch und fühlte sich manchmal schrecklich einsam. Nach den Traumata, die er in diesem japanischen Kriegsgefangenenlager erlitten hatte, gab es für ihn keine Rückkehr mehr in ein normales Leben.

Und das war nicht das einzige Erlebnis mit Menschen, die mich für das hassten, was ich war – eine Japanerin, die nun in diesem Land lebte. Irgendwann wurde mir klar, dass dieses Problem sich nicht von selbst lösen würde. Solange die Menschen in meinem Land nicht begriffen, was hinter diesem Hass stand, solange die Menschen in Großbritannien keine Gelegenheit hatten, mit Japanern zu sprechen, würde dieses Gift sich weiterhin ausbreiten.

**Die Gründe für den Hass verstehen** • Ich wollte mehr wissen, also ging ich zu einem Vortrag an der SOAS (School of Oriental and African Studies) der University of London. Der Redner hieß Masao Hirakubo. Der frühere Offizier, der während des Zweiten Weltkriegs in Myanmar gedient hatte, hatte als Pensionär damit begonnen, Briefe an britische und japanische Offiziere zu schreiben, die in und um Myanmar Dienst getan hatten. Er lud sie Jahr für Jahr in die Kathedrale von Coventry ein, einer Stadt, die sehr unter den Bombenangriffen der Deutschen gelitten hatte. Ziel dieser Treffen war es, Frieden und Versöhnung zu schaffen, indem man den ehemaligen Kriegsgegnern die Möglichkeit gab, die Gründe für den Hass zu verstehen, den sie aufeinander hegten. Nachdem ich Masao Hirakubo sprechen gehört hatte, fing ich an, für ihn und die Burma Campaign Society zu arbeiten. Ich blieb zehn Jahre dabei.

Herr Hirakubo trat 1942 in die japanische Armee ein und wurde schnell zum Leutnant befördert. Er schilderte, wie er und seine Kameraden durch die jahrelange Ausbildung durch Militärführung und Regierung mehr oder weniger eine Gehirnwäsche erfuhren, sodass es ihnen am Ende leichtfiel, die militärischen Gegner als Untermenschen zu betrachten. Bevor er ihnen im Kampf gegenüberstand, hatte er nie einen Briten oder Amerikaner kennengelernt. Ich dachte wieder an meine Mutter und ihre Mitschülerinnen, die damals scharfe Naginata-Speere im Klassenzimmer aufbewahrt hatten, um sich bis zum Tod gegen die Amerikaner zu verteidigen. Das zeigte klar und deutlich, wie gefährlich diese Denkweise war.

**Dem Feind vergeben** • Herr Hirakubo war schon sehr alt, als ich ihn kennenlernte. Ich stand ihm auf seinen Reisen zur Seite, trug sein Gepäck, organisierte Vorträge und machte Werbung für seine Organisation – die aus mir, einer englischen Dame namens Phillida Purvis und ihm selbst bestand. Für mich hieß das, dass ich tatsächlich etwas bewirken konnte. Ich fand die jährlichen Treffen in der Kathedrale von Coventry wirklich sehr berührend. Die Männer lernten sich kennen, schüttelten sich die Hand und meinten: »Damals haben wir nur daran gedacht, unsere Pflicht zu tun und für unser Land zu kämpfen. Wir waren gute Soldaten. Heute aber können wir Freunde sein.« Die Veranstaltung wurde von Herrn Hirakubo organisiert. Er kam jeden Sommer nach England, um der immer kleiner werdenden Schar seiner früheren Kameraden und Feinde zu dienen.

Heute leben nur noch wenige Veteranen dieses Krieges. Herr Hirakubo bekam im Alter von 84 Jahren für seinen Einsatz zur Völkerversöhnung den Order of the British Empire verliehen. Im Alter von 88 Jahren starb er friedlich im Schlaf.[38]

## Jenen helfen, die überleben: Aid For Japan

Am 11. März 2011 wurde die Region Tōhoku im nordöstlichen Japan von einem Erdbeben der Stärke 9 auf der Momenten-Magnituden-Skala getroffen. Das Erdbeben und der darauffolgende Tsunami führten zum Tod von 25 000 Menschen. Über 500 000 wurden obdachlos. Mehr als 1200 Kinder verloren einen Elternteil und mehr als 250 Kinder beide.

Am Abend des 11. März erhielt ich einen Anruf von meiner Tochter. Sie sagte mir, ich solle den Fernseher einschalten und schickte mir einen Link zu einem Live-Newsfeed über die Katastrophe. Wir blieben eine ganze Weile vor dem Apparat und verfolgten die Bilder, die wie in einer Endlosschleife abgespielt wurden. Wie sich das Wasser erst zurückzog. Wie schließlich die Welle hereinbrach, beladen mit Schmutz und Trümmern. Wie sie große Boote und ganze Container mit sich trug. Als das Wasser zurückkehrte, riss es Strommasten fort, fegte Häuser weg und mit ihnen die Menschen: Ehemänner, Ehefrauen, Mütter, Väter und Kinder.[39]

**Stellen Sie sicher, dass Sie wirklich bereit sind** • Meine Tochter und ich konnten nicht einfach alles stehen und liegen lassen und nach Japan eilen. Sie hatte ihre Pflichten an der Universität, ich musste eine Übersetzung fertigstellen, die ich gerade erst angenommen hatte. Wir beschlossen, erst all das zu erledigen, bevor wir etwas unternahmen. Außerdem waren wir uns einig, dass wir uns so gut wie möglich vorbereiten sollten, bevor wir nach Tōhoku flogen, um zu helfen.

Wenn Sie sich bei einem Hilfsprojekt engagieren wollen, stellen Sie sicher, dass Sie tatsächlich auch leisten können, was Sie sich vorgenommen haben. Die Prinzipien des Chōwa lehren uns, wie wir ins Gleichgewicht kommen, wenn wir gleichzeitig uns selbst und anderen achtsam begegnen. Nirgendwo zählt dies mehr, als wenn Sie anderen helfen möchten.

**Machen Sie sich klar, was Sie erreichen wollen** • Als meine Tochter und ich die Fernsehberichte sahen, musste ich immer an die Kinder denken, die gerade in der Schule waren, die auf einer Anhöhe lag. Von dort mussten sie zusehen, wie ihr Zuhause und die Orte, in denen sie lebten, vom Wasser buchstäblich weggeschwemmt wurden. Ich fühlte mit ihnen. Ich dachte auch an meine eigenen Erfahrungen als alleinerziehende Mutter in Japan, wo sich alles darum dreht, dass man Teil einer Kernfamilie ist. Ein Waisenkind zu sein kann sich genauso schlimm anfühlen, wie das Kind einer geschiedenen Frau zu sein (was ich nur zu gut wusste). Vor allem, wenn es um Jobchancen ging oder darum, später im Leben noch einen Partner zu finden.

Also beschloss ich, eine Hilfsorganisation zu gründen, die sich um diese Kinder kümmerte – die Tsunami-Waisen. Ich wollte mein Möglichstes tun, um ihnen Bildungsmöglichkeiten zu verschaffen, bis sie als Erwachsene für sich selbst sorgen konnten. Das war der Beginn meiner eigenen Organisation: *Aid For Japan.*

**Stellen Sie Nachforschungen an** • Für mich galt es da zunächst, mich mit Bürokratiekram und den gesetzlichen Vorschriften auseinanderzusetzen, die bei der Gründung einer Wohltätigkeitsorganisation zu beachten sind. Wichtiger aber war mir die Frage, wie ich für diese Kinder das Richtige tun konnte. Ich nahm Kontakt zu verschiedenen anderen Organisationen und NGOs auf und sprach mit Universitätsprofessoren in Großbritannien und Tōhoku, um ihnen meine Ideen vorzustellen.

Ein wichtiger Teil unserer Recherchen war der Besuch in der betroffenen Region. Unser erster Besuch fiel in den Dezember 2011. Wir besuchten drei Waisenhäuser sowie auch Kinder in ihrer häuslichen Umgebung. Einer dieser Besuche galt der Tante und dem Onkel eines Mädchens, das Eltern, Großeltern und ihre Schwester an den Tsunami verloren hatte. Nennen wir sie Miki-san.

Bei unserem Eintreffen spielte Miki glücklich mit ihren Freunden in der Sonne im Garten. Das Sonnenlicht erhellte auch den Kamin im Haus, auf dem ein Foto ihrer Schwester stand, die beim Tsunami getötet worden war. Sie war ein Jahr jünger gewesen als Miki. Wären die Mädchen gleich alt gewesen, hätten beide überlebt, weil sie dann beide in der Schule gewesen wären, als der Tsunami kam. Doch so hatte Miki außer ihren Eltern und Großeltern auch noch ihre Schwester und ihre Katze verloren. Onkel und Tante kümmerten sich um sie, aber sie hatten auch eigene Kinder zu versorgen. Daher wollte man sie in ein Waisenhaus geben. In Japan werden nur wenige Kinder adoptiert. Die Chancen, dass Miki die nächsten sechs Jahre im Waisenhaus verbringen würde, waren hoch.

Das *chō* in Chōwa steht wie gesagt für das Verb »nachforschen«. Der erste Schritt, um mehr Gleichgewicht in das Leben anderer zu bringen, besteht darin, so viel wie möglich über ihre Situation und ihre Bedürfnisse herauszufinden. Und zu klären, was Sie diesen Menschen geben können – so wie meine Großmutter, die sich genau überlegte, welche Ressourcen ihr zur Verfügung standen.

Dabei geht es nicht nur um das Sammeln von Fakten. Wichtig ist vor allem, dass Sie die Menschen verstehen lernen, denen Sie helfen wollen. Es zählt ja nicht nur, was sie im Moment brauchen. Schließlich soll die Hilfeleistung ihnen ja auch ein gutes Leben in einem Jahr oder in zehn Jahren und mehr ermöglichen. Wenn Sie also wissen möchten, was Sie tun können, fragen Sie die Menschen, denen Sie helfen wollen, wann immer dies möglich ist: Was würde ihr Leben vereinfachen? Was könnte ihr Leid lindern? Lösen Sie sich von Ihren Vorstellungen, was diese Menschen tun sollten.

**Setzen Sie auf Ihre Gemeinschaft** • Ich redete mit vielen Freunden und Schülern über meine Pläne. Sie stellten mir nützliche Fragen. Im Gespräch mit ihnen konnte ich mir über meine Ideen und Beweggründe klar werden. Einer meiner Schüler lud mich in seine wöchentliche Radiosendung ein, wo ich über den Tsunami sprechen konnte. Ein paar Tage später rief mich ein Anwalt an, der die Sendung gehört hatte. Er und einer seiner Kollegen boten mir an, mir bei der Gründung der Organisation gratis rechtlichen Beistand zu leisten. Meine Schüler halfen mir, Geld zu sammeln. Erst als wir genug beisammenhatten, konnten wir uns ernsthaft an die Arbeit machen.

**Es zählt nicht, was Sie bereits getan haben, sondern das, was als Nächstes ansteht** • Aid For Japan organisiert eine Sommerschule in Japan, bei der englische Freiwillige und die Tsunami-Waisen Bekanntschaft schließen und miteinander Spaß haben können. Die angebotenen Kurse umfassen so unterschiedliche Themen wie Selbstsicherheitstraining oder Englisch. Die Teilnehmer machen Übungen zum Teambuilding, besuchen Tierheime und lernen etwas über die kulturellen Unterschiede zwischen Großbritannien und Japan. Viele unserer internationalen Freiwilligen haben so Freunde fürs Leben gefunden. Aid For Japan organisiert auch Austauschprogramme, bei denen Tsunami-Waisen für eine gewisse Zeit in britischen Familien aufgenommen werden.

Aber wir wollen nicht einfach von der Bildfläche verschwinden, sobald die Kinder größer sind. Wir möchten etwas für den Wiederaufbau in Tōhoku tun, da diese Region von japanischen Politikern lange Zeit mit Nichtachtung gestraft wurde. Wir wollen Teil der Veränderungen sein, die im Nachhall der Katastrophe in dieser Region angestoßen wurden.

Die Langfristziele von Aid For Japan sehen vor, die Waisenkinder mit einer Reihe von Initiativen und Programmen zu begleiten. Das heißt, dass wir über die Ferienbesuche hinausgehen und etwas Neues wagen. Nach mittlerweile fast zehn Jahren hegen viele der Kinder immer noch schöne Erinnerungen an ihre Zeit in Großbritannien. Für Schüler in Tōhoku gibt es nur wenige Möglichkeiten, Japan zu verlassen, um Erfahrungen in einem fremden Land zu sammeln. Wir wollen also ein Programm auflegen, das nicht nur die 250 Tsunami-Waisen unterstützt, sondern alle Schüler dieser Region im Nordosten Japans. Wir hoffen, dass wir noch mehr Kindern die Möglichkeiten geben können, ihren Horizont zu erweitern, die Welt zu sehen und ihr Englisch zu verbessern (was in Japan stets Jobchancen eröffnet). Im Geiste des Chōwa haben wir unser Bestes getan, um die Situation so zu sehen, wie sie ist, und unsere Aktivitäten auf die Kinder abzustellen, denen wir helfen wollen, um ihnen bestmöglich zu dienen.[40]

## Das Außenseiterdasein: Gefahren und Vorzüge

Auch Wohltätigkeit hat ihre Schattenseiten. Wenn wohlmeinende, aber schlecht vorbereitete Menschen die Welt bereisen, verstricken sie sich in Dinge, von denen sie keine Ahnung haben, selbst wenn sie die besten Absichten verfolgen. Das endet im günstigsten Fall mit Beleidigungen, schlimmstenfalls schaden sie damit anderen. Daher sollten wir eines nie vergessen: Das Wichtigste ist, jenen zuzuhören, denen wir helfen wollen.

Manchmal aber hat es auch Vorteile, wenn man Außenseiter ist. Ich besuchte einmal eine Behelfsunterkunft in Tōhoku, eine Sporthalle, die man aufgeteilt hatte, sodass Familien wenigstens einen Ort hatten, an dem sie schlafen konnten. Es war dort sehr voll. In einer Ecke hatte man ein »Café« eingerichtet, wo Betroffene und Helfer Tee oder Kaffee bekamen. Dort saß ich bei einem Besuch neben einer Frau. Nach einigen Minuten sagte sie: »Ich habe beim Tsunami meine drei Söhne verloren.« Ich antwortete, ich könne mir einfach nicht vorstellen, wie schlimm das für sie sei. Sie nickte. Dann fing sie an zu weinen. »Danke, dass Sie hergekommen sind«, sagte sie. Ich sagte, ich hätte doch nur sehr wenig getan, sie aber schüttelte den Kopf. »Es ist so eine Erleichterung, dass ich vor Ihnen einfach weinen kann. Vor den anderen Frauen möchte ich das nicht. Jede hat ein Kind verloren. Obwohl alle wissen, dass ich meine drei Jungs verloren habe, will ich nicht vor ihren Augen weinen, weil ich nicht möchte, dass sie denken, mein Schmerz sei größer als der ihre. Mit Ihnen aber kann ich weinen.«

## Menschen mit der Kraft des Chōwa helfen

Chōwa hat mir viel gegeben, während ich versuchte, anderen zu helfen. Seine Prinzipien waren der Wegweiser, an den ich mich hielt. Diese Grundsätze möchte ich mit Ihnen teilen in der Hoffnung, dass Sie, wenn Sie sich je aufmachen, um eine positive Veränderung in Ihrem Umfeld zu bewirken, sie nützlich finden.

## Chōwa-Lektionen:

## Wie Sie größere Veränderungen anstoßen

### Fragen, die Sie sich im Vorfeld stellen sollten

- Sind Sie tatsächlich bereit, die Arbeit zu tun, die Sie sich vorgenommen haben? Haben Sie genug Zeit und Energie, um sich dieser Aufgabe zu widmen?
- Haben Sie sich ausreichend über das Thema, das Problem oder die betroffene Gemeinschaft informiert, um wirklich helfen zu können? Haben Sie mit den Menschen, die Sie unterstützen wollen, gesprochen?
- Haben Sie gelernt, wie Sie Ihre Netzwerke für Ihr Vorhaben einsetzen können, ob nun im Beruf oder in Ihrer Gemeinde?
- Haben Sie sorgfältig darüber nachgedacht, was Sie mit Ihrem Engagement erreichen wollen?

# Teil III

# Gleichgewicht in zentralen Lebensbereichen

第3章

大事な時には調和！

# Eine harmonische Ernährung

*Itadakimasu.*
Demütig nehme ich diese Nahrung entgegen.
(Japanisch für »Guten Appetit!«)

Was hat japanisches Essen mit Chōwa zu tun? Mit Gleichgewicht? Oder Harmonie? Die Kunst der traditionellen japanischen Küche heißt *washoku* – und darin steckt dasselbe Zeichen *wa* wie in Chōwa, das nicht nur »Frieden« heißen kann, sondern auch »japanisch« (wie in *wa-fū*, »japanischer Stil«, oder *wa-fuku*, »japanische Kleidung«). Washoku bedeutet also »japanisches Essen«. Leibspeisen der Japaner sind nicht nur Sushi oder Ramen-Nudeln, sondern auch japanische Pfannkuchen (*okonomiyaki*) und Tempura (Frittiertes). Aber Washoku bezeichnet so viel mehr als »japanisches Essen«. Auch hier klingen die übrigen Bedeutungen des Schriftzeichens *wa* an wie im Fall von »chōwa«. Hinter der Vorbereitung, der Präsentation und dem Verzehr von *washoku* stehen Fertigkeiten, Wissen und Tradition, die selbst eine einfache Mahlzeit zu einer zutiefst kulturellen Erfahrung machen, einer Lektion in lebendiger Geschichte – und im Streben nach Gleichgewicht.

Ich möchte Sie hier mit jenen Elementen des Washoku bekannt machen, in denen sich die Prinzipien des Chōwa am deutlichsten zeigen. Wir werden uns also mit dem Kaiseki-Mahl befassen: einer Mahlzeit aus mehreren Gängen, bei der bis zu vierzehn verschiedene Gerichte serviert werden können. Jede noch so kleine Zutat, jedes Detail des Servierens erfährt hier entsprechende Berücksichtigung. Ein Meisterkurs in Meditation über das Gleichgewicht. Aber wir werden uns natürlich nicht nur mit der Haute Cuisine befassen, sondern auch mit der Frage, wie sich aktives Chōwa in der Washoku-Küche niederschlägt – vom Essen in der Kantine bis hin zur Single-Mahlzeit. Die Schlüssellektionen in diesem Kapitel sind:

- **Mit Washoku zum Gleichgewicht**. In der japanischen Küche geht es um das Gleichgewicht zwischen fünf verschiedenen Geschmacksrichtungen, Zubereitungsarten und Farben. Ich werde Ihnen zeigen, wie sich die Prinzipien des Washoku mit Ihrer Art zu kochen vereinbaren lassen. So lernen Sie, eine aufmerksamere Haltung Ihrem Essen gegenüber einzunehmen.
- **Essen im Einklang mit der Natur**. Hier werden wir uns die Grundsätze des *shōjin ryōri* ansehen, der buddhistischen Küche. Washoku bedeutet nämlich auch, dass wir einen tiefen Respekt vor den Zutaten unserer Gerichte entwickeln, eine Bewusstheit für den Lauf der Jahreszeiten und das Streben, so wenig Abfall wie nur möglich zu produzieren. Mit Washoku streben wir nicht nur nach unserem persönlichen Gleichgewicht, sondern auch nach Harmonie mit unserer Gemeinschaft und der Natur.

## Die Elemente des *Washoku*

Unsere Ernährung kann zur Kraft des Ausgleichs werden und uns ganz zu uns selbst zurückbringen, wie Sie vermutlich aus eigener Erfahrung wissen, wenn Sie sich je nach einer gesunden, selbst zubereiteten Mahlzeit wieder gekräftigt und erfrischt gefühlt haben. Dies gilt vor allem für Mahlzeiten im Geiste des Washoku. Bei der für die Kochkunst des Washoku einzigartigen Mischung aus verschiedenen Texturen und Geschmacksrichtungen genügt schon ein Bissen, um alle inneren Konflikte zu lösen und sich wieder im Einklang mit der Welt zu fühlen. Washoku-Ernährung ist tendenziell eher salzig mit einem leicht süßen Beigeschmack und natürlich zarten Bitternoten, durchzogen von der Geschmacksrichtung *umami*. (Der japanische Begriff »umami« bedeutet wörtlich »köstlicher Geschmack«. Heute wird er allgemein benutzt, um würzige Geschmackserlebnisse zu beschreiben, nicht nur für die in der japanischen Küche. Umami bezeichnet zum Beispiel den Geschmack von Pilzen, Sojasauce und Fisch.) Diese Küche füllt unsere Energiereserven auf und lässt uns eins mit der Natur fühlen, zu welcher Jahreszeit auch immer.

Washoku spielt in der japanischen Kultur in vielerlei Hinsicht eine entscheidende Rolle. Manche Mahlzeiten werden als Teil eines jahreszeitlichen Fests serviert – so wie man am 31. Dezember Soba-Nudeln verzehrt. Diese Nudeln sind lang und dünn. Wenn wir sie brechen, denken wir an den Bruch mit dem alten Jahr: Etwas Neues beginnt. Dass die japanische Küche die Rhythmen der Natur nachbildet, war einer der Gründe, weshalb die UNESCO (United Nations Education, Scientific and Cultural Organization) sie zum »immateriellen Weltkulturerbe« erklärte. Als weitere Gründe für diese Entscheidung wurden genannt:

- Washoku respektiert den Eigengeschmack jeder Speise.
- Washoku achtet auf einen ausgewogenen Gehalt an Nährstoffen in jeder Mahlzeit.
- Washoku arbeitet nur mit frischen, jahreszeitlichen Produkten.
- Washoku heißt auch, dass die Küchenchefs die Mahlzeiten ästhetisch ansprechend servieren und dabei selbst aufs kleinste Detail achten.[41]

Da ich regelmäßig japanische wie englische Gerichte zubereite, kann ich nur sagen, dass die Prinzipien, die die japanische Küche geprägt haben, auch meine Art zu kochen beeinflussen, ob ich nun japanische Gerichte koche oder nicht. Und in allen Grundsätzen des Washoku wird auch der Geist des Chōwa spürbar. In jedem Aspekt zeigt sich das Streben nach Gleichgewicht: für den richtigen Geschmack, für ein ausgewogenes Nährstoffprofil, für die Einheit mit der Natur und die perfekte Optik jeder Mahlzeit. Meiner Ansicht nach stellen diese Elemente eine universelle Sprache dar. Jeder kann sich ihrer bedienen, um seine Küche ins Gleichgewicht zu bringen.

**Achten Sie den Eigengeschmack aller Zutaten** • Die Geschmacksrichtungen der japanischen Küche sind einfach, und jede Mahlzeit respektiert den Eigengeschmack der Zutaten. Japanische Küchenchefs folgen dem Grundsatz, dass weniger mehr ist. Nichts wird in Saucen ertränkt, die übermäßig scharf, süß oder mit Knoblauch überfrachtet sind. Washoku betont den Geschmack der frischen Zutaten. Der Küchenchef versucht, die feine, leicht buttrige Note von rohem Lachs hervorzuheben oder den erdigen Geschmack einer japanischen Süßkartoffel. Dabei arbeitet er mit den natürlichen Aromen, nicht gegen sie. Viele Washoku-Mahlzeiten verwenden ganz gewöhnliches Gemüse: Auberginen, Tarowurzeln, Süßkartoffeln oder Daikon-Rettiche. Gewürze, Dips oder Toppings und Beilagen dienen dazu, ein Gericht innerlich auszubalancieren: Man streut salzig schmeckende Thunfischflocken (Bonito) über einen süßlich anmutenden japanischen Kürbis. Zur salzigen Fischbrühe reicht man milchsaures Gemüse und ergänzt den bitteren Geschmack von Grüntee mit einer hochwürzigen Misosuppe. Dabei harmonieren manche Geschmacksrichtungen besser als andere.

**Kochen als Streben nach Gleichgewicht** • Japanische Küchenchefs betrachten jede Mahlzeit als Zusammenklang von fünf Geschmacksrichtungen:

1. Bitter – *shibumi:* zum Beispiel Grünteepulver (Matcha)
2. Sauer – *suppai:* Essig, sauer eingelegtes Gemüse
3. Salzig – *shoppai:* Salz und getrocknete Fischflocken
4. Süß – *amai:* süßer Reiswein
5. Würzig – *umami:* Sojasauce, Pilze

Kein Rezept wird je den perfekten Zusammenklang dieser Geschmacksrichtungen einfangen, denn Geschmack ist nun mal hochgradig subjektiv. Aber wenn Sie das nächste Mal am Herd stehen, können Sie ja versuchen, diese Geschmackserlebnisse bewusst auszubalancieren. Denn schließlich ist jede Mahlzeit ein Streben nach Gleichgewicht zwischen diesen widersprüchlichen Geschmäckern, die man trotzdem zu einer delikaten und keineswegs perfekt anmutenden Harmonie zusammenbringen kann.[42]

**Die Ausgewogenheit der Nährstoffe** • Das Grundgerüst einer japanischen Mahlzeit ist eine Suppe mit drei weiteren Gerichten, wozu eine Schüssel Reis gereicht wird. Wir nennen dies *ichi-jū-san-sai,* übersetzt: »eine Suppe, drei Gerichte«.

Das Hauptgericht besteht im Wesentlichen aus einem Eiweißlieferanten (üblicherweise eher Fisch als Fleisch). Zu den Beilagen gehören Tofu, Karotten, Rettich, Klettenwurzel oder andere Saisongemüse, gerne auch Sojaprodukte, zu denen man häufig japanische Pickles reicht (*tsukemono,* milchsauer eingelegtes Gemüse).

Sie werden feststellen, dass japanische Gerichte gewöhnlich nur wenige Kohlehydrate enthalten, meist in Form einer Schüssel Reis (weiß). Auch der Proteingehalt bleibt niedrig – und kommt gewöhnlich eher von Fisch als von Fleisch. Bereits verarbeitete Zutaten wie Wurst oder Käse werden normalerweise vermieden. Die Washoku-Kochkunst verwendet auch Zucker nur in geringen Mengen. Einige Experten gehen davon aus, dass diese Ernährungsweise auch für die überdurchschnittliche Langlebigkeit der Japaner verantwortlich ist. Wer eine von der japanischen Kochkunst inspirierte Ernährung einhält, bei der der Fokus auf Getreide und Gemüse mit geringen Mengen Fleisch oder Fisch liegt, legt normalerweise kaum Gewicht zu und hat so bessere Aussichten auf ein langes, gesundes Leben.

## Das Kaiseki-Mahl: Meisterklasse der Balance

Vor einigen Jahren organisierte ich für mehrere britische Küchenchefs eine Rundreise zu japanischen Restaurants mit Michelin-Stern. Ich wählte die Restaurants aus und dolmetschte während der Mahlzeiten – und dabei ging es keineswegs nur um die Übersetzung des Menüs. Wenn Sie ein japanisches Mahl richtig genießen wollen, vor allem wenn es um Kaiseki, die japanische Haute Cuisine, geht, brauchen Sie jemanden, der mit der Sprache durch und durch vertraut ist. Die Prinzipien hinter jedem einzelnen Gang, die Herkunft der Zutaten, die ästhetische Entscheidung für eine bestimmte Form des Anrichtens sind wie ein Haiku-Gedicht oder ein Stück aus dem Kabuki-Theater. Sie erfordern einen Übersetzer.

Kaiseki wurde im 16. Jahrhundert von Anhängern der Teezeremonie entwickelt. Wörtlich bedeutet der Begriff »Bruststein«, denn früher schoben die Zen-Mönche einen warmen Stein unter ihre Robe, um den Hunger zu bekämpfen. Kaiseki ist eine einfache, bescheidene Mahlzeit, vielleicht unerwartet simpel für die japanische Hochküche. Für eine Mahlzeit aber, die von Mönchen kultiviert wurde, ist sie geradezu extravagant. Kaiseki nämlich kombiniert nicht nur die fünf Geschmacksrichtungen, sondern auch die fünf Farben traditioneller Lebensmittel (Rot, Grün, Gelb, Weiß und Schwarz) und spricht die fünf Sinne an (durch Geruch, Geschmack, Textur, Klang und Anblick). Vor allem was die Optik betrifft, isst man beim Kaiseki ebenso mit den Augen wie mit den Geschmacksknospen.

Wir kamen an einem Aprilabend im Kikunoi-Restaurant in Kyoto an, nachdem wir vom Sanjo-Bahnhof aus den Kamofluss entlanggeschlendert waren. Wir gingen unter einem Shimenawa hindurch, einem heiligen Seil aus Weizenstroh, und traten durch das einfache Holztor. In der Eingangshalle legten wir unsere Schuhe ab und betraten den Holzboden des Hauptsaals. Man führte uns am Küchenpersonal vorbei, das sich vor uns verbeugte. Alle trugen blütenweiße Kleidung und dazu passende Mützen. Schließlich kamen wir in einen großen, mit Tatami-Matten ausgelegten Raum, von dem aus wir einen wunderbaren Blick auf den Bambusgarten genossen. Die einzige Dekoration im Raum war ein Druck von einem Wasserfall und ein Zweig mit Pflaumenblüten, der in einer Vase neben der Tür stand. Unsere Kellnerin trug einen Kimono und öffnete bzw. schloss die Schiebetüren zum Raum langsam und gemessen. Sie verbeugte sich vor unserer Gruppe, dann erklärte sie den ersten Gang und erzählte uns, weshalb jedes Element des Gerichts ausgewählt wurde: die jahreszeitlich angemessene Meerbrasse, der Reis, die Nanjo-Pickles und der frittierte Shinko-Fisch (eine Delikatesse des späten Frühjahrs). Sie erklärte weiter, welche Blüten die langen Tabletts (*hassun*) schmückten, auf denen unsere Vorspeisen serviert wurden. Mit dem ersten Gang händigte sie uns ein Zen-Gedicht aus, das in wunderschöner Kalligrafie auf japanischem Papier geschrieben war.

Ich tat mein Bestes, alles zu erklären, was die Bedienung sagte. Es war eine Unmenge von Informationen. Einer der Küchenchefs meinte sogar: »Wir würden das Essen gar nicht verstehen, wenn wir Sie nicht hätten.«

Sie sollten solch ein traditionelles Washoku-Bankett einmal ausprobieren. Dann sehen Sie selbst, dass Kaiseki nicht nur eine Mahlzeit ist, sondern eine Meisterklasse des Gleichgewichts.[43]

**Kochen mit saisonalen Produkten** • Wenn wir im Geiste des Chōwa auf unsere Nahrung achten und jede Mahlzeit als Streben nach Gleichgewicht behandeln, bringt uns dies auch in Einklang mit den Zyklen der Natur. So wie wir den im Jahreslauf sich wandelnden Blumenschmuck auf den Wiesen bewundern und an einem Sommerabend etwas anderes tragen als im Herbst, lässt uns die Küche mit saisonalen Produkten Rücksicht nehmen auf die sich jahreszeitlich, ja täglich wandelnden Bedürfnisse unseres Körpers.

Gemäß der Kochkunst des Washoku bereiten wir Speisen so zu, dass sie mit den Jahreszeiten harmonieren. Selbst die Art, wie wir Gemüse klein schneiden, sorgt für harmonischen Einklang mit dem Monat, in dem es verzehrt wird. (Im Frühling schneidet man Gemüse gerne in Kirschblütenform, während man ihm im Herbst eher die Form von Ahornblättern gibt bzw. von Pflaumenblüten im Winter.) Auch die Supermärkte werden je nach Jahreszeit dekoriert. Sicher sind dies nur kleine Verbeugungen vor der Natur, doch sie erinnern uns an unsere Beziehung zu unserer Umwelt und verweisen auf den tiefen Respekt, den die Washoku-Küche dem Wandel der Jahreszeiten entgegenbringt.

Hier nun einige Tipps, wie Sie durch die Auswahl saisonaler Produkte mehr Gleichgewicht in Ihre Küche bringen:

- **Saisonales Gemüse.** Im Geiste des Chōwa erkunden Sie, was tatsächlich in jeder Jahreszeit wächst. Welche Früchte passen in Ihrem Land zur Jahreszeit? Wenn Sie in Ihrer Ernährung Obst und Gemüse auf die Saison abstimmen, leben Sie intensiver im Einklang mit der Natur. Bärlauch zu essen, der ein paar Schritte von meinem Haus am Fluss wächst, ist wirklich ein Vergnügen. Neben der positiven Wirkung auf die Psyche ist diese Art zu essen auch sehr viel umweltfreundlicher. In Japan gilt der Verzehr von importierten Erdbeeren mitten im Winter als Gipfel der Verschwendung und der Luxussucht.
- **Nahrung, die kühlt.** Wenn wir dem Rhythmus der Jahreszeiten folgen, geben wir unserem Körper genau das, was er in jedem Monat braucht. In Japan verzehren wir in der sommerlichen Hitze zum Beispiel salzigen, proteinhaltigen Aal. Oder eisgekühlte Sōmen-Nudeln, die

in ganz wenig Sojasauce getaucht werden. Umgekehrt warten wir nicht auf den Eismann, sondern holen uns beim Straßenverkäufer gekühlte Scheiben von Wassermelonen.
- **Nahrung, die wärmt.** Im Winter essen wir gerne Kürbissuppe. Wir kaufen einen großen Kürbis, der Suppe für mehrere Tage ergibt, die gewöhnlich abends verzehrt wird. Zur Wintersonnwende servieren wir gewöhnlich Yuzu, eine Zitrusfrucht. Wir geben die Yuzufrucht sogar ins Bad, wo sie zum einen dekorative Zwecke erfüllt, zum anderen der Aromatherapie dient, da sich die ätherischen Öle im warmen Wasser lösen. Der Geruch von Yuzu ist unglaublich wärmend und außerdem ist die Frucht gut für die Haut.

**Servieren Sie jedes Mahl ästhetisch ansprechend** • Schon in dem Augenblick, als ich mit den britischen Küchenchefs am Narita Airport eintraf, begann deren Erziehung in der Ästhetik japanischer Küche. Einige Mitglieder der Delegation kauften sich sogleich eine gefüllte Lunchbox, weil sie hungrig waren. Als sie den Deckel aufklappten, waren sie unglaublich beeindruckt. Das Essen in der Bento-Box war schön angerichtet. Jede Zutat des ausgewogenen Arrangements hatte ein eigenes Fach. Die Nahrungsmittel waren frisch und farbenfroh – die in Teig gebackenen Tempura-Garnelen (absolut knusprig und noch heiß) gelb, die dicken braunen Pilze waren mit einer süßen Soja-Sesam-Sauce glasiert, in den weißen Sushi-Rollen steckte ein schockpinkfarbenes Stück eingelegter Ingwer, dazu noch ein Stück hellgrüner Wasabi-Meerrettich. Dazu ein kleiner Salat westlicher Machart aus geriebenen Karotten, Kopfsalatblättern und frischen Tomaten.

Und dieses winzige Kunstwerk kostete nicht mehr als 350 Yen (etwa drei Euro).

**Wie Sie die fünf Farben aufeinander abstimmen.** Weiß, Schwarz, Rot, Grün und Gelb – diese fünf Farben entdecken Sie in fast jeder japanischen Mahlzeit. Aber letztlich geht es dabei nicht nur um den ästhetischen Genuss. Der stimmige Zusammenklang der Farben hat auch eine Ausgewogenheit der Nährstoffe zur Folge. Was finden Sie heute in einer Bento-Box: weißen Reis, ein wenig schwarzen Sesam, ein Stück gelbes Tamagoyaki (gebratenes Omelette), grüne Edamame-Bohnen und tiefrote eingelegte Pflaumen als abschließenden Kontrapunkt. Mein Partner zieht mich manchmal mit meiner Vorliebe für das »beigefarbene« englische Essen auf, zum Beispiel für Fish and Chips oder für Rührei auf Toast. Aber serviert man nicht auch in England Erbsenbrei (*Mushy Peas*) zu Fish and Chips? Und ein klassisches englisches Frühstück enthält mehr Nährstoffe, wenn man Räucherlachs und Spinat serviert. Dasselbe gilt für die Washoku-Kochkunst. Ein wenig getrocknete Nori-Algen über den Reis gestreut, oder gelbe Pickles und ein paar Kirschtomaten zu einer einfachen Misosuppe, verbessern nicht nur das Aussehen, sondern auch die Nährwertbilanz eines Washoku-Mahls.[44]

## Chōwa und die Kunst der nachhaltigen Ernährung

Angesichts der kunstvollen Washoku-Küche denke ich oft über Kontinuität und Wandel nach: Da sind die Dinge, die sich gleich bleiben, wie die kulinarische Tradition Japans. Andere hingegen ändern sich, wie die Zunahme des Fleischverzehrs während der Meiji-Zeit (1868–1912) und der Zuwachs an westlichen Fast-Food-Restaurants nach dem Zweiten Weltkrieg. Dabei sollten wir mehr denn je zuvor darüber nachdenken, wie nachhaltiges, ökologisches Essen aussieht und wie wir damit uns und den Planeten schützen können. Die Geschichte der japanischen Küche bietet uns einige Chōwa-Lektionen, die zeigen, wie ein Land und seine Bewohner nach Gleichgewicht mit der Natur streben. Andererseits zeigt diese Geschichte auch, wie schnell die richtige Balance verloren gehen kann.

*Shōjin ryōri* – **Streben nach Gleichgewicht im eigenen Innern und in der Natur** • Shōjin ryōri bedeutet: »hingebungsvolle Küche«. Diesen Namen erhielt diese Art zu kochen von ihrem Schöpfer, dem Begründer des Zen-Buddhismus Dōgen. Er ließ sich im 13. Jahrhundert von der veganen Küche Chinas inspirieren und führte diese in Japan ein. Er nannte sie »hingebungsvolle Küche«, weil sie seiner Ansicht nach der beste Weg war, den Geist aufnahmebereit zu machen für die Lehren Buddhas. Möchten wir unseren negativen Einfluss auf die Umwelt verringern, lebenden Geschöpfen keine Gewalt antun und uns gesund und ausgewogen ernähren, so hat Shōjin ryōri uns viel zu bieten.

**Keine Abfälle.** Ein grundlegendes Prinzip der »hingebungsvollen« buddhistischen Küche ist, dass wir jedes essbare Teil unserer Zutaten verwenden, auch die Schalen des Rettichs, die »Köpfe« der geputzten Karotten etc. Diese werden häufig genutzt, um die Suppe zuzubereiten, die nach der Mahlzeit serviert wird. Wie wäre es: Wollen Sie das vielleicht mal ausprobieren? Werfen Sie die grünen Enden der geputzten Frühlingszwiebeln nicht weg, sondern verwenden Sie sie für die Misosuppe. Wenn Sie Daikon-Rettich kaufen, putzen Sie auch die Blätter. Sie können daraus eine köstliche Würzmischung namens *furikake* zubereiten. Schneiden Sie die gewaschenen Rettichblätter in grobe Streifen und sautieren Sie diese in heißem Sesamöl, das Sie mit Mirin (japanischem Reiswein) ablöschen. Mit ein wenig Zucker und Salz abschmecken und auf niedriger Flamme köcheln lassen, bis die Flüssigkeit verkocht ist. Übrig bleiben die wohlschmeckenden Blätter.

**Keine Gewalt.** Shōjin ryōri ist vegane Küche. Proteinbestandteile kommen von Sojabohnen, zum Beispiel Tofu, der mit saisonalem Gemüse und wilden Bergpflanzen serviert wird. Eine typische Mahlzeit besteht zum Beispiel aus *abura-age* (frittierte Tofuscheiben) oder meinem Lieblings-Sojabohnengericht *natto* (fermentierte Sojabohnen). Die meisten Japaner finden es lustig, wenn Japan-Touristen zum ersten Mal Natto essen. Man muss sich daran gewöhnen, aber Sie finden es mit Sicherheit in einem Asia-Supermarkt in Ihrer Stadt. Natto ist sozusagen ein japanisches Superfood und hat einen starken Eigengeschmack. Jede Bohne zieht einen kleinen Schleimfaden nach sich. Wenn Sie kein Unheil anrichten wollen, sollten Sie Natto in einer Schüssel mit weißem Klebreis servieren.[45]

**Tiere essen** • Japans historische Beziehung zum Fleisch zeigt einmal mehr die Prinzipien des Chōwa in Aktion: im Kampf um den Ausgleich zwischen den Wünschen der Herrscher, deren begrenzten Ressourcen und den Wünschen der Normalbürger. Im 5. Jahrhundert lebten die Japaner von Reis, Gemüse und Fisch. Im bergigen Japan gab es nur wenig Weidefläche für Vieh. Mit dem Aufkommen des Buddhismus, der Gewalt gegen lebende Wesen ablehnt, wurde der Fleischverzehr im Land zum ersten Mal landesweit verboten. Die Shogune und andere Lokalfürsten aber überreichten sich Fleisch gelegentlich als Geschenk. Bei diesen Ausnahmefesten wurde das Töten und Essen der Tiere eigens zelebriert wie die Kampfkünste.[46]

Im 19. Jahrhundert übernahmen japanische Herrscher vom Westen nicht nur Kleidung und Erziehungssysteme, sondern auch dessen Ernährungsgewohnheiten, weil sie dies für eine Form der Modernisierung hielten. Es dauerte lange, bis die Japaner ihre Tradition der Gewaltlosigkeit gegenüber lebenden Wesen ablegten und ihre Ochsen töteten – die früher die Felder gepflügt und schwere Lasten getragen hatten. Allmählich fing man an, Vieh in großem Maßstab zu züchten. Als das Fleischverbot fiel, protestierten die buddhistischen Mönche in Tokio, weil sie glaubten, Japans Seele sei in Gefahr.

Heute kann man schon den Eindruck bekommen, dass die Befürchtungen der Mönche im Hinblick auf westliche Ernährungsgewohnheiten sich bewahrheitet haben. Heute gehört Japan zu den weltweit größten Importeuren von Fleisch. Anders als in der Edo-Zeit oder selbst noch in den 1960er-Jahren, als Japan mehr oder weniger autark war, gehört das Land heute zu den entwickelten Ländern, das mit am stärksten von Nahrungsmittelimporten abhängig ist. Meiner Meinung nach ist Japan gründlich aus dem Gleichgewicht geraten, wenn es um nachhaltigen Nahrungsmittelkonsum geht.[47]

In einer Zeit, in der wir alle, ganz egal, wo wir auf dieser Welt leben mögen, über die Lebensweise unserer Art auf diesem Planeten nachdenken sollten, und wie es um unsere Art und das Gleichgewicht auf diesem Planeten bestellt ist, sollten wir vielleicht auf die Kraft des Chōwa setzen, um ethischer zu essen.

**Weniger Fleisch, weniger Umweltschäden.** Je mehr Fleisch wir auf dem Teller haben wollen, desto weniger Land steht uns für den nachhaltigen Anbau von Nahrungsmitteln zur Verfügung. Wenn wir im Einklang mit der Natur leben wollen, ist die Verringerung unseres Fleischkonsums genauso wichtig wie das Energiesparen und das Recyceln.

**Verantwortungsvoller Fischkonsum.** In der Kochkunst des Washoku verwendet man bestimmte Fische nur zu bestimmten Jahreszeiten. Das ist nicht nur bloßes Traditionsdenken, es bewahrt auch die Meere vor Überfischung. Werfen Sie mal einen Blick auf *The Good Fish Guide* von der Marine Conservation Society (www.mcsuk.org/goodfishgude/search). Dort finden Sie Informationen, wie ein verantwortungsvoller Fischkonsum aussehen kann.

## Chōwa-Lektionen:
## Harmonie in der Ernährung

**Mit der Kraft des Washoku ins Gleichgewicht kommen**

Wenn auch Sie die fünf Geschmacksrichtungen, Farben und Zubereitungsarten in Balance bringen wollen, versuchen Sie es mal damit:

- Denken Sie darüber nach, wie der süße, leicht bittere Geschmack von Brokkoli unterstrichen wird, wenn Sie ihn in salzige Sojasauce dippen.

- Oder wie viel besser ein schwarz gegrillter Seebarsch schmeckt, wenn er mit Zuckererbsen und dem zartbitteren Geschmack von frisch geschnittener, kurz blanchierter Lotuswurzel kombiniert wird.
- Oder wie sehr eine Schüssel weißer Reis gewinnt, wenn Sie dazu Misosuppe mit Herzmuscheln reichen und als Kontrapunkt eine sauer eingelegte Umeboshi-Pflaume.

**Die fünf Geschmacksrichtungen in der Washoku-Kochkunst**

- bitter
- sauer
- salzig
- süß
- würzig

**Die fünf Farben in der Washoku-Kochkunst**

- Weiß
- Schwarz
- Rot
- Grün
- Gelb

**Die fünf Zubereitungsarten in der Washoku-Kochkunst**

- gekocht (wie Suppe oder Eintopf)
- frittiert
- gedämpft

- gebraten
- gegrillt

In der Washoku-Küche kommen viele Gerichte auch roh auf den Tisch. »Roh« ist zwar nicht unbedingt eine Zubereitungsart, doch vermutlich kennen Sie schon einige Gerichte, die die Japaner roh lieben: Scheiben von rohem Fisch (Sashimi) oder roher Fisch auf weißem Reis bzw. in einer Sushi-Rolle, also mit weißem Reis und Algen. Roher Fisch hat eine ganze Reihe von gesundheitlichen Vorzügen: Er ist reich an Omega-3-Fettsäuren und enthält viel Protein.

# Im Einklang mit der Natur leben

*Im Land des Westens ist das Böse am Wirken, Prinz Ashitaka. Es ist dein Schicksal, dich dorthin zu begeben, um zu sehen, was du sehen kannst, wenn deine Augen nicht vom Hass verblendet sind. Vielleicht findest du ja einen Weg, den Fluch zu überwinden.*

Prinzessin Mononoke[48]

Mittlerweile können immer mehr politische Führungspersönlichkeiten sich mit der Idee anfreunden, dass wir etwas unternehmen müssen, wenn wir als Art im Gleichklang mit der Natur leben wollen. Jeder Einzelne von uns begreift allmählich, dass wir mehr tun müssen, als man uns bisher gesagt hat, wenn wir die Erde bewahren wollen. Viele Menschen bemühen sich mittlerweile, diesen Planeten weniger zu belasten: Sie verwenden Plastiktüten mehrmals, recyceln ihren Abfall und reduzieren ihren Kohlenstoff-Fußabdruck. Und doch heißt es, dass auch das noch nicht ausreicht, um den Schaden zu begrenzen, den wir der Erde immer noch zufügen. Allein der Gedanke an die Dimensionen des bereits angerichteten Schadens vermittelt uns ein Gefühl der Hilflosigkeit. Das gigantische Ausmaß der Aufgabe, die hier vor uns liegt, lässt uns von vornherein die Hände resigniert in den Schoß legen.

Die Kraft des Chōwa allein reicht nicht aus, um die Erde zu retten. Aber sie kann uns helfen, die rechte Geisteshaltung zu entwickeln, um uns von Neuem mit der Natur zu verbinden. Der erste Schritt, um die Natur wieder ins Gleichgewicht zu bringen, ist, dass wir uns die Zeit nehmen, um über unsere tiefe Verbundenheit mit der Natur nachzudenken, damit wir begreifen, wie zerbrechlich ihre Schönheit ist. In diesem Kapitel lernen Sie, wie das Nachdenken über unsere Verbundenheit mit der Natur dazu beiträgt, unseren Umgang mit ihr zu verändern, ob dies nun als Reaktion auf ihre flüchtige Schönheit geschieht oder aus Respekt vor ihrer Macht, die uns jederzeit in einen Zyklus der Zerstörung hineinziehen kann. Der Geist des Chōwa kann uns helfen, die Dringlichkeit dieser Krise zu erkennen und darauf emotional angemessen zu reagieren, ohne darüber unser Mitgefühl aus den Augen zu verlieren. Und dies sind die Schlüssellektionen dieses Kapitels:

- **Vergessen Sie nicht, dass Sie die Natur sind.** Jahrtausendelang beruhte die traditionelle Kultur Japans auf dem Wissen, dass wir ebenso Teil der Natur sind wie jedes einzelne Tier. Ich möchte Sie mit einigen Beispielen aus der Edo-Zeit bekannt machen, die zeigen, wie man selbst inmitten eines geschäftigen Lebens in Dörfern oder Städten aktiv etwas dazu beitragen kann, unseren Planeten zu schützen.
- **Bringen Sie das *wa* in die Natur ein.** Chōwa erlaubt uns, die Natur für das zu schätzen, was sie ist: wunderschön und gleichzeitig mächtig, unsere Retterin ebenso wie unsere Zerstörerin. Wir sind auf Gedeih und Verderb an ihre Zyklen der Schöpfung und Zerstörung gebunden, an ihre stets gefährdete Harmonie.

## Wir sind Natur: was uns das alte Edo über Chōwa lehrt

In der Edo-Zeit (1608–1868) entwickelte sich die Stadt Tokio, damals Edo genannt, von der einfachen Burgstadt hin zur größten Metropole der Welt.

Die Familie Tanaka lebte schon seit Hunderten von Jahren im Einzugsgebiet der Stadt. Die Samurai-Vorfahren meines Vaters dienten dem Mann, der die alte Burg von Edo errichtet hatte. Die Familie meiner Mutter stellte Möbel aus Paulowniaholz her und restaurierte diese auch. In der Edo-Zeit war dies Tradition. Die Kultur dieser Epoche hat mich seit jeher fasziniert, aber je mehr ich über den Klimawandel höre, desto mehr erkenne ich in der Edo-Zeit, in der Einstellung meiner Ahnen, Dinge, die es meiner Ansicht nach wert sind, mitgeteilt zu werden. Denn die Mentalität der Edo-Zeit kann uns helfen, wieder in Einklang mit der Natur zu kommen. Und dieser fehlende Einklang ist es schließlich, der uns in jüngster Zeit ernsthaft Sorgen bereitet.

*Mono no aware:* die Vergänglichkeit der natürlichen Welt • Der Gesang der Vögel am frühen Morgen, ein Zweig, der an unser Bürofenster schlägt, der grüne Schatten, den seine Blätter auf unseren Schreibtisch werfen, die Insekten, die unsere Kinder im Garten finden und uns ganz stolz zeigen – wir staunen angesichts unserer Stellung in der Umwelt, doch wir wissen auch, dass diese Augenblicke unwiederbringlich verloren sind. In der Edo-Zeit bezeichneten ganz normale Menschen diese Gefühle mit dem Schlagwort *mono no aware*.

*Mono no aware* – wird gewöhnlich übersetzt als »Mitgefühl mit allen Dingen«. *Mono* bedeutet »Dinge«. Aware ist ein sehr alter Ausdruck der Überraschung, der Wehmut, ja der

Ehrfurcht. Es waren Künstler wie Hokusai, die die Normalsterblichen der Edo-Zeit mit diesem Gedanken bekannt machten. Seine Holzschnitte, zum Beispiel die »36 Ansichten des Berges Fuji«, fingen die Schönheit des Fujiyama ebenso ein wie die traurige Seite der Natur und unserer Stellung in ihr. Im Hintergrund stets der gewaltige Berg. Im Vordergrund Menschen, die sich amüsieren, picknicken, Musik machen – uneingedenk der Tatsache, dass Zeit kostbar ist, obwohl die so vergängliche Kirschblüte sie eben daran erinnert. *Mono no aware* ist ein tiefer Seufzer, der aus dem Wissen um die Vergänglichkeit von allem geboren ist. In diesem Begriff drückt sich die klassische Balance des Chōwa aus: das Erhebende und das Traurige, das Hoffnungsfrohe und die Resignation: Die Natur ist wunderschön. Aber auch das Wunderschöne geht den Weg alles Irdischen.

- **Achten Sie auf diese Dinge**. Es heißt ja immer, wir müssten uns bewusst machen, was da gerade geschieht, wenn wir über den Klimawandel und den Verlust der Artenvielfalt nachdenken. Aber Bewusstheit allein genügt eben nicht. Wir müssen auch die Tatsachen kennen. In der Sprache des Chōwa heißt das, dass unsere »Nachforschungen« begleitet sind von einem emotionalen Eindruck: dem Gefühl des *mono no aware*. Je eher wir anfangen, Mitgefühl mit der Natur zu haben, desto eher werden wir begreifen, was wir in Gefahr sind zu verlieren.

*Mottainai*: **Spare in der Zeit, so hast du in der Not** • Wörtlich übersetzt bedeutet *mottainai* »keine Verschwendung«. Üblicherweise wird es als Ausruf verwendet in der Bedeutung von: »Was für eine Verschwendung!« Zum Beispiel, wenn Sie die Einkäufe auf der Veranda stehen lassen, statt sie in den

Kühlschrank zu packen. Oder wenn Sie Ihren Partner darauf hinweisen, dass er gerade ein vollkommen intaktes Paar Schuhe weggeworfen hat, die nur einen Besuch beim Schuster und ein wenig Schuhwichse gebraucht hätten.

*Mottainai* hält uns dazu an, die Dinge in unserem Besitz voll zu nutzen. Und ihre Lebensspanne zu verlängern. Das heißt auch, dass wir Dinge eher reparieren, als sie durch neue zu ersetzen. Im Wissen, dass sie uns am besten dienen werden, wenn wir ihnen diesen Dienst erweisen.

Wie aber funktioniert eine Gesellschaft, in der wir Dinge reparieren, statt sie neu anzuschaffen? Schließlich leben die meisten Menschen heutzutage in einer Konsumgesellschaft. Wir kaufen gerne neue Sachen. Häufig hängt ja auch unser Job davon ab, wie viel wir verkaufen können. Doch das Japan der Edo-Zeit zeigt uns, dass das moderne, urbane Leben nicht leiden muss, wenn wir uns um die Wiederverwendung und das Recycling von Dingen bemühen.

## *Mottainai* – Zero Waste im alten Edo

Auf den Straßen von Edo stieß man auf unzählige Hausierer, Gebrauchtwarenläden und kleine Geschäfte, wo man Schuhe, Fächer, einen alten Kimono, ja selbst zerbrochene Schalten und Tassen reparieren lassen konnte. Es gab mobile Büchereien, in denen die Mitglieder Bücher ausleihen oder tauschen konnten. Und wenn ein Mann zerbrochene Regenschirme aus Ölpapier und Bambus mit sich herumschleppte, dann reparierte er sie entweder für den Besitzer oder arbeitete sie auf eigene Rechnung wieder auf, um sie dann zum halben Preis zu verkaufen. Diese Menschen waren das Öl, das die Wirtschaft in

Edo reibungslos laufen ließ. Das Ergebnis war eine moderne, urbane Gesellschaft, die sich über 250 Jahre vom Rest der Welt abschottete. Eine urbane Gesellschaft, die dem Zero-Waste-Prinzip so nahe kam wie nur irgend möglich.[49]

***Itadakimasu*** **– Dankbarkeit für jeden Menschen, der dazu beigetragen hat, diese Mahlzeit auf meinen Tisch zu bringen** • In der Edo-Zeit galten die Bauern als zweitwichtigster Stand neben den Samurai. Schließlich produzierten sie den wichtigsten »Rohstoff« überhaupt: Nahrung. Mit dem Prinzip des Mottainai war auch der Wunsch verbunden, so wenig Essen wie möglich zu verschwenden. Und das galt für das Japan der Edo-Zeit ebenso wie für die Moderne. In Japan gilt es schon als unhöflich, wenn man auch nur ein Reiskorn in der Schale zurücklässt. Chōwa lehrt uns, dass unser Gleichgewicht ganz wesentlich davon abhängt, dass wir angemessen mit unserer Umwelt umgehen. In Bezug auf unser Essen zeigt sich diese Haltung darin, dass wir jedem Menschen dankbar sind, der geholfen hat, unsere Mahlzeit zu produzieren. Auch im heutigen Japan falten wir, bevor wir zu essen beginnen, unsere Hände vor der Brust und sagen:

いただきます
*i-ta-da-ki-ma-su*
Demütig und voller Achtung empfange ich diese Mahlzeit.

Das ist nicht ganz so zeremoniell wie ein Gebet, aber tiefer als ein schlichtes »Guten Appetit«. Wir drucken mit diesen Worten unsere Dankbarkeit aus für den Bauern, der das Gemüse gezogen hat, für den Supermarkt, in dem wir die Zutaten gekauft haben, für die Person, die unsere Mahlzeit zubereitet hat, und natürlich für die Natur: für Sonne, Regen und die Nährstoffe im Erdreich. Nahrungsmittel zu verschwenden bedeutet, all die Anstrengungen und Ressourcen gering zu achten, die es brauchte, um diese Mahlzeit auf den Tisch zu bringen. Unser Dank ist Ausdruck unserer eigenen Stellung im großen Ganzen.

- Wenn Sie das nächste Mal im Restaurant essen oder zu einer Dinnerparty eingeladen sind, wenden Sie den Geist des Mottainai an: Bitten Sie um weniger, wenn Sie sicher sind, dass Sie nicht essen können, was auf dem Teller liegt. In Japan ist es absolut üblich, um eine kleinere Portion zu bitten, wenn Sie wissen, dass Sie die ganze nicht schaffen, ob Sie nun im Restaurant sitzen, in der Kantine oder in der Mensa der Schule bzw. Universität. Zu Hause können Sie ja alles, was zu viel ist, zurück in den Topf geben, statt es wegzuwerfen. Dann hat die Familie auch am nächsten Tag noch etwas zu essen. Schon aus Achtung für den Bauern, den Koch und die verwendeten Zutaten ist es wichtig, so wenig wie möglich zu verschwenden.
- Überlegen Sie, wie Sie das Prinzip des Mottainai in Ihrem Heim sonst noch anwenden können. Wie wäre es mit ein wenig Resteverwertung bei der nächsten Mahlzeit? Kaufen Sie nur, was Sie wirklich verbrauchen, statt Dinge anzuhäufen, die ihr Verfallsdatum schneller erreichen, als Sie sie verzehren können.

*Sho-yoku, chi-soku:* **wenige Wünsche, weise Genügsamkeit** • Wenn es um das Gleichgewicht mit der Natur geht, müssen wir die Philosophie zu Hilfe holen, um den Kern des Problems zu erfassen: »Kümmere dich nicht um die Dinge selbst, sondern um den Wunsch danach.«

小欲知足

*sho-yoku, chi-soku*

Die Schriftzeichen, die diesen Begriff ausmachen, bedeuten wörtlich übersetzt »wenige Wünsche, weise Genügsamkeit«. Das lässt sich auch übertragen wie folgt: »Weniger Wünsche führen zu mehr Befriedigung.« Aber tatsächlich funktioniert das in beide Richtungen: Wenn wir wissen, was es heißt, genug zu haben, können wir damit der Macht unserer Wünsche entgegentreten – die man an schlechten Tagen schlicht als »Gier« bezeichnen könnte.

Das Bild vom entweder halb vollen oder halb leeren Glas wird häufig benutzt, um den Unterschied zwischen Optimisten und Pessimisten zu veranschaulichen. Es zeigt uns aber auch den Unterschied zwischen Befriedigung und Gier. Stellen Sie sich ein halb leeres Glas vor. Wenn wir ein volles Glas möchten, heißt das, dass wir unseren Besitz verdoppeln wollen. Wenn Sie sich ein halb volles Glas vorstellen, dann sind Sie zufrieden mit dem, was Sie haben. Wir sind wunschlos glücklich.

Je mehr wir wollen, desto unzufriedener sind wir. Wenn Wünsche Unzufriedenheit nach sich ziehen, ist eigentlich klar, dass wir daran arbeiten sollten, *unsere materiellen Wünsche zu reduzieren*, wenn wir auf mehr Befriedigung abzielen. Das ist kein minimalistischer Ansatz. Unser Leben zu entrümpeln kann zwar helfen, aber es führt nicht zwangsläufig zu innerer Ausgeglichenheit. Wenn wir dies wollen, müssen wir darüber nachdenken, weshalb wir Dinge erwerben möchten.

- **Kümmere dich um den Wunsch.** Versuchen Sie es einmal mit dem folgenden Gedanken: »Ich habe genau, was ich brauche.« Um dauerhaftes Gleichgewicht zu erreichen, müssen wir an die Wurzel unseres Konsumverhaltens gehen, nämlich den Wunsch, mehr und mehr zu kaufen bzw. mehr und mehr Geld zu verdienen. Denn das führt gewöhnlich dazu, dass wir unsere Umwelt stärker belasten und die Welt damit aus dem Gleichgewicht bringen.

*Sampō-yoshi:* **Sorge dafür, dass Geschäft, Kunde und Umwelt glücklich sind** • Wie die Samurai, die dem Ehrenkodex des Bushidō unterstanden, hatten auch die Händler im alten Edo ihre eigenen ethischen Regeln. Die Kaufleute standen zwar am untersten Ende der sozialen Hackordnung, doch sie nahmen ihre Verantwortung gegenüber Kunden, Geschäft und urbaner wie natürlicher Umwelt sehr ernst. Diese Haltung lässt sich mit dem Begriff *sampō-yoshi* zusammenfassen, was übersetzt »auf dreifache Weise gut« bedeutet und:

- das Glück des Unternehmens,
- das Glück des Kunden
- sowie das Glück der Gesellschaft meint.

Wie dieser Ansatz funktionierte, wurde mir klar, als ich über das traditionelle Geschäft meiner Familie mütterlicherseits nachdachte. Sie brachte in das Unternehmen exakt dieselbe Haltung ein wie ihre Vorfahren im alten Edo. Die hölzernen Truhen, die die Familie meiner Mutter herstellte, bestanden aus Paulowniaholz. Dieses dunkelte mit der Zeit nach, aber man konnte die ursprüngliche Farbe erhalten, wenn man das Holz lackierte. Da die Truhen nicht von Metallschrauben zusammengehalten wurden, sondern von Holzdübeln, konnte das Holz, falls es tatsächlich die Farbe verlieren sollte, abgeschliffen und neu gestrichen werden. Paulowniaholz dehnt sich aus, wenn es feucht wird. So gelangte keine Feuchtigkeit ins Innere der Truhe, wo sie Kleidung oder Dokumenten geschadet hätte. Selbst wenn es zu einem Brand kam – was in einer Gesellschaft, in der man in Holz- und Papierhäusern dicht aufeinander lebte, nicht selten war –, war möglicherweise alles andere im Haus verloren, nicht aber die Paulowniatruhe. Die war vielleicht ein bisschen schwarz geworden, aber der Inhalt war sicher. Diese Truhen waren das Erste (und das Letzte), was Menschen in Japan brauchten.

Heute machen Unternehmen in aller Welt ähnliche Versprechungen: dass das neue Modell wirklich das einzige Handy, Tablet oder Laptop ist, das Sie brauchen. Aber mit der Zeit wird das Gerät von der Firma nicht mehr unterstützt oder es gibt keine Ersatzteile für ältere Geräte. Wir müssen also ein neues kaufen. Neue Modelle am laufenden Band – diese Arbeitsweise hat schlimme Auswirkungen auf unsere Umwelt, weil wir unendlich viel Kohlendioxid in die Atmosphäre blasen und auch ansonsten massenhaft Rohstoffe verschwenden.[50] Aber wer profitiert denn davon tatsächlich? Der Kunde? Die Gesellschaft? Oder einfach nur das Unternehmen, das diese Dinge verkauft?

Sampō-yoshi hört sich vielleicht idealistisch an. Aber viele Unternehmen, die in der Edo-Zeit gegründet wurden, gibt es heute noch: über 50 000 Firmen in Japan sind mehr als 150 Jahre alt. Mitgefühl für die Natur – und für den Kunden – ist, wie es scheint, auch gut fürs Geschäft.

**Langfristig denken** • Als 2011 das Tōhoku-Erdbeben die Provinz erschütterte, rechnete kaum jemand damit, dass der

Schaden so groß und der nachfolgende Tsunami so schlimm ausfallen würde. Doch Aufzeichnungen, die man in der Burg Taga entdeckte, legen nahe, dass es ein ähnlich starkes Erdbeben mit einem ähnlich zerstörerischen Tsunami schon im Jahr 889 gegeben hatte. Sedimente, die man weit im Inland gefunden hat, zeigen auch heute noch, dass diese Aufzeichnungen stimmen. Das heißt nun nicht, dass man die Stärke des Erdbebens hätte vorhersagen können. Aber es zeigt, dass wir uns nicht einfach auf unsere Augen und Ohren verlassen können, ja nicht einmal auf die Daten, die wir in den letzten 100 oder 150 Jahren gesammelt haben. Wir müssen über unseren Platz in der Natur nachdenken – und dabei die gesamte Geschichte unseres Planeten im Blick haben. Verlassen wir uns zu sehr darauf, was zu unseren Lebzeiten passiert ist, vergessen wir einfach, wie mächtig die Natur sein kann.

Regierungen lassen sich häufig zu kurzfristigen Lösungen verleiten, was die Umweltproblematik angeht. Unglücklicherweise trifft dies auch auf das Japan nach dem Tsunami zu. In ganz Tōhoku haben die Bürger gegen die Errichtung von Betonwänden im Meer protestiert. Zwar mag es vordergründig so aussehen, als wären die küstennahen Ortschaften dadurch besser geschützt. Doch man hat der Regierung eine Rechnung vorgehalten: Was wäre, wenn das Erdbeben nur ein bisschen stärker, der Tsunami nur ein bisschen höher gewesen wäre? Dann wären die Mauern nutzlos. Radikalere Lösungen wie die Verlegung eines Großteils der Städte und Dörfer weiter ins Landesinnere mögen zunächst mehr Geld kosten und den Menschen größere Veränderungen abfordern. Aber sie sind vermutlich der beste Weg, die Siedlungen in der Zukunft zu schützen. Ironischerweise könnte eine Mauer im Meer sogar dafür sorgen, dass die Bewohner die rasende Wasserwand nicht kommen sehen. Dann würde das Instrument, das sie eigentlich schützen soll, zur Ursache dafür, dass der Tsunami ihre Kinder und Kindeskinder tötet, die wieder nicht wissen werden, wie zerstörerisch die Natur sein kann, weil sie auf einen Schlag ganze Gemeinden wegwaschen kann.[51]

Kurzfristige Lösungen machen uns meist blind für deren langfristigen Folgen. Aber wir haben letztlich keine Wahl: Wir müssen anfangen, langfristig zu denken.

Und tatsächlich mag die »lange Frist« eher abgelaufen sein, als wir denken, zumindest demzufolge, was Wissenschaftler uns sagen: Uns bleibt nur noch wenig Zeit, um die Auswirkungen des Klimawandels in den Griff zu bekommen. In Bezug auf den Klimawandel, der durch menschliches Handeln in jüngster Vergangenheit entsteht, denken wir in langen, fast eiszeitlichen Perioden. Den Menschen in Japan aber ist sehr bewusst, dass der Planet uns oft plötzlich und heftig an seine Macht erinnert. Mit der Zunahme von Extremwetterereignissen weltweit werden wir Menschen uns bald Naturkräften stellen müssen, die ebenso mächtig und vielleicht ebenso tödlich sind wie ein Erdbeben oder ein Tsunami: Sturzfluten in den Städten und an der Küste, unerwartete Hitzewellen mit anschließenden Dürreperioden oder starke Hurrikans. Wir in Japan wissen, wie mächtig die Natur ist. Wir müssen sicherstellen, dass wir mit der gebotenen Dringlichkeit auf die Probleme reagieren.

**Vergessen Sie nicht, was wir zu verlieren haben** • Als ich noch jünger war, hatte ich das Gefühl, jeder einzelne Tag des Jahres sei eine Entdeckungsreise zum Gleichgewicht mit der Natur. Mit der Natur in Einklang zu stehen hieß leben.

Es gibt fast keine Worte dafür, wie eng der Rhythmus der Natur den Alltag in Japan bestimmt, und wie es sich anfühlt, so zu leben.

Am 3. März feiern wir den Tag der Mädchen – in Japan feierte man traditionell keine individuellen Geburtstage, sondern tat dies gemeinsam an diesem speziellen Tag. Wir legten wunderschöne Kimonos an und arrangierten unsere Hina-Puppen – die den Kaiser und die Kaiserin mit ihrem Hofstaat darstellen – auf roten Stufen. Dazu aßen wir Sakuramochi (Kirschblüten-Reiskuchen). Wir bastelten auch selbst Puppen aus Papier und Stroh und übertrugen unser Unglück auf sie. Sie fühlten sich in unseren Händen sehr zerbrechlich an. Wir setzten sie in kleine Boote, sodass der Fluss sie forttrug. So konnten wir uns von unserem Unglück verabschieden.

Im April besuchten wir mit meinem Vater die Stadt, nachdem er den Kirschblütenbericht gehört hatte, damit wir auch die beste Zeit erwischten, um die Bäume in voller Blüte zu sehen.

Im Mai gab es dann Kashiwamochi zu essen, Reiskuchen mit süßer Sojabohnenpaste, die in ein Eichenblatt gewickelt wurden. (Und wir lernten, dass Eichen ihre Blätter erst dann abwerfen, wenn das junge Blattwerk zu sprießen beginnt.) Das war der Tag der Jungen. Familien, die Söhne hatten, stellten ihre Koi-nobori im Garten aus, Drachen in der Form von Koi-Karpfen. Sie hofften, ihre Söhne würden so mutig und stark sein wie die Koi-Karpfen, die gegen den Strom schwimmen.

Im Juni wechselten wir die Kleidung: Wir holten die Sommersachen heraus, und ich half meiner Mutter, ihren Kimono zu lüften.

Am 7. Juli feierten wir Tanabata, das Sternenfest. Wir beobachteten den Himmel, hofften, es würde nicht regnen, und warteten darauf, dass das Liebespaar Orihime (der Stern Wega) und Hikoboshi (der Stern Altair) sich in der Milchstraße begegnete, was nur einmal im Jahr der Fall war. Wir dekorierten Bambusstäbe mit Papierstreifen in den fünf Farben, auf die wir unsere Wünsche oder auch Gedichte geschrieben hatten.

Ich erinnere mich auch noch gut an die Wintersonnwende, zu der alles in Gelb getaucht ist: die letzten Blätter an den Bäumen, das Dekor im Supermarkt, der gelbe Kürbis, den wir verzehrten, und die Bäder mit der Yuzu-Zitrusfrucht.

Und am Jahresende aßen wir die langen, dünnen Soba-Nudeln, weil wir wünschten, dass unser Leben so lang sein würde wie sie. Und wenn wir die Nudeln brachen, dachten wir daran, dass nun ein neues Jahr anbrach und das alte vorüber war.

Wenn ich beschreiben sollte, wie es sich anfühlte, im Einklang mit der Natur zu leben, würde ich wohl auf die musikalische Bedeutung des *chō* in Chōwa hinweisen. Wenn wir unser Bestes tun, um im Gleichgewicht mit der Natur zu leben, ist das, als würden wir als Musiker immer wieder unser Instrument stimmen, bis wir den richtigen Klang haben und im Einklang mit der Welt schwingen können.

Ich möchte meine Leserinnen und Leser bitten, sehr ernst zu nehmen, was die japanische Geschichte uns sagen kann. Über ein Jahrhundert lang lernt Japan mittlerweile vom Westen: wie man industrialisiert, modernisiert und in einer globalisierten Welt friedlich zusammenlebt. Doch heute müssen wir, wenn wir nach vorne blicken, auch zurückschauen: Grüne Städte sind kein futuristischer Traum, denn vor 400 Jahren war Edo, die größte Stadt der Welt, durchweg auf Nachhaltigkeit gegründet. Damals war eine ganze Zivilisation fähig, ohne Fleisch zu leben. Und dabei einen kulturell reichen und raffinierten

Lebensstil zu verwirklichen, der nur gewinnt, wenn wir uns erinnern, dass wir in jedem Augenblick unseres Lebens auf dieser Erde Natur sind. Und dass die Natur aus uns besteht.

## Chōwa-Lektionen:

## Im Einklang mit der Natur

**Mehr als nur Problembewusstsein:** *mono no aware* **empfinden**

- Sie müssen kein Haiku-Dichter sein, um die Schönheit der Natur zu schätzen und mit ihr (*mono no aware*) zu fühlen. Listen zu schreiben ist in Japan ein uraltes literarisches Stilmittel. Versuchen Sie es ruhig mal. Schreiben Sie alles auf, was Ihnen an der Natur Freude bereitet. Und was Sie traurig macht. Was ärgert Sie? Wespen vielleicht? Allergien auslösende Pollen im Frühling? Das Brennen im Gesicht, wenn Sie an einem kalten Wintertag wieder ins Warme kommen? Listen und Beobachtungen sind wunderbare, lebendige Möglichkeiten, mit der Natur ins Gleichgewicht zu gelangen – mit den guten und den schlechten Seiten.[52]

**Geschäfte machen in Harmonie mit der Natur**

- Wie können Sie Ihre Arbeit im Geist des Sampō-yoshi betreiben? Gibt es kleine Veränderungen, die sicherstellen,

dass Ihr Produkt für Kunden, Gesellschaft und Ihr Unternehmen das bessere ist?
- Auch als Konsument können Sie auf den Geist des Sampo-yoshi setzen. Wenn weniger Menschen auf die nächste große Marketingkampagne der internationalen Konzerne hereinfallen – ob es nun um neue Technik oder neue Mode geht –, dann wird weniger produziert (was heißt: weniger Abfall, weniger Ausbeutung magerer Ressourcen und weniger Auswirkungen auf die Gesellschaft).[53]

## Im Einklang mit der Natur

- Wenn Sie an einer schönen Blüte riechen, dem Rauschen des Windes zuhören oder Ihren Garten gießen, haben Sie da je das Gefühl, dass der Duft der Blüten, der Klang des Windes oder der Geruch der Erde Ihnen etwas sagen möchte?
- Haben Sie je das Gefühl, dass der Regen zu Ihnen spricht?
- Ich denke gerne an meine Schüler, die mitunter noch nicht mal sechzehn Jahre alt sind, aber sich regelmäßig zu Protestmärschen verabreden, um den Umgang ihrer Regierung mit dem Klimawandel zu kritisieren. Die Politik unserer Regierung lässt sich meiner Ansicht nach auf folgende Stichworte reduzieren: zu wenig, zu spät. Meine Schüler aber denken langfristig: Nicht nur an ihre Zukunft, sondern auch an die ihrer Kinder. Zu einer Zeit, in der die Natur noch viel gefährdeter sein wird als heute. Es ist wohl an der Zeit, dass wir uns fragen: »Was kann ich tun, um die Jugend zu unterstützen?«

# Eine Liebe auf lange Sicht

*Es ist voller Härten, es ist voller Entzücken.*
Japanisches Sprichwort

Ich war zweimal verheiratet und habe mein Leben mit drei Partnern geteilt, mit denen ich lange zusammen war. Ich glaube, es gehört zu den schwierigsten Formen des Gleichgewichts, sein Leben mit einem anderen Menschen zu teilen. Wir müssen die Erwartungen, die man an uns stellt, unter einen Hut bringen mit dem, was wir von anderen erwarten. Wir sind verantwortlich für ihr Wohlbefinden – und erwarten von ihnen, dass sie uns mit der gleichen Aufmerksamkeit und Fürsorge begegnen. Manchmal aber wachen wir mitten in der Nacht auf und fragen uns: »Bin ich mit dem richtigen Menschen zusammen? Verstehen wir uns noch? Ist es das, was man unter Liebe versteht? Muss es wirklich so schwierig sein?«

Partnerbeziehungen sind die Königsdisziplin des Chōwa. In einer Beziehung kommen mitunter sehr unterschiedliche Menschen zusammen. Zwei meiner Partner kamen aus England, wodurch einiges, was uns betraf, quasi in der Übersetzung verloren ging. In einer Beziehung über die Grenzen von Kulturen hinweg mein Gleichgewicht zu finden war nicht immer leicht. Obwohl ich in erster Ehe mit einem Japaner verheiratet war und wir die gleiche Sprache benutzten, haben wir uns trotzdem manchmal kein bisschen verstanden. Wir beide hatten ganz unterschiedliche Vorstellungen darüber, was uns wichtig ist, welche Werte für uns zählen und was Harmonie in der Ehe für uns bedeutet. Je länger ich lebe, desto leichter fällt es mir, das aktive Streben nach Gleichgewicht im Chōwa in die Beziehung zu jenen Menschen einzubringen, die mir am nächsten stehen. Die Schlüssellektionen dieses Kapitels sind:

- **Machen Sie sich bewusst, dass Sie verschieden sind …** Manchmal trauen wir uns nicht so recht, dem anderen zu sagen, was wir wirklich wollen, vor allem, wenn dieser »andere« unser Partner ist. Manchmal schweigen wir, um Konflikten aus dem Weg zu gehen, und behalten jene Dinge, die uns an der Beziehung nerven, für uns. Aber um unsere Verschiedenheit zu akzeptieren, müssen wir sie zunächst einmal offen teilen – wir können uns nicht auf den anderen einstellen, wenn wir nicht bereit sind, ihm zu zeigen, wer wir wirklich sind. Wir müssen ehrlich sein zu unserem Partner und auch Dinge über uns selbst enthüllen, die wir nicht gerade toll finden. Und gleichzeitig müssen wir unserem Partner vertrauen. Diese Balance hinzubekommen ist schwer.
- **… und genießen Sie den Unterschied**. Öffnen Sie sich für den Drahtseilakt einer jeden Liebesbeziehung. Das Streben nach Gleichgewicht in der Beziehung heißt, zwei Gegensätze zur »Harmonie« zu führen, nicht sie einzuebnen. Die Prinzipien des Chōwa lehren uns, diese Unterschiede zu akzeptieren. Wenn wir eine Beziehung als

Streben nach Gleichgewicht betrachten, dann können wir lernen, einander zu ergänzen.

## All die gut gemeinten Pläne ...

Aus amerikanischen Fernsehserien wusste ich zwar schon, wie ein Date so ablief, ich selbst aber hatte mein erstes reales Date erst mit sechzehn. Wir trafen uns vor dem Bahnhof Shibuya in Tokio. Nachdem wir uns ein paar Minuten unterhalten hatten, fühlte sich das Ganze recht gezwungen an. Der Junge stellte eine Frage, ich tat mein Bestes, um sie zu beantworten. Er nickte. Dann sah er zu Boden. Bald darauf stellte er eine neue Frage. Wo war die lockere Selbstsicherheit des jungen Mannes hingekommen, der mich vor drei Wochen um diese Verabredung gebeten hatte? Schließlich sah er auf seine Uhr: »Wir sollten gehen«, meinte er. Und ich solle mir keine Sorgen machen, er habe einen Plan.

Wir marschierten durch die Straßen, bis wir an einem Café ankamen, wo wir Kaffee tranken. Wieder stellte er mir diese ein wenig seltsam anmutenden Fragen, wieder gab ich mir Mühe, sie zu beantworten. Wir hatten kaum fünfzehn Minuten gesessen, als er wieder auf die Uhr guckte und die Rechnung verlangte. Wir nahmen einen Zug ins Asakusa-Viertel. Dort wäre ich gerne ein wenig länger geblieben, um mir die Verkaufsstände der Kunsthandwerker anzusehen, aber mein Date sah nach kurzer Zeit wieder auf die Uhr und mahnte zum Weitergehen. Als wir zum Mittagessen in einem Imbiss einkehrten, war ich todmüde.

Als ich an meinem Drink nippte, stand der Junge auf und ging zur Toilette. Er hatte sein Notizbuch auf dem Tisch liegen lassen, und natürlich konnte ich nicht widerstehen: Ich schaute hinein. Als ich die Seiten durchblätterte, entdeckte ich, dass er den gesamten Tagesablauf minutiös geplant hatte. Er hatte ihn in Intervalle von fünf, zehn und fünfzehn Minuten eingeteilt. Und dazu mögliche Gesprächsthemen notiert; Fragen, die er mir stellen konnte; und sogar schon seine Antworten darauf. Ich nehme an, er wollte einfach alles richtig machen. Aber dieser militärisch durchgeplante Tag war nicht, was ich mir erhofft hatte.

## Planen fürs Beziehungs-Chōwa

Wie ich nun schon mehrfach erläutert habe, verlangt Chōwa von uns eine Haltung der achtsamen Vorbereitung: Wir versuchen, alles nur Denkbare über die Umstände herauszufinden, bevor wir dann gelassen so handeln, dass die Situation ins Gleichgewicht kommt.

Das Problem an Beziehungen aber ist, dass die aufregendste Zeit, in der wir uns verlieben oder die Gesellschaft unseres Partners genießen, jene ist, wenn wir eben nicht alles genauestens im Voraus planen, sondern uns auf das Unerwartete einlassen und mit dem Fluss gehen – was sich mein sechzehnjähriger Begleiter damals hätte hinter die Ohren schreiben sollen.

Wenn wir mit Freunden über die Harmonie in Beziehungen sprechen, lächeln wir. Wir wissen, dass Partnerschaften nicht nur aus Wonnemonaten bestehen. Und dass es im Grund komisch ist, wenn wir versuchen, bei einem Date alles bestmöglich zu planen. Gleichzeitig finde ich, dass es Sinn hat, seine Beziehungen als etwas zu sehen, woran und wofür wir achtsam arbeiten sollten. In Japan wird darüber in den sozialen

Medien heiß diskutiert. Dort geht es beispielsweise um die Frage, ob wir jede Woche einen festen Termin machen sollten, um mit dem Partner intim zu werden. Irgendwie ist es auch tröstlich, einen »Plan« zu haben, selbst wenn er auf eine etwas idealisierte Form von Harmonie abzielt. Wir können alle daraus etwas lernen, ob wir nun ein erstes Date haben oder versuchen, in unserer Langzeitbeziehung den Funken der Leidenschaft zu erhalten.

- **Ein Plan beruhigt.** Ob es nun um das festliche Abendessen zum Jahrestag geht oder um die Auswahl des vollendeten Ortes für ein erstes Date: Einen Plan zu haben beruhigt unsere Nerven. Beziehungs-Chōwa heißt, dass wir den anderen in Gedanken einbeziehen, ja uns ganz bewusst bemühen, seine Bedürfnisse an erste Stelle zu setzen. Dabei können Pläne uns helfen. Wir sollten es damit nicht übertreiben, aber ein wenig vorzuplanen dämpft unsere Aufregung und macht uns romantisch ansprechbarer. Noch besser ist es, wenn Sie gleich zusammen mit Ihrem Partner planen. Dann können Sie sich schon mal darin üben, die Bedürfnisse des anderen über die eigenen zu stellen, sich diese aber durchaus bewusst zu machen – auch dies ist ein schwieriger Balanceakt für eine Beziehung, aber unverzichtbar.
- **Planen heißt Zuhören.** Die beste Vorbereitung in jeder Phase der Beziehung ist es, dem anderen aktiv zuzuhören. Wenn wir uns auf unser Gegenüber einlassen, verhindert das unerfreuliche Überraschungen. So ähnlich, wie ich auf den Klang der Stimme meiner Tochter gelauscht habe, wenn sie sagte: »Mama, ich bin wieder da.« Darin sollten wir uns auch üben, was unseren Partner angeht.

- **Gemeinsame Zeit einplanen.** In den soeben erwähnten Chatrooms machen sich junge Leute häufig über die älteren Teilnehmer lustig. Diese nämlich empfehlen, sich einen Abend der Woche Zeit für den Partner oder die Partnerin zu nehmen. Aber es gibt nun mal Routine und Lebensrhythmen, die genau das erschweren. Außerdem müssen Planung und Spontaneität ja keine Gegensätze sein. Ein klein wenig Planung – sich einen Abend die Woche oder ein Wochenende füreinander Zeit zu nehmen – schafft Gelegenheit, sich voller Spontaneität und Abenteuerlust zu begegnen. Das bringt sehr schnell eine neue Lebendigkeit in die Beziehung.

## Der Ursprung der Liebe

Die Vorstellungen von Liebe und Romantik sind in Japan ganz anders als im Westen. Das liegt zum Teil daran, dass Japan im 17. Jahrhundert seine Grenzen geschlossen hat, um die kolonialen Bestrebungen von Westmächten wie Großbritannien, Spanien und Holland abzuwehren. Die Politik der geschlossenen Grenzen dauerte mehr als 200 Jahre (1633–1853). Während dieser Zeit durfte kein Japaner das Land verlassen, und kein Ausländer durfte hinein (abgesehen von speziellen Handelshäfen).

Einer der Gründe dafür war, dass die Behörden die Ausbreitung von Seuchen, etwa der Pocken, fürchteten. Und die Verbreitung des Christentums. Ein unbeabsichtigter Nebeneffekt war, dass die westlichen Vorstellungen von Liebe erst im 19. Jahrhundert nach Japan kamen, als das Land wieder Beziehungen zum Ausland aufnahm.

Japan schloss seine Grenzen bald nach der Veröffentlichung von Shakespeares Sonetten und öffnete sie wieder kurz nach dem Tod von Wordsworth. In eben dieser Zeit nahmen die westlichen Vorstellungen von Liebe jene Formen an, die man heute für selbstverständlich hält: eine Liebe, die auf persönlicher Neigung und gegenseitigen Gefühlen beruht, weniger auf sozialen Erwartungen. Im Westen träumt man von einem einzigen Partner, für den wir bestimmt sind, und von einer »schicksalhaften« Begegnung. Tatsächlich kommt mir dieses westliche Konzept der Liebe sehr idealistisch, um nicht zu sagen unrealistisch, vor. Die japanischen Vorstellungen entsprechen wohl eher der Wirklichkeit.

Die Liebe, um die es in der japanischen Haiku-Dichtung geht, ist hierfür ein gutes Beispiel. Denn es gibt auch tatsächlich Haiku-Gedichte, die sich um die Liebe drehen, und nicht nur um die Natur. Die Liebe ändert sich von Augenblick zu Augenblick, wie die Natur, und fühlt sich daher flüchtig, kaum fassbar an. Die Gestalten in den Haikus unterscheiden sich von denen westlicher Liebesdichtung insofern, als sie Kanzashi-Haarnadeln oder Kimonos tragen. Aber ihre Art zu lieben kommt uns bekannt vor. Eine Frau starrt wortlos ihren Fächer an. Im Bett berühren sich zuerst Hände, dann Füße und ein Paar schließt Waffenstillstand. Ein Mann denkt darüber nach, wie es ihn erregen würde, mit seiner Frau am helllichten Tag Liebe zu machen. Dies sind zeitlose Themen, die Vorfälle könnten gestern passiert sein, nicht Jahrhunderte vor unserer Zeit. Und dann waren da noch die Shunga-Bilder, eine Form erotischer Kunst in der Edo-Zeit. Ein Bild zeigt ein Liebespaar, das versucht, sich gegenseitig die Kleider vom Leib zu reißen, wobei es sich in den unzähligen Stoffschichten verheddert. Wir glauben vielleicht, dass sie die Lust auf Sex verloren haben, wenn sie sich erst vollständig entblättert haben. Aber das ist vielleicht Einbildung, denn unter ihren farbenprächtigen Kleidern sind die zwei Liebenden letztlich auch nur Menschen.

Während Liebe in der westlichen Kultur als hehres, beinahe heiliges Ideal gilt, das selten erreicht wird, beschäftigte sich Japan mit einer eher praktischen, bodenständigen Form der Partnerschaft, die am Anfang viel Mut erfordert und um die man sich bemühen muss, will man sie am Leben erhalten. Liebe ist zumindest manchmal etwas, was in dem einen Moment genossen wird, um im nächsten Moment vergangen zu sein. In der japanischen Kultur gilt Liebe auch als etwas, was von Tag zu Tag genossen wird. Man kann zwar sagen, dass Japan sich von der reichen westlichen Tradition der Liebe abgekapselt hat, andererseits aber hat die Welt auch den einzigartigen, unsentimentalen Zugang Japans zur Liebe verpasst: Was es heißt, zu begehren, eifersüchtig zu sein, vor Schüchternheit zu vergehen und eine Liebe zu verlieren.[54]

## Der schwierigste Balanceakt überhaupt

Eine intime Beziehung mit einem anderen Menschen einzugehen ist eine der größten Herausforderungen überhaupt. Im letzten Abschnitt dieses Kapitels möchte ich Sie ermutigen, die Grundlage einer guten Beziehung eben in den Unterschieden zwischen den Beteiligten zu sehen, die es zu feiern gilt, statt sie gnadenlos einzuebnen. Wenn Sie in die Untiefe einer Partnerschaft geraten, ist die Versuchung groß, sich und dem anderen vorzuspielen, alles sei in Ordnung. Dabei ist es viel besser, ehrlich zu sein, was die eigenen Gefühle angeht. Wenn wir eine Beziehung im Gleichgewicht führen wollen, zählt natürlich unsere Zuneigung. Aber genauso wichtig ist unsere Ehrlichkeit. Wir müssen herausfinden, was der andere von uns braucht, dürfen aber auch nicht vergessen, unsere Bedürfnisse klar zu äußern.

**Die Unterschiede verstehen** • Vielleicht fällt es Ihnen ja schwer, diese Tatsache zu akzeptieren, doch letztlich ist Ihr Partner ein anderer Mensch als Sie.

Die Prinzipien des Chōwa lehren uns, dass jede gute Beziehung – wie andere Formen des Strebens nach Gleichgewicht – ihre Wurzeln in gründlicher Recherche hat, selbst wenn sich das ein wenig nach Geschäftsbeziehung anhört. Meiner Erfahrung nach beginnt das Gleichgewicht mit einer anderen Person dort, wo wir mit jemandem gut auskommen. Es mag Unterschiede zwischen Ihnen und Ihrem Partner geben, aber jemanden zu finden, mit dem Sie so viel gemeinsam haben, dass Sie zusammen ein glückliches und behagliches Leben führen können, ist unglaublich wichtig. Ich wünschte, man hätte mir dies früher im Leben beigebracht. Ich musste es leider auf die harte Tour lernen.

Ob Sie sich nun seit einem Monat oder seit zehn Jahren kennen, es wird zwischen Ihnen und Ihrem Partner immer Unterschiede geben, die sich nicht »korrigieren« oder ändern lassen. In gewisser Weise müssen wir alle lernen, unseren Partner, unsere Partnerin als das zu akzeptieren, was er oder sie ist: wie die Kindheit ihn oder sie geprägt hat, die Freunde, die Lebenserfahrung und ja, auch frühere Beziehungen. Das ist nicht immer einfach. Wir bekommen vielleicht Dinge zu hören, die wir nicht erwartet haben – zumindest nicht, als wir sie oder ihn kennenlernten, als alles noch unglaublich klar und unkompliziert erschien. Aber genau darin liegt doch der Spaß an der Sache. Sich wirklich auf unsere Partner einzustellen, auf die Dinge, die sie geprägt haben, vor denen sie sich fürchten, die sie sich wünschen, die ihre Leidenschaft erwecken, kann eine Energie erzeugen, die die Beziehung lebendig erhält. Wenn beide sich bewusst bemühen, ihre Unterschiede zu verstehen, dann wird das Band, das sie verbindet, immer fester.

**Die Unterschiede genießen** • Denken Sie an das *wa* in Chōwa und seine Bedeutung: »aktiv Frieden schließen«. So begreifen wir vielleicht, was es heißt, die Unterschiede in der Beziehung zu genießen – nicht, indem Sie Kompromisse schließen (zum Beispiel sich für etwas entscheiden, was eigentlich keiner der Partner will), sondern indem sie das Spannungsverhältnis zwischen zwei gegensätzlichen Polen ausloten, zwei Stärken, zwei Menschen.

Das kann auch bedeuten, dass Sie das Streben nach Gleichgewicht in Ihren Gesprächen genießen, dass Sie nachspüren, wo kleine Differenzen – oder größere Auseinandersetzungen – Sie beide hinführen. Akzeptieren Sie die Meinung des anderen. Sie müssen wirklich nicht immer einer Meinung sein. Werden Sie sich einig, dass Sie sich uneinig sind.

**Setzen Sie die andere Person an erster Stelle.** Chōwa bedeutet, dass Sie aktiv nach Gleichgewicht streben – wir sollten stets daran arbeiten und aufmerksam auf alle Probleme achten. Wenn wir für jemanden »Zuneigung« hegen, hört sich das ein wenig kitschig an, vor allem aber passiv. »Zuneigung« aber ist ein aktiver Prozess. Was heißt, dass wir sie zeigen – in Worten und Gesten, in Ritualen, zum Beispiel, wenn wir gemeinsam Zeit zu Hause verbringen oder wenn wir Kontakt halten, wenn wir woanders sind.

**Sie müssen nicht unbedingt »Ich liebe dich« sagen** • Auf Japanisch gibt es dazu kein genaues Gegenstück. Es gibt zwar das Verb »lieben« (*aishiteiru*), aber das hört sich in diesem Kontext komisch an.

*ai*

Das Schriftzeichen *ai* spricht eine höhere Ebene an. Auch die Liebe zum eigenen Land wird damit ausgedrückt: *ai-koku*. Für die meisten Japaner ist dieses *ai* einfach zu ernsthaft. *Aishiteiru* sagt man nur, wenn man einen Heiratsantrag macht oder in einem recht melodramatischen Film mitspielt. Einer der Gründe, weshalb Japaner selten »Ich liebe dich« sagen, ist wohl, dass sie denken, Liebe sollte sich in Taten niederschlagen, nicht in Worten.

Junge Menschen in Japan reden genauso wenig wie die jungen Leute im Westen darüber, wenn sie in den hübschen Jungen oder das hübsche Mädchen in ihrer Klasse verknallt sind. Maximal heißt es da, sie würden ihn oder sie »mögen« (*suki*). Anders als im Westen aber findet dieses Verb für alle Bedeutungsvarianten Verwendung: Wenn Sie in den Jungen in Ihrer Klasse verliebt sind, aber auch, wenn Sie gerade ein tolles zweites Date hatten. Oder wenn Sie mit jemandem schon zehn Jahre zusammenleben: *suki desu*. »Ich mag dich wirklich.«

An dieser klaren Ansage, ob wir die andere Person mögen, ist etwas, was meiner Ansicht nach in allen Beziehungen zwischen Erwachsenen zum Tragen kommen sollte. Wenn Sie sich nach einer romantischen Beziehung sehnen, sollten Sie da nicht darauf achten, ob Sie den anderen mögen, bevor Sie die schwindelnden Höhen »wahrer Liebe« ansteuern? Und wenn Sie bereits in einer

Beziehung leben, denken Sie doch mal darüber nach, was Sie an dem Menschen, mit dem Sie zusammen sind, wirklich mögen. Und vergessen Sie nicht, es ihm oder ihr auch zu sagen.

好き

*suki*

wie in *anata ga dai suki desu* (»Ich mag dich wirklich.«)

Und dann gibt es noch das Wort »Liebe« in Japan, das man *ra-bu* schreibt. Sie werden feststellen, dass dieses Schriftzeichen recht spitzwinklig anmutet. Das liegt daran, dass es für Lehnwörter aus dem Englischen verwendet wird. Den Begriff *ra-bu* oder »Liebe« benutzen wir, wenn wir über westliche Vorstellungen von Liebe sprechen. Das Schriftzeichen kann man auf T-Shirts sehen, die Idee wird in modernen Romanen und Zeitschriftenartikeln diskutiert. Und natürlich von Teenagern, die genügend westliche Filme gesehen haben, um zu wissen, was der Begriff bedeutet (was im Übrigen auf die meisten Menschen auf der Welt zutrifft).

ラブ

*ra-bu*

»Liebe« wie in *ra-bu hoteru* (Liebeshotel)

»Liebeshotels« sind in Japan recht verbreitet. Dort können Paare sich eine kurze Zeit der Gemeinsamkeit gönnen (ohne fürchten zu müssen, dass die Familie durch die papierdünnen Wände eines traditionellen Heims alles mithört). Das Paar kann die Nacht dort verbringen oder auch nur wenige Stunden. Einige der Zimmer sind eher einfach gehalten, aber anspruchsvolle Liebeshotels bieten heiße Bäder, Fantasieszenen und

Räume, die für jede Laune und Vorliebe ausgestattet sind. Das sind sichere Räume, in denen ein Paar seiner täglichen Routine entkommen und die Beziehung wieder mit einem Hauch von geheimem Abenteuer erfüllen kann.

**Sagen Sie Ihrem Partner, wenn etwas nicht stimmt** • Ein kultureller Unterschied zwischen Frauen in Japan und England ist, dass japanische Frauen unfähig sind auszudrücken, was sie sich von der Beziehung wünschen. Wenn wir jedoch den Geist des Chōwa in eine Beziehung einbringen wollen, müssen wir unsere Hausaufgaben machen, bevor wir aktiv werden, und großzügig zu anderen sind. Wir müssen also wissen, was unser Partner denkt, bevor wir mit ihm eine gemeinsame Lösung finden können. Und wir müssen die Verantwortung dafür übernehmen, dass wir klar sagen, was wir brauchen. *Wenn wir nicht sagen, was wir uns wünschen, oder unsere Bedürfnisse in der Beziehung ignorieren, wird sich keine Harmonie einstellen.*

Ob wir nun in einer kurz- oder langfristigen Beziehung sind, wir sollten aufhören, ständig im Kopf Berechnungen darüber anzustellen, was wir bekommen und was wir wirklich brauchen. Wir sagen, wir lieben unseren Partner. Daher sei es nicht wichtig, ob er x macht. Es störe uns nicht, wenn es dauernd zu y kommt. Oder wenn er sich mit z nicht zurückhalten kann. Aber glauben Sie mir: All diese Kleinigkeiten addieren sich mit der Zeit, und ich sehe, dass sie meine japanischen Freundinnen mehr belasten als die offenherzigeren Engländerinnen. Wenn wir stets ein Lächeln aufsetzen und so tun, als wäre alles in bester Ordnung, gelangen wir nicht auf magische Weise ins Land des Chōwa. So kommen wir nicht ins Gleichgewicht, nicht mit uns selbst und nicht mit anderen.

**Haben Sie keine Angst, um Dinge zu bitten, die Sie brauchen ...** Wenn Sie eine Beziehung mit einem anderen Menschen führen, gehört es zum Streben nach Gleichgewicht, dass Sie Ihr Gegenüber um Dinge bitten, die er oder sie nicht gerne gibt: mehr Ehrlichkeit, mehr Privatsphäre, mehr Zärtlichkeit, mehr Freiraum.

**... aber bleiben Sie realistisch.** Die Prinzipien des Chōwa verlangen von uns, uns auf die wirkliche Welt einzulassen, auf die Menschen um uns herum. Es ist möglich, dass Sie von Ihrer Beziehung einfach zu viel verlangen. In einer Welt, in der wir ständig umgeben sind von Bildern perfekter Männer und Frauen, ist es nicht nur die Pornografie, die Männer dazu verleitet, an ihre Partnerin und ihr Sexualleben unrealistische Ansprüche zu stellen. Wir leben alle in einer Kultur, die sich um Schönheitsideale dreht, die im Alltag unmöglich zu erreichen sind. Wenn Sie Ihren Partner oder Ihre Partnerin ständig mit einem Fantasiebild vergleichen, wird für Sie niemand je gut genug sein, denn niemand kommt diesem Fantasiebild gleich.

**Es ist nie zu spät, die passende Person zu finden** • Da ich nach den Grundsätzen des Chōwa lebe, habe ich eine eher skeptische Einstellung zu Ideen vom »Schicksal« und vom »Glück«, das einem beschert wird. In Japan sagen wir häufig: *un ga ii*. *Un* heißt so viel wie »Schicksal«. Und *un ga ii* bedeutet: »Das Schicksal ist mir wohlgesonnen.« Oder »Ich habe Glück«. Natürlich geschehen manchmal Dinge, die wir so nicht erwartet haben. Doch ich hoffe, ich habe in diesem Buch eines ausdrücklich klargemacht: Harmonie ist nichts, was uns einfach so in den Schoß fällt. Wir können nicht einfach passiv bleiben.

Wir müssen unseren Verstand einsetzen. Gehen Sie raus und mischen Sie sich in Ihr Leben ein. Das erinnert mich an ein europäisches Sprichwort, das ich wirklich sehr schätze: »Jeder ist seines Glückes Schmied.« Da steckt mehr als ein Quäntchen Wahrheit drin, vor allem, wenn es um die Liebe geht.

Gleichzeitig ist »Glück« etwas, was nicht nur von uns abhängt. Für die meisten Menschen hat es viel mit anderen Leuten zu tun. Ich zum Beispiel hätte es garantiert nie mit Online-Dating versucht, hätte meine Tochter mir nicht dazu geraten. Sie machte mein Profil und stellte es dann online. Als mein späterer Mann Richard und ich anfingen, uns zu schreiben, stellten wir beide fest, dass wir auf diesen Webseiten nicht gerade vom Glück begünstigt waren. Und wir hatten es satt, die Erwartungen anderer Leute erfüllen zu müssen, also beschlossen wir, uns bald zu sehen.

Ich kam in einem Kimono in leuchtenden Farben zum Treffen. Selbst in einer so multikulturellen Stadt wie London erregt es Aufsehen, wenn man im Kimono die Themse entlangspaziert. Das hat dazu beigetragen, dass das Eis zwischen uns sofort brach. Und andererseits war es auch ein guter Test. Ich glaube, Richard gefiel es, mit einer Japanerin in einem tollen Kimono gesehen zu werden.

Wir hatten vereinbart, uns am Fluss zu treffen und miteinander zu Mittag zu essen. Am Spätnachmittag nahmen wir einen Aperitif, aus dem schnell ein Abendessen wurde. Es war sehr spät, als wir den Pub verließen und unserer Wege gingen. Wir waren beide hingerissen von diesem schönen Tag. Ich verließ Richard, ohne zu wissen, was kommen würde, aber ich war voller Hoffnung für unser nächstes Treffen.

Heute feiern wir jeden einzelnen Jahrestag im selben Pub. Ich denke über das *un ga ii* nach (»Das war Schicksal!«). Und über Chōwa, über das Universum, in dem eine gewisse Harmonie herrscht. Richard und ich hätten uns nie getroffen, wenn wir nicht beide unsere Erfahrungen gemacht hätten, die uns zu denen werden ließen, die wir heute sind. Und ich hätte Richard nie kennengelernt, hätte meine Tochter mir nicht ein Datingprofil erstellt.

## Chōwa-Lektionen:
## Liebe auf lange Sicht

### Wenn Sie jemanden suchen, den Sie lieben können

- Das Streben danach, das Gleichgewicht mit jemandem zu teilen, gehört zu den größten Freuden des Lebens. Also los, machen Sie sich auf, Ihren Partner zu finden. Was immer Sie erlebt haben, ist nun Vergangenheit. Sie sind nicht mehr die Person, die Sie in Ihrer vorherigen Beziehung waren. Denken Sie daran, was Sie mittlerweile alles gelernt haben – auch an die Lektionen, die Sie aus schwierigen Erfahrungen mitnehmen. Denken Sie an das, was Sie jemand anderem beibringen können und was Sie umgekehrt von einem anderen Menschen lernen können. Es ist nie zu spät, um den Richtigen oder die Richtige zu finden.

### Wenn Sie diese Person schon gefunden haben

- Sind Sie mit diesem Menschen schon zusammen, dann sagen Sie ihm, was Sie fühlen. Sie müssen dabei nicht sagen: »Ich liebe dich«. Benutzen Sie andere Worte, um auszudrücken, was diese Person Ihnen bedeutet. Besser noch: Zeigen Sie es! Machen Sie gemeinsam einen Plan: zusammen verreisen, ein neues Hobby anfangen. Oder erzählen Sie dieser Person etwas, was Sie immer schon mit jemandem teilen wollten: ein Geheimnis, ein sündiges Vergnügen, eine Geschichte.

# Jede Begegnung ist kostbar

*Wolken fließen vorbei wie das Wasser.*
Traditionelle japanische Zen-Weisheit

Ich habe Japan vor 25 Jahren verlassen. Wann immer ich zurückkehre, besuche ich Toshiko-sensei, meine Teezeremonie-Lehrerin. Weshalb auch immer ich nach Japan zurückkehre – wegen einer Hochzeit, ein paar Tagen Urlaub oder einer Beerdigung –, diese 400 Jahre alte Kunst schenkt mir die Möglichkeit, eine Bestandsaufnahme zu machen und wieder ins Gleichgewicht zu kommen, ganz egal, in welcher geistigen Verfassung ich den stillen Teeraum betreten habe. Die Teezeremonie erinnert mich daran, wo ich herkomme: Jede noch so kleine Geste, jede sorgsame Bewegung ist ein Stück gelebter Geschichte. Die Teezeremonie erinnert uns daran, dass die Gegenwart in steter Veränderung ist. Ja, einige Aspekte der Teezeremonie bleiben immer gleich – die benutzten Gegenstände werden gereinigt, das Matcha-Teepulver wird mit dem Bambusbesen aufgeschäumt, die Sonne hinter den Papierwänden taucht den Raum in diffuses Licht. Vielleicht weist ein Halm des Bambusbesens einen leichten Knick auf. Oder der Tee schmeckt ein bisschen bitterer als beim letzten Mal. Und das Sonnenlicht ist natürlich anders als bei der letzten Begegnung. Die Stille unseres Geistes, die Qualität der reinen Konzentration, die wir in dieser Zeremonie anstreben, bleibt ja nicht auf den Teeraum beschränkt. Wir wollen unsere Praxis in die Welt hinaustragen. Es geht hier ebenso um die Kunst des Lebens wie um die Kunst der Teezubereitung. Daher möchte ich Sie nun in die Prinzipien des Teewegs einführen, weil sie die Schlüssellektionen des Chōwa, die wir bisher gelernt haben, perfekt zusammenfassen. Und weil ich Ihnen zeigen möchte, wie Sie Chōwa mit sich in die Welt hinaustragen können.

- **Vergessen Sie nicht die Bedeutung von Güte, Gleichgewicht und guter Gesellschaft.** Die Teezeremonie lehrt uns, wie wir jede Begegnung – mit Freunden, Angehörigen oder Fremden – im Geist des Chōwa gestalten können. Die Prinzipien der Teezeremonie rufen uns jene des Chōwa ins Gedächtnis: Das Nachdenken über die feine Balance, die jedes Treffen braucht, die Sorge, die wir selbst Kleinigkeiten angedeihen lassen (zum Beispiel dem Vermeiden von Abfall), das Nachdenken darüber, wie wir anderen am besten helfen können, sind nicht nur Akte der Selbstlosigkeit. Sie sind auch eng verflochten mit unserem persönlichen Sinn für Harmonie.
- **Eine Zeit, eine Zusammenkunft.** Harmonie ist kein unerreichbares Ideal. Sie ist die Summe von allem, was uns in diesen Moment getragen hat, was auch immer wir jetzt tun, mit wem wir zusammen sind und ob wir nun feiern oder den Fortgang eines geliebten Menschen betrauern. Die Teezeremonie ist die höchste Form einer zentralen Lehre des Chōwa: Wir haben nur das Jetzt.

Und wir haben nur die Menschen, die in diesem Augenblick mit uns versammelt sind.

## Die Kunst der Teezeremonie

Im Grunde ist die Teezeremonie sehr einfach. Man macht ein Holzkohlefeuer und erhitzt das Wasser. Man reinigt alle Gegenstände auf sanfte und natürliche Weise. Man lauscht dem zauberhaften Klang des traditionell japanischen Kessels auf dem Holzkohlefeuer. Man gießt mit einer kleinen Bambuskelle Wasser in die Teeschale. Man hört zu, wie der Zeremonienmeister das Matcha-Teepulver mit dem Bambusbesen ins Wasser einrührt.

Die lange Tradition der Teezeremonie spiegelt sich wider in der Behandlung der verwendeten Gegenstände – und in der Verpflichtung, die Schüler und Lehrer den der Teezeremonie zugrundeliegenden philosophischen Prinzipien entgegenbringen. Diese Prinzipien sind es, die die uralte Kunst der Teezeremonie zu einer Meisterklasse in den Grundsätzen des Chōwa machen.

## *Wa kei sei jyaku*
## (Harmonie, Respekt, Reinheit und Ruhe)

Während ich diese Zeilen schreibe, fällt mein Blick auf eine japanische Kalligrafie, die mit dem Tuschepinsel geschrieben wurde. Drei der vier Schriftzeichen hat ein Freund von mir auf das Papier gesetzt, der im *shodō*, der Kunst der Kalligrafie, sehr bewandert ist. Das erste Schriftzeichen, das *wa* aus Chōwa stammt von mir selbst. Nun steht da:

和 敬 清 寂
*wa kei sei jyaku*

*Wa kei sei jyaku* sind die vier Prinzipien der Teekunst. Jedes veranschaulicht einen bestimmten Aspekt der Teezeremonie bzw. des Zieles unserer Übung:

*Wa* (Harmonie)
*Kei* (Respekt)
*Sei* (Reinheit)
*Jyaku* (Ruhe)[55]

In diesem Kapitel möchte ich Sie zu einem Besuch bei meiner Lehrerin mitnehmen, damit Sie eine Teezeremonie miterleben, die Ihnen zeigen wird, was die Kunst des Tees uns über Chōwa sagen kann. Die Schüler der Teezeremonie nehmen die Lektionen dieser Kunst mit in die äußere Welt. Und auch wir werden darüber nachdenken, wie wir die Prinzipien des Chōwa von den Seiten dieses Buches auf unser Leben übertragen können.

## Wir nähern uns dem Teehaus

Sie und ich gehen nun durch den Garten meiner Teezeremonie-Lehrerin, Toshiko-sensei. Ein Bach führt uns zu einem kleinen Teich. Hie und da kommen wir an einem Blätterhaufen vorbei. Hier wurde der Garten sauber geharkt. Drei Blätter schwimmen auf der Wasseroberfläche des Teichs. Wir waschen uns die Hände im Bach. Dann tauchen wir eine Schöpfkelle aus Bambus ein und nehmen einen Schluck von dem frischen, naturbelassenen Wasser. Wir reinigen die Kelle für die nächsten

Gäste, die den Garten durchqueren werden, indem wir nochmals Wasser schöpfen. Dann kehren wir die Kelle um, sodass das Wasser über den Griff und zurück in den Bach läuft. Dass wir uns die Hände waschen und den Mund mit Wasser ausspülen, ist ein symbolischer Akt der Reinigung, bevor wir den Teeraum betreten. Er erinnert uns daran, dass wir nun in einen ganz besonderen Raum eintauchen.

Ein Pfad mit in unregelmäßigen Abständen ausgelegten Trittsteinen führt uns zum Haus. Sie sind so weit voneinander entfernt und haben eine so unebene Oberfläche, dass wir aufpassen müssen, nicht auszurutschen. Wir sehen ganz genau hin, wo unser Fuß landet, und wahren achtsam das Gleichgewicht angesichts der Rauheit der Steine und der Nässe des Mooses.

## Wa – die Harmonie zwischen Gastgeber und Gast

Wenn es um die Teezeremonie geht, steht das Schriftzeichen *wa* für die Harmonie zwischen Gastgeber und Gast, aber auch für das Engagement von Teezeremonie-Lehrer und -Schüler, das sich u. a. in sorgsamer Vorbereitung zeigt. Wie beim Chōwa sind Vorbereiten und Erkunden unabdingbar für eine harmonische Teezeremonie.

Für meine Teezeremonie-Lehrerin beginnt die Vorbereitung bereits Wochen im Voraus. Toshiko-sensei verschickt Einladungen an ihre Gäste. Sie wechselt das Shōji-Papier der Schiebetüren aus und informiert sich über ihre Gäste, damit sie diese einander vorstellen kann. Sie achtet darauf, dass der Garten in Ordnung ist, und am Morgen vor der Zeremonie bereitet sie zusammen mit ihrem Küchenpersonal ein Kaiseki-Mahl für uns alle zu. Und sie stellt sicher, dass sie auch auf Unerwartetes vorbereitet ist. (So hat sie beispielsweise immer Ersatz für Utensilien, die man für die Teezeremonie braucht. Es könnte ja sein, dass jemand seine vergisst.) Dabei hört sie niemals auf zu lacheln. Toshiko-senseis Güte beeindruckt mich immer wieder. In der Welt des Tees genießt sie einen so untadeligen Ruf, der fast schon einschüchternd ist, vor allem für Neulinge. Aber angesichts ihres Lächelns entspannt sich am Ende doch jeder.

Und natürlich haben auch wir, die Gäste, uns entsprechend vorbereitet. Wir haben den richtigen Kimono für diese Gelegenheit ausgewählt und in einem Nachschlagewerk überprüft, ob wir unseren Obi auch richtig geknotet haben. Im Garten haben wir uns dann die Hände gewaschen und den Mund ausgespült. Das ist letztlich eine Geste, die zeigt, dass wir zumindest für diese kurze Zeit jeden Gedanken an die Welt außerhalb des Teeraums abgelegt haben.

## Wa – Harmonie im Teeraum

Wenn ich gefragt werde, ob es denn nicht unglaublich anstrengend sei, sich ständig darauf zu konzentrieren, auch alles richtig zu machen und bei der Teezeremonie das beste Benehmen an den Tag zu legen, antworte ich wahrheitsgemäß mit Nein. Es ist eher so, als würde man einen Tanz lernen bzw. auf der Bühne stehen. Wie wir uns bewegen, worüber wir sprechen, das wurde alles schon vor über 400 Jahren festgelegt, und zwar von dem Teemeister Sen no Rikyū. Wir versuchen, die Bewegungen korrekt hinzubekommen, auf den Zentimeter genau so, wie sie damals ausgeführt wurden. In der Teezeremonie können wir unsere Verbindung zur modernen Welt durchtrennen und in eine Zeit zurückschlüpfen, die eine andere Art des

Feingefühls, der Erziehung und Konversation pflegte. Wie bei einem Theaterstück genießen wir es, Teil der Truppe zu sein und zusammenzuarbeiten, um alles richtig zu machen.

Bevor wir den Tee bekommen, serviert der Teemeister uns ein Tablett mit traditionellen japanischen Süßspeisen. Tatsächlich war das Erste, was mich an der Teezeremonie ansprach, die Möglichkeit, diese bildschönen Bissen – *wagashi* – zu kosten, die üblicherweise aus Bohnenpaste gemacht werden. Ihre Süße ist natürlich und kommt von den verwendeten Früchten. Sie werden nur leicht mit Zucker überstäubt. Die Teezeremonie findet gewöhnlich nach einer leichten Mahlzeit statt. Die Süßigkeiten sind also der Dessertgang. Erst wenn wir die *wagashi* verzehrt haben, beginnt die eigentliche Teezeremonie.

**Chōwa bedeutet, dass wir mit dem richtigen Fuß aufstehen: Wir machen uns kundig und bereiten uns vor.** Für die Teezeremonie braucht man ganz bestimmte Utensilien, aber was sie uns darüber beibringt, wie wir unsere Kleidung auf Zeit, Ort und Gelegenheit abstimmen, wird uns auch im Alltag weiterhelfen. Und natürlich die Tatsache, dass wir selbst für das schlimmstmögliche Szenario eine Lösung parat haben.

**Chōwa bedeutet, dass wir eine ruhige und gesammelte Geisteshaltung mitbringen.** Wenn wir uns Zeit nehmen, diese Konzentration und Balance im Geist aufzubauen, ist dies die beste Vorbereitung auf die Teezeremonie. Und gleichzeitig ist diese Haltung das beste Geschenk, das wir in die Welt außerhalb des Teeraums mitnehmen können: Ob nun in der Familie oder im Umgang mit den Kollegen und Kunden, ob beim Erlernen neuer Fertigkeiten oder bei der

Unterstützung anderer Menschen, wenn wir Chōwa praktizieren, stützen wir uns dabei ganz auf diese ruhige »Geisteshaltung«, die wir in uns erzeugen.

## *Kei* – Respekt für die Gerätschaften

Ein wichtiger Schritt zur Schaffung einer harmonischen Atmosphäre im Teeraum ist der Respekt und die Fürsorge, die wir gegenüber jedem Gegenstand an den Tag legen, der bei der Zeremonie eine Rolle spielt. Ganz egal, wie alt oder neu diese Dinge sind, wir behandeln jedes einzelne Stück gleich. Daher ist das Säubern dieser Gegenstände ein ebenso wichtiger Teil der Zeremonie wie das Trinken des Tees selbst. Das sind die Dinge, die wir für die Zeremonie brauchen:

- den Teebehälter,
- das Matcha-Teepulver,
- die Teeschale,
- die Bambuskelle zum Servieren des Tees,
- den Bambuslöffel, mit dem wir das Matcha-Teepulver in die Schale geben,
- den Bambusbesen zum Aufschäumen des Tees,
- ein schönes Tuch, mit dem wir diese Dinge säubern.

Sobald wir alle sitzen, verbeugt sich Toshiko-sensei vor uns und fängt an, die Utensilien der Zeremonie mit ihrem Fukusa-Tuch zu reinigen: zuerst den *natsume* (Teebehälter), dann die *chawan* (Teeschale), schließlich den *chasen* (Teebesen). Zur Reinigung des Teebesens gießt Toshiko-sensei eine Kelle heißes Wasser in die Teeschale, nimmt den Teebesen in die rechte Hand und schlägt das Wasser in der Schale auf. Dann hebt sie den Teebesen an, um seine Halme zu inspizieren. Den Teebesen mit heißem Wasser anzuwärmen macht seine Halme weich, sodass sie nicht abbrechen, wenn man später das Matcha-Teepulver zur Teebereitung aufschlägt.

**Chōwa bedeutet, dass wir die Dinge, die wir besitzen, im Geiste des Mottainai behandeln.** Unser Gleichgewicht zu finden heißt nicht, dass wir uns den Weg zu einem »harmonischen« Leben erkaufen oder die nächste technische Spielerei anschaffen, um uns für einige Sekunden von unseren täglichen Pflichten abzuwenden. Es geht vielmehr darum, unserem Besitz die Achtung zukommen zu lassen, die er verdient. Unsere Beziehung zu den Dingen ist ein schwieriger Balanceakt: Wir müssen herausfinden, wie wir ihnen bestmöglich dienen können, damit sie wiederum uns bestmögliche Dienste leisten. Beachten Sie dabei den Geist des Mottainai, in dem wir absolut nichts verschwenden. Überlegen Sie ganz genau, was Sie wirklich brauchen und was nicht. Nutzen Sie Ihren Besitz so lange wie möglich. Reparieren Sie, was kaputt ist und verwenden Sie es weiter.

## *Kei* – Respekt füreinander

Stellen Sie sich vor, Sie sitzen im Schneidersitz auf einer der Tatami-Matten des Teeraums, zusammen mit mir und vielleicht noch drei anderen Schülern des Teewegs. Wir würden auf einer Seite des Raumes sitzen, uns gegenüber sitzt meine Lehrerin – Toshiko-sensei – und bereitet den Tee zu. Sie würde Sie den anderen Gästen als meine Schülerin vorstellen und Sie herzlich willkommen heißen. Sie würden sich Ihrerseits verbeugen. Dabei bemerken Sie, dass mein Fächer genau vor mir liegt und ich meine Hände exakt davor auf den Knien abgelegt habe. Dies ist ein perfektes Beispiel dafür, wie sich Gleichgewicht in der Teezeremonie ausdrückt. Wir achten auf die Harmonie in der Gruppe, andererseits aber achten wir auch den persönlichen Raum jedes Einzelnen.

Jeder ist aus den gleichen Gründen hier: Man will sich über das Leben und die Kunst unterhalten, Achtung für den uralten Weg der Teezeremonie bezeigen und die Gesellschaft der Anwesenden genießen. Die Vorstellung ist kurz und umfasst nur das Wesentliche. Toshiko-sensei würde vermutlich, wenn sie mich den anderen vorstellt, auch ein paar Worte zu meiner Hilfsorganisation sagen. Wenn Sie mich später darauf ansprechen möchten, ist das möglich, aber es besteht kein Zwang. Wer nicht will, lässt es eben.

Im Teeraum gibt es kein sinnloses Geschwätz. Wir genießen die Kunst an den Wänden, wissen den Geschmack des traditionell zubereiteten Tees zu schätzen und unterhalten uns über die Schalen, aus denen wir trinken.

Der älteste Schüler bekommt die Teeschale als Erster gereicht, um sie dann weiterzugeben.

**Chōwa lehrt uns, dass die kleinen Dinge, die wir tun, eine Atmosphäre gegenseitigen Respekts schaffen.** Nehmen Sie sich Zeit, den anderen Gästen aktiv zuzuhören. Konzentrieren Sie sich auf das, was Sie sagen, nicht auf das, was Sie gerne antworten würden. Versuchen Sie, nicht zu viel Energie auf Gefühle wie Wut, Frustration, Scham oder Versagensangst zu verschwenden. Solche Gefühle werden kommen, aber wie alles andere werden sie auch wieder vergehen.

## Sei (Reinheit) – die Wertschätzung von Kunst und der Schönheit der Natur

In der Teezeremonie bezeichnet das Schriftzeichen *sei* (Reinheit) weniger die Sauberkeit der Gegenstände als die Schönheit der Natur bzw. der Kunstwerke im Teeraum. Das können Farbdrucke von Naturszenen sein, Kalligrafien, die Gefäße für die Teezeremonie, aber auch die fließenden Bewegungen der Teilnehmer.

Wir bewundern den Farbholzschnitt von einem Wasserfall oder einen Druck, der eine Szene in den Bergen zeigt. Wir schätzen die Kalligrafie, die häufig eine Zen-Weisheit (*zengo*) wiedergibt. Einige davon haben wir in diesem Buch schon kennengelernt: *Shō-yoku, chi-shoku* (»Wenige Wünsche, weise Genügsamkeit.«). *Kō-un-ryū-sui* – »Wolken fließen vorbei wie das Wasser«. (Dieses *zengo* habe ich an den Beginn dieses Kapitels gestellt.)

Aber natürlich spielt bei der Kalligrafie auch die Art und Weise eine Rolle, wie sie geschrieben wurde. Es heißt, die Art, wie ein Krieger sein Schwert zieht, zeige, was für ein Mensch er ist. Das Gleiche gilt für die Kalligrafie. Wie du den Pinsel führst, sagt einiges über deinen Charakter aus. Daher ist es auch so aufregend, eine Kalligrafie zu studieren, die jemand in der Vergangenheit gemalt hat – ein Samurai, ein Kampfkünstler, ein Schauspieler oder ein berühmter Staatsmann. So wie wir bemerken, dass ein Brief mit aller Sorgfalt verfasst wurde, wenn wir einen solchen von einem Kindheitsfreund erhalten – ein Brief, der uns möglicherweise schlechte Nachrichten mitteilt. Oder ob er hastig aufs Papier gekritzelt wurde. Eine alte Kalligrafie zu studieren ist, als würden wir vom Schreiber eine persönliche Mitteilung erhalten, auch wenn diese hundert Jahre alt ist.

Wenn es um die Kalligrafien, die Kunstwerke an den Wänden, das Blumenarrangement im Teeraum oder die verwendeten Gefäße geht (die mitunter jahrzehntealt sind), dann stellen wir einige sehr einfache Fragen: Welchen Tee genießen wir? Was können Sie uns über die Blumen sagen, die heute den Raum schmücken? Und welche Geschichte hat die Vase, in der sie stehen?

Das Wichtigste aber an der Kunst im Teeraum und am Teeraum selbst ist die Qualität des *sei*, die er entstehen lässt: der Reinheit. Es gibt kein elektrisches Licht. Wir können das Stroh der Tatami-Matten riechen. Die Blütenmuster auf unserem Kimono studieren. Das einzige Licht im Raum kommt von der Sonne und wird vom Papier der Shōji-Schirme zerstreut. Die einzigen Laute, die vernehmbar sind, sind das Blubbern des Wassers im Kessel über dem Holzkohlefeuer und die Klänge der Natur draußen – der Gesang der Vögel, das Zirpen der Grillen.

**Chōwa heißt, dass wir mit der Natur schwingen, nicht gegen sie.** Ob wir unser Gleichgewicht in der Welt finden, hat viel damit zu tun, wie offen wir für ein paar sehr einfache Wahrheiten sind: dass wir alle Teil der Natur sind. Dass es ein Leben ohne Leiden nicht gibt. Dass die kleinsten Dinge wundervoll sind und großen Wert besitzen.

## *Jyaku* (Ruhe)

Der Begriff *jyaku* bedeutet »Ruhe«, aber ich bin mir nicht sicher, ob dies die Bedeutungstiefe des japanischen Schriftzeichens wirklich wiedergibt. Damit ist ja nicht nur die innere

Ruhe gemeint, die sich einstellt, wenn die Gäste der Teezeremonie im Herbst in Toshiko-senseis Garten hinausblicken. Hier klingt auch das Gefühl der Einsamkeit und Melancholie an, das damit verbunden ist. Es hat auch etwas mit Ästhetik zu tun: mit dem Gefühl, das uns befällt, wenn wir eine alte Teeschale in der Hand halten und an die Menschen denken, die früher daraus getrunken haben und längst tot sind. Auch hier zeigen sich wieder zwei Pole, die Chōwa ins Gleichgewicht bringt: Schönheit und Trauer.

Die innere Ruhe, die sich während der Teezeremonie ausbreitet, ist jener ähnlich, die wir empfinden, wenn wir im Geist des *mono no aware* die Natur betrachten – das Bewusstsein, dass alles vergänglich ist. Nichts dauert ewig. Wir müssen schätzen lernen, was wir heute haben, müssen uns über das Glück der anderen freuen. Auch sie werden nicht ewig hier sein. Haben wir diese Wahrheit erst begriffen, werden wir gelassen und trinken in aller Ruhe zusammen unseren Tee.

**Chōwa und innere Ruhe sind nicht das Ziel an sich.** Die Schriftzeichen auf der Kalligrafie an der Wand meines Arbeitszimmers – *wa kei sei jyaku* – bilden ein Quadrat, keine gerade Linie von A nach B. Das lässt an ein kontinuierliches Fließen denken. Denn der Zustand geistiger Stille – *jyaku* oder Ruhe – ist nicht das Ende unserer Praxis. Damit ist einfach nur jener Geisteszustand gemeint, der den bestmöglichen Rahmen für die Umsetzung der anderen Prinzipien bildet: *wa*, *kei* und *sei*.

Das Gleiche gilt für die Prinzipien des Chōwa. Ich hoffe, Sie haben gemerkt, dass Chōwa nicht das Ziel an sich ist. Es geht in diesem Buch zwar durchgehend um das »Streben nach

Gleichgewicht«, doch damit ist die Reise noch nicht zu Ende. Unser Gleichgewicht ist jener »Geisteszustand«, der uns lehrt, mit uns selbst großzügiger umzugehen, anderen Menschen eine gute Gesellschaft zu sein und in der Gesellschaft den Geist des Friedens zu verbreiten.

Wir hören nie auf, Chōwa zu praktizieren – Gleichgewicht erreicht man nun mal nur durch einen Balanceakt.

Daher möchte ich Ihnen jetzt eine letzte Zen-Weisheit vorstellen:

一期一会
*ichi-go, ichi-e*
*ichi* heißt »eines«
*ichi-go* bedeutet »eine Zeit«
*ichi-e* ist »eine Zusammenkunft«

Das aktuelle Zusammenkommen wird nur einmal in diesem Leben passieren und dann nie wieder. Dieser kurze Satz weist uns darauf hin, dass wir jeden Augenblick genießen sollten.

Wo lesen Sie dieses Buch? Welche Gedanken gehen Ihnen dabei noch durch den Kopf? Wie fühlt es sich an, dass Sie über all diese Seiten meiner Stimme gelauscht haben? Machen Sie sich diesen Moment bewusst, wo immer Sie auch sind, was immer Sie sonst gerade tun. Machen Sie sich klar, dass dieser Augenblick, in dem Sie und ich in unserem Gespräch an genau diesem Punkt ankommen, niemals wiederkehren wird. Wir werden uns hier nur einmal treffen, um uns dann wieder zu trennen und unserer Wege zu gehen.

So ist die Teezeremonie. Heute sitzen wir mit Toshiko-sensei im Teeraum ihres Hauses zusammen. Die Dinge, die wir benutzen, sind vielleicht Hunderte Jahre alt. Sie wurden viele

Tausend Mal bei anderen solchen Gelegenheiten benutzt. Aber dieses Treffen hier und jetzt ist noch nie zuvor genau so passiert. Und wenn wir den Teeraum verlassen, wissen wir, dass wir die anderen Gäste so niemals wiedersehen werden.

Wir übersehen das häufig, doch wenn wir uns an die Zen-Weisheit des *ichi-go, ichi-e* (eine Zeit, eine Zusammenkunft) erinnern, dann ist uns klar, weshalb wir Chōwa praktizieren, weshalb »Harmonie« mit anderen so wichtig ist.

Wenn Sie das nächste Mal zu einer Party eingeladen sind oder mit Freunden ausgehen, machen Sie sich Ihren Geisteszustand bewusst. Wenn Sie Bier oder Wein getrunken haben: Wie fühlt sich das an? Wie fühlen Sie sich, wenn Sie mit bestimmten Freunden zusammen waren? Oder wenn andere Freunde nicht da sind? Ob Sie Ihre Freunde nun häufig oder selten sehen, den Geist dieser Zen-Weisheit in jedes Treffen einzubringen heißt, dass Sie die spezielle Balance jeder Zusammenkunft erkennen. Und sie zu schätzen wissen.[56]

## Leben und Tod

Wir wissen nicht, was das Morgen bringt. Im Zeitalter der Samurai wurde die Teezeremonie im Wissen zelebriert, dass jeder Geladene – vor allem die Samurai – vielleicht nie wiederkehren würde, sobald er den Raum verlassen hatte. Die Samurai durften ihre Schwerter nicht mit in den Teeraum bringen. Sie mussten sie draußen, an einem bestimmten Platz an der Wand stehen lassen. Nach der Zeremonie nahmen sie die Schwerter wieder an sich und zogen vielleicht los in eine Schlacht in einer fernen Provinz, bei der sie möglicherweise ihr Leben verloren.

Sie würden die Menschen, mit denen sie die Teezeremonie begangen hatten, vielleicht nie wiedersehen.

Wenn wir das Leben durch die Brille des Chōwa betrachten, erkennen wir, dass selbst der Verlust uns einiges über unsere Verwundbarkeit lehrt, sowohl als Individuum wie auch als Gesellschaft. Wir haben in diesem Buch immer wieder gemeinsam überlegt, wie Chōwa uns in jeder Lebenslage helfen kann. Wenn es aber um Verluste geht, dann können wir noch so gut vorbereitet sein, dann können wir uns noch so intensiv informiert haben, es wird darauf keine angemessene Antwort geben. Es gibt nichts, was wir tun können, um diese Leerstelle zu füllen.

Wenn wir Menschen verlieren, die uns nahestanden, ist es absolut natürlich, dass wir uns fühlen wie manchmal nach einem Sturz. Wir haben das Gefühl, nicht mehr hochzukommen.

Doch die Prinzipien des Chōwa erinnern uns daran, dass Menschen auch in Zeiten der Trauer zusammenkommen. Sie lehren uns, dass es die Lebenden sind, die jetzt zählen, und dass wir uns gegenseitig wieder aufhelfen müssen.

## Der Tod von Sen no Rikyū

Sen no Rikyū kam 1522 als Sohn einer typischen japanischen Mittelklassefamilie zur Welt. Er wollte das Geschäft seines Vaters nicht übernehmen, sondern strebte ein spirituelleres Leben an. Sein Studium des Zen-Buddhismus weckte sein Interesse an Tee. Zu jener Zeit waren extravagante Teehäuser eine Möglichkeit, den persönlichen Reichtum und Status der Besitzer zu zeigen. Sen no Rikyū aber änderte das.

Toyotomi Hideyoshi (1537–1598) war zu jener Zeit der mächtigste Samurai-Herr in Japan. Auch er sah sich als Liebhaber des Tees. Wie viele reiche Männer liebte Hideyoshi das Gold, und so ließ er einige »Goldene Teehäuser« bauen. Das störte Sen no Rikyūs Geschmacksempfinden ganz erheblich. Hideyoshi aber bat Sen no Rikyū, ihn als Schüler zu akzeptieren. Als Sen no Rikyūs Ruhm wuchs, wurde Hideyoshi eifersüchtig, ja er hatte gar Angst vor seinem Teemeister. Also stellte er Sen no Rikyū vor eine schreckliche Wahl: Er konnte entscheiden, ob er getötet werden oder seine Würde bewahren und sich von eigener Hand den Tod durch das Schwert geben wollte. Sen no Rikyū entschied sich für die rituelle Selbsttötung.

Vor seinem Tod regelte er alles, selbst seine Beerdigung. Er versammelte seine Lieblingsschüler für eine letzte Zusammenkunft um sich. Die Gäste aßen, lasen Gedichte und zelebrierten die Teezeremonie. Jeder wusste, dass dies die letzte Zusammenkunft mit dem Meister war. Sen no Rikyū bereitete sich auf das Ende vor und gab alles weiter, was er wusste, um so die Kunst des Teewegs lebendig zu erhalten.

Wenn wir eine Teezeremonie ausführen, gedenken wir stets voller Trauer Sen no Rikyūs Tod. Dieser Gedanke erinnert uns daran, wie töricht die Mächtigen mitunter sind, und wie grausam und ungerecht das Schicksal dieses gütigen und empfindsamen Mannes war. Aber wir machen uns auch bewusst, dass er ehrenvoll starb und sich dem Ende des Lebens wohlüberlegt näherte. Die innere Stärke, der Mut, mit dem der Teemeister seinem Ende entgegenging, nötigt uns unwillkürlich Bewunderung ab.

Vor nicht allzu langer Zeit habe ich eine Pilgerfahrt zu Sen no Rikyūs Grabmal unternommen. Es war dort sehr friedlich und ruhig, aber ich war keineswegs allein. Überrascht sah ich, dass einige Leute genauso wie ich das Laub zusammenharkten, den Grabstein säuberten und ruhig durch den Friedhof schlenderten, um nachzudenken. Ich finde es wunderbar, dass all jene, die die Teezeremonie praktizieren, noch 400 Jahre später seine Lehren zu schätzen wissen.

## Die Beerdigung meines Vaters

In seinen letzten Momenten glaubte mein Vater, Stimmen aus dem Gastraum seines Hauses zu vernehmen – die Stimme seiner Mutter (die gestorben war, als er fünf Jahre alt war) und seines Bruders (der einige Jahre vor ihm gestorben war). Mein Vater setzte sich hin, als wolle er sich ihnen anschließen, und starb.

Japanische Beerdigungen sind in gewisser Hinsicht wie die Teezeremonie. Wir führen eine Reihe von Gesten aus, die vor Hunderten Jahren ersonnen wurden. Die Atmosphäre ist intensiv und feierlich. Wir verabschieden uns von dem Verstorbenen und kommen mit den Lebenden zusammen.

Meine Tochter, meine Mutter, meine Schwester und ich knieten neben dem Leichnam meines Vaters, der in ein weißes Tuch gehüllt war. Ein weißer Schleier verdeckte sein Gesicht.

Meine Mutter zündete ein Weihrauchstäbchen an und läutete die kleine Glocke. Durch die Stille hallte der Klang ganz rein. Nach einer kurzen Pause tat ich das Gleiche.

Das Sonnenlicht drang durch die Papierfenster herein. Draußen hatte sich Schnee angesammelt. Sanft erzählte meine Mutter meinem Vater, dass seine Enkelin nach Hause gekommen sei.

## DIE BEERDIGUNG MEINES VATERS

Mein Vater war ein ernsthafter Mensch, der mir alles vermittelte, was er über die Disziplin der Samurai wusste.

Er liebte Blumen und war wie meine Mutter gerne im Garten. Er hatte stets gesagt: »Die besten Dinge des Lebens sind wie Blumen: gratis.« Oder: »Ein Blumenmensch kann nicht schlecht handeln.« Auf dem Sarg meines Vaters lagen unglaublich viele Blumen.

Wir sahen zu, wie der Bestatter meinen Vater wusch. Meine Tochter, meine Mutter, meine Schwester und ich trockneten sanft sein Gesicht. Dann traten wir zurück und ließen die Bestatter arbeiten.

Wir zogen meinem Vater Tabi-Socken an und weiße Handschuhe. Beides machten wir an den Knöcheln bzw. den Handgelenken mit einem kleinen Knoten fest. Wir hoben seinen in einen weißen Seidenkimono gekleideten Leichnam an und legten ihn in den Sarg.

Wir gaben ihm auf seine letzte Reise auch ein Paar Sandalen mit, einen Gehstock und einen Hut – um den Kopf vor Schnee zu schützen und das Gesicht vor der Sonne.

Nach der Verbrennung war es Sache der Familie, seine Asche in eine Urne zu füllen. Meine Tochter, meine Mutter, meine Schwester und ich nahmen jede mithilfe von Holzstäbchen ein Stück Knochen auf. Meine Tochter, die noch nie eine japanische Beerdigung erlebt hatte, sagte mir später, sie habe den Ablauf einerseits als abstoßend, andererseits als zutiefst heilig empfunden.[57]

Am Morgen nach der Beerdigung sagte mir meine Tochter, dass sie von einer Krähe geweckt worden sei, die auf dem Dach meines Elternhauses landete. Sie hörte noch zwei weitere Krähen auf dem Dach über sich, die laut zeternd über den unerwarteten Besucher schimpften. Die erste Krähe flog wieder fort. Sie wusste, dass ihr Großvater ihr damit sagen wollte, sie solle aufstehen. Ihre Großmutter meinte, der Geist meines Vaters sei ins Haus zurückgekehrt, um die darin Lebenden zu beschützen. Ich bin mir dessen nicht sicher. Aber ich weiß, dass wir, wenn wir jemanden verloren haben, meist sensibler auf spirituelle Dinge reagieren.

## Was essen die Toten zum Frühstück?

Wenn jemand stirbt und wir diesen Menschen in guter Erinnerung behalten wollen, indem wir tun, was er gerne getan hat, fällt uns manchmal nichts Passendes ein. Den Lebenden können wir zuhören. Wir lesen den Ausdruck auf ihrem Gesicht und können dafür sorgen, dass sie sich wohlfühlen. Wir können unsere Begegnungen im Geist des Chōwa gestalten. Bei den Toten aber haben wir all diese Hilfen nicht.

Daher möchte ich Ihnen einen Text zu lesen geben, den meine Tochter nach dem Tod ihres Großvaters verfasst hat. Sie nennt ihre Großeltern *Ogiichan* (Großvater) und *Obaachan* (Großmutter), wie es in Japan üblich ist.

> Ich ging in den Raum, in dem Ogiichans sterbliche Überreste lagen. Ich öffnete die Schiebetür. Meine Obaachan zündete eine Kerze und ein Weihrauchstäbchen an. Ich machte dasselbe. Ich sprach ein Gebet. Wir beide sahen den Sarg an. Wir sahen Ogiichan an. Meine Obaachan sagte, ich solle ihm Frühstück bringen.
> »Was gibt man denn Toten zum Frühstück?«, fragte ich.
> »Toast«, antwortete sie. »Das hat er auch gegessen, als er noch am Leben war.«

Also ging ich und machte Toast. Ich legte ihn auf einen Teller und stellte ihn auf den Kaminsims. Dann sah ich den Teller an und musste lachen. Es ist merkwürdig, einen Menschen, der nicht mehr ist, so zu behandeln, als ob er noch da wäre. Als meine Tante erwachte, kam auch sie ins Wohnzimmer. Als sie den Toast sah, fragte sie mich zögerlich, aber mit einem scharfen Unterton: »Warum steht da Toast auf dem ehrwürdigen Kaminsims?«
»Es ist sein Frühstück«, antwortete ich.
»Man gibt doch Toten keinen Toast!«, entgegnete sie.
»Obaachan sagte, ich solle ihm Frühstück bringen.«
Meine Tante senkte die Stimme. »Er ist jetzt ein Geist. Geistern reicht man eine Schüssel weißen Reis.«
Ich zuckte mit den Schultern. »Nun, das musst du mit Obaachan ausmachen.«
Meine Tante ging zu Obaachan, um mit ihr darüber zu debattieren, was die Toten brauchen. Ich hörte, wie Obaachan schrie: »Er braucht keinen frischen weißen Reis.«
Und meine Tante schrie zurück: »Natürlich braucht er den. Er ist jetzt ein Geist.«[58]

**Es gibt keine richtigen Antworten, wenn es um Trauer geht.** Wir bringen unser Leben damit zu, nach Gleichgewicht zu streben und so großherzig zu handeln, wie es uns möglich ist. Doch wenn wir mit Verlusten konfrontiert sind, merken wir schnell, dass nichts unseren Schmerz lindern kann. Und wir alle haben unterschiedliche Vorstellungen, was man in dieser Situation tun sollte.

**Verluste schweißen uns zusammen.** Als ich die Eltern kennenlernte, deren Kinder beim Tsunami von 2011 ums Leben gekommen waren, Menschen, die wirklich alles verloren hatten, stellte ich fest, dass sie von dem brennenden Wunsch erfüllt waren, den Überlebenden zu helfen. Wenn ich die jungen Leute frage, mit denen ich zusammenarbeite, was sie sich für ihr Alter wünschen, sagen viele: »Ich möchte anderen helfen können.« Immer wenn ich einen geliebten Menschen verliere oder von der Kraft höre, die andere aus dem Verlust ziehen, denke ich daran, weshalb ich Chōwa praktiziere und warum ich mein Bestes tue, um mit den Menschen um mich herum gut auszukommen.

**Lassen Sie sich trösten.** Wenn wir einen lieben Menschen verloren haben, fällt es uns manchmal schwer, uns zu erinnern, wie das Dasein mit den Lebenden funktioniert. Um uns selbst und andere vor dem schlimmsten Schmerz zu schützen, schalten wir manchmal jenen Teil in uns ab, der sich nach Kräften bemüht, mit anderen gut zusammenzuleben. In der Trauer gibt es kein Richtig oder Falsch. Doch sobald wir so weit sind, ist es ein wichtiger Teil der Trauerarbeit, uns für die Güte anderer zu öffnen und wenigstens einen kleinen Teil unseres Schmerzes mit ihnen zu teilen. Wenn wir über den Tod sprechen, ermöglichen wir uns und anderen, von unseren schmerzlichen Erfahrungen zu lernen. Und haben wir erst Trost gefunden, ist auch dies eine wichtige Lektion, die wir weitergeben können. Wie in der Geschichte von den beiden Pilgern, die ich zu Beginn dieses Buches erzählt habe: Der wichtigste Punkt, wenn wir mit anderen in Harmonie leben wollen, ist, uns für ihren Schmerz und ihre Freude zu öffnen.

## Chōwa-Lektionen:

## Jede Begegnung ist kostbar

Suchen Sie sich einen ruhigen Ort und nehmen Sie sich Zeit, über diese Zen-Weisheiten nachzudenken:

行 雲 流 水
*kō-un-ryū-sui*
Wolken fließen vorbei wie das Wasser.

和 敬 清 寂
*wa kei sei jyaku*
Harmonie, Respekt, Reinheit, Ruhe

小欲知足
*shō-yoku, chi-soku*
Kleiner Wunsch, weise Genügsamkeit

一期一会
*ichi-go, ichi-e*
Eine Zeit, ein Zusammentreffen

Möchten Sie nicht vielleicht einige dieser Weisheiten mit anderen teilen? So ganz im Stil des Chōwa? Wenn Ihnen das Nachdenken über diese Dinge geholfen hat, ins Gleichgewicht zu kommen, warum versuchen Sie dann nicht, anderen damit beizustehen?

# Nachwort

あとがき
*ato-gaki*

*In einem heiteren Monat,*
*die Luft rein, der Wind sanft,*
*blühen weiße Pflaumenblüten,*
*der Duft einer Orchidee brennt wie Weihrauch.*
　　　　　　Aus: *Man'yōshū* (Gedichtsammlung), Buch 5[59]

Als ich meinen englischen Schülern und Freunden mitteilte, dass ich dieses Jahr sechzig werde, taten sie ihr Bestes, um so höflich wie möglich zu reagieren: »Akemi-sensei, Sie sehen kein bisschen aus wie sechzig.« Aber sie sahen mich doch sehr ernst an, so, als wäre etwas Schreckliches passiert.

Als ich meinen japanischen Schülern dasselbe sagte, leuchteten ihre Gesichter auf. »Gratulation!«, riefen sie. In Japan ist der sechzigste Geburtstag ein Anlass zum Feiern. Das Kalendersystem in Japan lehnt sich an das System der chinesischen Astrologie mit seinen zwölf Tierkreiszeichen an (Ratte, Ochse, Tiger, Hase, Drache, Schlange, Pferd, Ziege, Affe, Hahn, Hund und Schwein). Viele Japaner glauben, dass man sozusagen wiedergeboren wird, wenn man diese zwölf Zeichen fünfmal durchlaufen hat. Häufig nehmen die Japaner den sechzigsten Geburtstag zum Anlass, einen neuen Beruf zu erlernen, auf Pilgerfahrt zu gehen oder eine weite Reise zu machen – sie erfinden sich sozusagen neu.

Unser Leben im Geiste des Chōwa zu führen heißt, dass wir aktiv nach Gleichgewicht streben und kleine Veränderungen vornehmen, um uns selbst ins Gleichgewicht zu bringen, aber auch unsere Beziehungen zu unseren Mitmenschen und zur Natur.

Vielleicht haben ja auch Sie das Gefühl, dass Sie am Älterwerden nichts ändern können. Es zeigen sich erste Falten im Gesicht. Da und dort zwickt das Zipperlein. Und wir machen uns Sorgen, was wir mit dem Rest unseres Lebens anfangen wollen. Und Gedanken darüber, was wir zurücklassen werden.

Doch wir dürfen nicht vergessen, dass wir nicht aufhören zu lernen, auch wenn wir älter werden. Wir wachsen hinein in die Akzeptanz. In diesem Buch geht es darum, wie wir nach Möglichkeit überall mehr Gleichgewicht schaffen können. Aber auch darum, dass wir die natürliche Harmonie der Welt akzeptieren: die Art, wie die Dinge eben sind. Wir müssen unser Leben nutzen, und das bedeutet, dass wir unsere Energie einteilen lernen. Je mehr wir uns über kleine Dinge sorgen, je wütender uns Kleinigkeiten machen, desto weniger Energie haben wir dann zur Verfügung, wenn wir sie brauchen würden.

Im Japanischen gibt es einen Ausdruck: *shou-ga-nai* oder *shikata-ga-nai*. Das heißt so viel wie: »Da kann man nichts machen.«

Wir können die Natur nicht ändern. Wenn ein Erdbeben stattfindet und Hunderte Menschen sterben, betrauern wir jene, die wir verloren haben. Aber wir seufzen auch und sagen: *Shou-ga-nai*. Man konnte da wirklich nichts machen.

Es ist eine harte Lektion, aber das Leiden gehört zum Leben. Wir haben keine Wahl, wir müssen es hinnehmen, akzeptieren und daraus lernen.

**Wir wachsen in die Furchtlosigkeit hinein.** Als ich eine junge Frau war, ging ich zu Zusammenkünften und Geschäftstreffen, und die Anwesenden – vorzugsweise Männer – murrten hinter meinem Rücken: »Was will die denn hier?« Als meine erste Ehe in die Brüche gegangen war und ich versuchte, mir meinen Lebensunterhalt zu verdienen, schlug mir diese Haltung recht häufig entgegen. Aber je öfter ich in meiner Existenz, Meinung oder Stimme herausgefordert wurde, desto unnachgiebiger wurde ich angesichts all jener, die von mir verlangten, mein Haupt zu senken, aus dem Weg zu gehen und zu allem zu schweigen, was mir wichtig war. Heute sehen die Menschen nicht mehr auf mich herunter, selbst wenn ich Kimonos trage, die sehr viel schlichter sind als die, die ich in meiner Jugend trug. Die Menschen blicken mir vielmehr in die Augen und sehen, dass ich einiges durchgemacht habe. Sie wissen, dass ich nichts mehr beweisen muss. Sie wissen, dass ich vor nichts Angst haben muss.

**Wir nähern uns einander an.** Chōwa lehrt uns, dass es ein aktives Suchen nach Frieden voraussetzt, wenn wir unser Leben und das unserer Familie, die Gesellschaft und die Natur ins Gleichgewicht bringen wollen. Wir brauchen dazu die bewusste Entschlossenheit, alles Wissenswerte hierzu aufzustöbern, herauszufinden, wie wir die Dinge in Ordnung bringen können. Wir sollten Harmonie nicht als etwas Passives betrachten, sondern als aktive Auseinandersetzung, die von uns verlangt, dass wir mit anderen Menschen zusammenarbeiten.

Das japanische Schriftzeichen für »Mensch« sieht so aus:

人
*hito*

Es ähnelt einer Wünschelrute oder einem umgekehrten V. Aber es steht für »Mensch«, »Person«. Ein ganz einfaches Zeichen aus zwei Linien. Wie ein Paar Beine. Diese beiden Striche – die im Gegensatz stehen zum einfachen Strich des englischen *I*, »ich«, zeigen mir, was am Chōwa so besonders ist.

Niemand von uns ist allein. Wir brauchen andere Menschen – die uns helfen, unser Gleichgewicht zu finden. Die Menschen sind voneinander abhängig. Im Leben geht es darum, andere Menschen zu schätzen. Und wenn wir unsere Balance finden, dann, wenn wir anderen helfen, ihrerseits ins Gleichgewicht zu kommen.

Ich schreibe diese Zeilen an einem Frühlingstag in meinem Arbeitszimmer in London. Es ist der erste Tag eines neuen Zeitalters: *reiwa*. In Japan beginnt immer dann ein neues Zeitalter, wenn ein neuer Kaiser den Thron besteigt. Der Name dieses Zeitalters ist die Regierungsdevise des neuen Kaisers und sie wurde dem Gedicht entnommen, mit dem ich das Nachwort dieses Buches eingeleitet habe: »In einem heiteren Monat …« Zwei Schriftzeichen dieser Verszeile ergeben zusammen das Wort Reiwa. Es schenkt uns eine Botschaft der Hoffnung, weil es sich auf das Bild von Blüten bezieht, die nach einem langen Winter ihre Kelche öffnen. Man kann Reiwa übersetzen mit »das Streben nach Harmonie«. Der Name dieses neuen

Zeitalters sagt uns, dass nicht mehr länger Zeit ist, Chōwa zu erwarten, zu erhalten oder zu bewahren. Wir müssen es vielmehr aktiv suchen, und genau das ist es, was ich mit diesem Buch bewirken wollte: Gehen Sie hinaus in die Welt und finden Sie Chōwa für sich.

Dies ist das erste Mal in 200 Jahren, dass ein japanischer Kaiser abgedankt hat. Für mich ist das in hohem Grad symbolisch: Ein alter Mann steigt vom Thron herab und bittet seinen Sohn, den Stab zu übernehmen. Kaiser Naruhito und seine Frau, Kaiserin Masako, haben in England studiert, wie auch Prinzessin Aiko das tut, zumindest für einen kurzen Kurs im Sommer.

Es ist offensichtlich, dass das Kaiserpaar für das Land, das ich nun meine Heimat nenne, eine gewisse Sympathie hegt. Das gibt mir Hoffnung, dass der Geist einer harmonischen Partnerschaft die Teile meines Lebens verbindet, die ich in den jeweiligen Ländern zugebracht habe. Aber auch die Länder selbst sowie Japan mit dem ganzen Rest der Welt verbindet.

Ich schreibe dies, während die Arbeit meiner Hilfsorganisation in eine neue Phase eintritt: Nun geht es darum, den Tsunami-Opfern im Alltag zu helfen. Wir müssen für die Region insgesamt alles tun, was in unserer Macht steht. Und weiterhin den jungen Menschen zur Seite stehen, mit denen wir 2011 zu arbeiten begonnen haben.

Während ich dieses Buch schreibe, liegt ein wichtiges Ereignis noch vor mir: Ich und mein Partner Richard werden heiraten. Wir freuen uns auf unsere Hochzeit, unsere Flitterwochen in Boston und auf die Pilgerreise über den Kumano-Kodo Trail, der tief durch die Wälder von Wakayama führt.

Im Grunde war er es, der mich dazu ermutigte, dieses Buch zu schreiben. Je mehr ich ihm über die japanische Kultur erzählt habe, desto mehr bat er mich: »Du solltest ein paar von diesen Dingen wirklich aufschreiben.«

Glück. Schicksal. Liebe. Wir schaffen unsere eigene Harmonie.

# Dank

Ich möchte meiner wunderbaren Agentin danken: Laetitia Rutherford.

Und Anna Steadman, meiner Lektorin bei Headline Books, für all ihre Hilfe und Unterstützung. Und natürlich auch dem gesamten Team bei Headline.

Mein Dank gilt aber auch meinem Mann, Richard Pennington, und meiner Tochter, Rimika Solloway. Ohne die beiden wäre dieses Buch nie Wirklichkeit geworden.

# Anmerkungen

1 Siehe: Inazo Nitobe: *Bushido – die Seele Japans*, Hamburg 2020.
2 Die Übersetzungen aus dem Japanischen ins Englische nehme ich meist unter Zuhilfenahme meines vertrauenswürdigen elektronischen Lexikons vor: ein Casio Ex-Word Dataplus 8. Außerdem nutze ich die Open-Source-Website https://jisho.org (*jisho* ist japanisch für »Lexikon«) oder die japanische iPhone-App von Renzo Inc. (Version 4.5).
3 Immer wenn ein neuer Kaiser den Chrysanthementhron besteigt, erhält seine Regierungszeit einen Namen. Der Name dieser Ära wird zur Bezeichnung von Daten verwendet wie die Kalenderjahre im Westen. Sie erscheinen auf offiziellen Dokumenten, in Kalendern, auf Münzen und Banknoten. Das Jahr 2019 gilt in Japan als Reiwa 1.
4 Quelle: »New Japan Era to be called ›Reiwa‹ or pursuing harmony«, von Mari Yamaguchi for Associated Press (2019). Siehe: https://www.apnews.com/bfb2106efca04461a1dd17675a85f18f.
5 Die hier verwendete Übersetzung des *Buches Wei* ins Englische wurde von Tsunoda und Goodrich besorgt und erschien 1951. Siehe S. 8–16.

6 Die Verfassung (*jūshichijō kenpō*) bestand aus 17 Artikeln, die in klassischem Chinesisch verfasst wurden. Der »Chronik Japans in einzelnen Schriften« (*Nihon Shoki*) zufolge wurde sie von Prinz Shōtoku 604 in Kraft gesetzt.
7 Der japanische Text dieses Haiku ist entnommen aus *The Complete Japanese Classics*, erschienen 1953. Übersetzung ins Englische von der Autorin.
8 Mehr über die Geschichte und Philosophie des Wabi-Sabi finden Sie im Buch von Beth Kempton: *Wabi-Sabi. Die japanische Weisheit für ein perfekt-unperfektes Leben*, Köln 2019.
9 Siehe: Jun'ichirō Tanizaki: *Lob des Schattens*, Zürich 1987, S. 12f.
10 Diese Meditation ist inspiriert von einem Online-Meditationskurs, den der Abt des Sogenji-Klosters in Okayama, Taigen Shodo Harada Roshi, gegeben hat. Das vollständige Video mit seiner kurzen Einführung in die Zen-Meditation ist abrufbar unter: https://www.youtube.com/watch?v=LL2XUTeoUsM.
11 Streng genommen werden die Schiebetüren zur Teilung der Räume *fusuma* genannt. Shōji dienen in traditionellen japanischen Häusern als Fenster und Türen nach außen bzw. zum Flur hin. Sie bestehen aus dünnem weißem Reispapier und tragen gewöhnlich ein Gittermuster. Fusuma hingegen bestehen aus dickerem, blickdichtem Papier und werden für die Teilung von Räumen bzw. für die Abtrennung von Wandschränken benutzt.
12 Siehe: Marie Kondo: *Magic Cleaning. Wie richtiges Aufräumen Ihr Leben verändert*, Reinbek 2013.
13 Die Vorstellung vom Dienst am »Geist der Toilette« ist in Japan weit verbreitet. Noch bekannter wurde sie durch einen Song der Liedermacherin Kana Uemura: »Toilet no

Kamsama« (Der Geist der Toilette). Der Song kam am 14.07.2010 bei King Records heraus; er wurde geschrieben von Kana Uemura und Hiroshi Yamada.

14 Über die Verwurzelung Marie Kondos im Shinto gibt es mehrere Artikel. Siehe zum Beispiel: www.bustle.com/p/how-shinto-influenced-marie-kondos-konmari-method-of-organizing-15861445.

15 Mehr über *ji-bun* als »Selbst-Teil« und über den japanischen Begriff des Selbst im Allgemeinen bei Nancy Rosenberger: *Japanese Sense of Self*, Cambridge 1992.

16 Hier finden Sie auf Japanisch die Seite übers Kakeibo auf der Website der von Hani gegründeten Zeitschrift *Fujin no tomo* (Freund der Hausfrau), die sich immer noch gut verkauft: www.fujinnotomo.co.jp/other/kakeibo (auf Japanisch). Ein deutschsprachiges Buch über die Kunst des Kakeibo stammt aus der Feder von Chiba Fumiko (2017). Sie können auch Kakeibo-Haushaltsbücher für das laufende Jahr bestellen.

17 Siehe auch: *Kakeibo – das Haushaltsbuch. Stressfrei haushalten*, Köln 2018. Sowie: www.bustle.com/p/what-is-kakeibo-i-tried-the-japanese-budgeting-system-to-help-manage-my-finances-heres-what-happened-15909335. Und: moninja.com/kakeibo-art-saving/.

18 Siehe dazu auch: Fumio Sasaki: *Das kann doch weg*, München 2018.

19 Japanischer Text aus: *Bashō*, siehe Quellenverzeichnis. Übersetzung der Autorin.

20 Siehe dazu: »The surprising history of the kimono« auf: https://daily.jstor.org/the-surprising-history-of-the-kimono/. Und: Sheila Cliffe: *The Social Life of Kimono. Japanese fashion Past and Present*, London 2017.

21 Siehe dazu: »The Global Impact of Japanese Fashion«, Vortrag mit Patricia Mears, Miki Higasa und Masafumi Monden, moderiert von Karin Oen, am 21.03.2019 im Asian Art Museum, Video abrufbar unter: https://www.youtube.com/watch?v=kBOeadfaIcw.
22 Siehe dazu: Joan Stanley-Baker: *Japanese Art*, London 2014.
23 Mehr über das Tsurotokame-Magazin finden Sie in einem Artikel von Grace Wang: »Tsurotokame is a fashion magazine for senior citizens in Japan«, abrufbar unter: www.stackmagazines.com/photography/tsurutokame-fashion-magazine-senior-citizens-japan.
24 Wie Sie mit Achtsamkeit großzügig auf die Welt und die Wesen darin reagieren können, lernen Sie aus den Vorträgen von Chris Cullen: Compassion (Part 1): https://vimeo.com/25622139 und Compassion (Part 2): https://vimeo.com/25642710.
25 Siehe dazu: Joseph Tobin: »Japanese pre-schools and the pedagogy of self-hood«, in: Nancy Rosenberger: *Japanese Sense of Self*, Cambridge 1999.
26 »The Elderly Education in Japan«, Paper hrsg. von The International Longevity Center, Japan am 7.06.2010, abrufbar unter: http://www.ilcjapan.org/interchangeE/doc/overview_education_1007.pdf.
27 Wenn Sie mehr über Chōwa in der Geschäftswelt erfahren möchten, empfehle ich Ihnen einen Artikel von Hideki Omiya, dem Chairman von Mitsubishi Heavy Industries: »An ancient Japanese idea can teach 21st century businesses about harmonious partnerships«, in: *Quartz Magazine* vom 22.01.2018, abrufbar unter: https://qz.com/1186023/chowa-an-ancient-japanese-idea-can-teach-21st-century-businesses-about-harmonious-partnerships/.

28 Mehr über dieses NHK-Radioprogramm (Radio Taiso) erfahren Sie hier: www3.nhk.or.jp/nhkworld/en/tv/japanologyplus/program-20180904.html.
Und auf: https://voyapon.com/japans-historical-radio-workout/.
29 Quelle: Tamar Herman: »Member of J-Pop girl group NGT48 apologizes for discussing assault«, auf *NHK* (10.01.2019), abrufbar unter: https://www.billboard.com/articles/news/international/8518260/day6-2019-gravity-world-tour-north-american-dates.
30 Siehe die Website von #WeToo Japan, wo sie (auf Japanisch) mehr Informationen finden: https://we-too.jp/.
31 Eine Frauengruppe unterstützt Shiori Ito und Frauen, die in Japan Ähnliches erlebt haben, bei ihrer Arbeit: www.opentheblackbox.jp. Die Geschichte von Shiori Ito in deutscher Sprache finden Sie auf: www.spiegel.de/politik/ausland/japan-shiori-ito-gewinnt-schadensersatzprozess-in-vergewaltigungsfall-a-1302083.html.
32 Siehe: Philip Brasor: »Japan struggles to overcome its groping problem«, in: *The Japan Times* vom 17.03.2018, abrufbar unter: www.japantimes.co.jp/news/2018/03/17/national/media-national/japan-struggles-overcome-groping-problem/.
33 Siehe: Justin McCurry: »Tokyo medical school admits changing results to exclude women«, in: *The Guardian* vom 08.08.2018, abrufbar unter: https://www.theguardian.com/world/2018/aug/08/tokyo-medical-school-admits-changing-results-to-exclude-women.
34 Quelle: Teppei Kasai: »Japan's not so secret shame«, auf: *Al Jazeera* vom 29.07.2018, abrufbar unter: www.aljazeera.com/opinions/2018/7/29/japans-not-so-secret-shame/.

35 Auch Neuseelands Premierministerin Jacinda Ardern drückt ihre Zustimmung zu #WeToo aus: »MeToo must become WeToo«, in: *The Guardian* vom 28.11.2018, abrufbar unter: www.theguardian.com/politics/2018/sep/28/we-are-not-isolated-jacinda-arderns-maiden-speech-to-the-un-rebuts-trump.
36 Ōta Dōkans Worte auf dem Sterbebett (aus: Inazō Nitobe: *Bushidō – die Seele Japans*, Hamburg 2020).
37 Siehe: John Dower: *War without Mercy: Race and Power in the Pacific War*, New York 1999.
38 Mehr dazu finden Sie auf: http://theburmacampaignsociety.org/.
39 Mehr über den Tsunami, das Erdbeben und die Katastrophe können Sie lesen in: Richard Lloyd Parry: *Ghosts of the Tsunami*, London 2017.
40 Ich gründete Aid For Japan 2011, um die Waisen des Tsunamis zu unterstützen. Kurzfristig unterstützt die Organisation die Kinder und die Menschen, die für sie sorgen. Langfristig ist es unser Ziel, durch gezielte Initiativen und Programme den Kindern neue Chancen zu eröffnen. Mehr Informationen – auch dazu, wie Sie sich beteiligen können – finden Sie unter: www.aidforjapan.co.uk.
41 Hier finden Sie alle Gründe, weshalb Washoku oder die japanische Küche zum Weltkulturerbe erklärt wurde: https://ich.unesco.org/en/RL/washoku-traditional-dietary-cultures-of-the-japanese-notably-for-the-celebration-of-new-year-00869.
42 Siehe dazu auch: https://www.cordonbleu.edu/news/how-to-balance-the-five-flavours/en.
43 Die Website des Restaurants lautet: http://kikunoi.jp/english.

44 Siehe dazu auch: Risa Sekiguchi: »The power of five«, abrufbar unter: www.savoryjapan.com/learn/culture/power.of.five.html.
45 Siehe: https://savorjapan.com/contents/more-to-savor/shojin-ryori-japans-sophisticated-buddhist-cuisine/.
46 Siehe: »How Japan went from being an almost entirely vegetarian country to a huge consumer of meat«, Exzerpt von Zaraska, abrufbar unter: www.businessinsider.com.au/how-japan-became-hooked-on-meat-2016-3.
47 Siehe dazu: Tatiana Gadda, Alexandros Gasparatos: »Tokyo drifts from seafood to meat eating«, in: United Nations University vom 19.03.2011, abrufbar unter: https://ourworld.unu.edu/en/tokyo-drifts-from-seafood-to-meat-eating. Und: Kristi Allen: »Why eating meat was banned in Japan for centuries«, auf Atlas Obscura vom 26.04.2019, abrufbar unter: www.atlasobscura.com/articles/japan-meat-ban.
48 Aus dem Film *Prinzessin Mononoke* von den Ghibki-Studios, deutsche Version 2001.
49 Die Bilder des Historikers Yoshishiko Sasama in seinem Buch *Fukugen edo seikatsu zukan* (1995) haben mich zur Darstellung dieser Szene inspiriert. Das Buch ist nur auf Japanisch erhältlich.
50 Schätzungen gehen davon aus, dass der $CO_2$-Fußabdruck der Tech-Unternehmen, der 2007 bei ein Prozent lag, bis 2040 auf 14 Prozent ansteigen wird. Quelle: Lotfi Belkhir, Ahmed Elmeligi: »Assessing ICT global emissions footprint: Trends to 2040 & recommendations«, in: *Journal of Cleaner Production* Nr. 177, 2018, S. 448–463.
51 Siehe: *Akahama Rock'n Roll,* Dokumentarfilm von Haruko Konishi, 2015.

52 Lassen Sie sich von dem Kopfkissenbuch der Dame Sei Shonagon inspirieren, in dem eine japanische Hofdame ihre Eindrücke von der Welt festhält. Auch sie macht Listen: »Von schönen Dingen« oder »Von den Baumblüten« und »Von verhassten Dingen«.

53 Mehr über Sampo-Yoshi und Nachhaltigkeit im alten Edo bzw. im modernen Japan finden Sie hier: Junko Edahiro: »Toward a sustainable society – learning from Japan's Edo period and contributing from Asia to the world«, abrufbar unter: https://www.ishes.org/en/aboutus/biography/writings/2017/writings_id002388.html.

54 Wenn Sie Haikus über die Liebe lesen wollen, empfehle ich Ihnen Alan Cummings Buch *Haiku Love,* in dem er Liebesgedichte von 1600 bis heute versammelt hat. Es ist im Übrigen wunderschön illustriert. Der Autor hat dabei auf japanische Gemälde und Holzschnitte im Britischen Museum zurückgegriffen.

55 Weitere Erklärungen zu allem, was mit der japanischen Teezeremonie zu tun hat, finden Sie (in englischer Sprache) auf der Chanoyu-Website: http://www.chanoyu.com/WaKeiSeiJaku.html. Auf Deutsch wären diese beiden Seiten zu empfehlen: https://gogonihon.com/de/blog/teezeremonie-in-japan/ und https://teapedia.org/de/Japanische_Teezeremonie.

56 Eine einfache Erklärung, wie Sie eine japanische Teezeremonie im eigenen Heim durchführen können, finden Sie (in englischer Sprache) auf der Website der »Teaologists«: https://teaologists.co.uk/blogs/teaologists-health-habit-blog/how-to-run-a-japanese-tea-ceremony-at-home-the-steps.

57 Wenn Sie mehr über japanische Bestattungsrituale wissen wollen und auch deren komische Seiten verstehen wollen, sollten Sie sich den Film *Die Kunst des Ausklangs* von Yōjirō Takita ansehen.
58 Der Text stammt aus der Feder meiner Tochter Rimika Solloway und wurde mit ihrem Einverständnis abgedruckt. Mehr von Rimika finden Sie auf ihrem Blog: https://alackthere.blogspot.com/search.
59 Der japanische Text wurde der Fassung von Nishi Honganji-bon entnommen: *Man'yōshū*, Buch 5. Sie finden den japanischen Text auf: http://jti.lib.virginia.edu/japanese/manyoshu/index.html. Eine englische Übersetzung gibt es hier: https://archive.org/details/Manyoshu.

# Quellen

Chiba, Fumiko: *Kakeibo – Die japanische Kunst des Geldsparens,* Köln 2018.
Cliffe, Sheila: *The Social Life of Kimono. Japanese fashion past and present,* London 2017.
Cummings, Alan: *Haiku Love,* New York 2014.
Dower, John: *War without Mercy. Race and Power in the Pacific War,* New York 1999.
Kempton, Beth: *Wabi-Sabi. Die japanische Weisheit für ein perfekt unperfektes Leben,* Köln 2019.
Kondo, Marie: *Magic Cleaning. Wie richtiges Aufräumen Ihr Leben verändert,* Reinbek 2013.
Lloyd Parry, Richard: *Ghosts of the Tsunami,* London 2017.
Nitobe, Inazō: *Bushidō – die Seele Japans,* Hamburg 2020.
Rebick, Marcus, Takenaka, Aiumi: *The Changing Japanese Family,* Abingdon 2006.
Rosenberger, Nancy R. (Hrsg.): *Japanese Sens of Self,* Cambridge 1992.
Sasaki, Fumio: *Das kann doch weg! Das befreiende Gefühl, mit weniger zu leben. 55 Tipps für einen minimalistischen Lebensstil,* München 2018.

Shikubu, Murasaki: *Die Geschichte vom Prinzen Genji,* übersetzt von Oscar Benl, Zürich 2014.

Sei Shonagon: *Das Kopfkissenbuch,* in Auszügen herausgegeben von Helmut Bode, Frankfurt a. M. 1975.

Sei Shonagon: *Das Kopfkissenbuch,* übersetzt von Michael Stein, in bibliophiler Ausgabe, München 2015.

Stanley-Baker, Joan: *Japanese Art,* London 2014.

Tanizaki, Jun'ichirō: *Lob des Schattens,* Zürich 1987.

Tobin, Joseph: »Japanese pre-schools and the pedagogy of selfhood«, in: Rosenberger, Nancy R. (Hrsg.): *Japanese Sens of Self,* Cambridge 1992.

Tsunoda, Ryūsaku, Goodrich, L. Carrington: *Japan in the Chinese Dynastic Histories. Later Han through Ming dynasties,* P. D. and I. Perkins, 1951.

Zaraska, Marta: *Meathooked: The history and science of our 2,5-million-year obsession with meat,* New York 2016.

## Japanische Quellen

松尾 芭蕉 (1947), 芭蕉俳句全集. 全國書房

Bashō, Matsuo: *Bashō haiku zenshū,* Verlagshaus Zenkoku Shobō, 1947.

(Bashō, Matsuo: *Hundertundelf Haiku: Gedichte,* Frankfurt a. M. 2009.)

佐々木 信綱 (1953), 日本古典全書. 朝日新聞社

Sasaki, Nobutsuna (Hrsg.): *Nihon koten zensho,* Verlagshaus Asahi Shimbunshya, 1953.

佐々木 信綱 (1946), 西本願寺本萬葉集. 東京書房古典文庫.
Sasaki, Nobutsuna (Hrsg.): *Nishi Honganji-bon Man'yōshū,* Verlagshaus Tokyo Shobo Koten Bunko, 1946. (Abrufbar unter http://jti.lib.virginia.edu/japanese/manyoshu/index.html.)

聖徳太子 (604) 十七條憲法
Shōtoku, Taishi: *Jūshichijō kenpō,* 604. (Abrufbar unter: https://zh.wikisource.org/zh/. (Eine englische Übersetzung finden Sie unter: www.duhaime.org.)

笹間 良彦 (1995), 復元 江戸生活図鑑. 柏書房
Sasama, Yoshihiko: *Fukugen edo seikatsu zukan,* Verlagshaus Kashiwa Shobō, 1995.

石川英輔 (2000), 大江戸えこらじー事情. 講談社
Ishikawa, Eisuke: *O-edo ekoraji jijō,* Verlagshaus Kodansha, 2000.

## Filme

*Akahama Rock'n Roll,* Dokumentarfilm von Haruko Konishi, 2015.
*My Fair Lady,* Musicalverfilmung von George Cukor, 1964.
*Japan's Secret Shame,* Dokumentarfilm über den Fall Shiori Ito von Erica Jenkin, 2018.
*Die Kunst des Ausklangs,* von Yōjirō Takita, 2008.
*Die Sieben Samurai (Shichinin no samurai),* von Akira Kurosawa, 1954.

# Stichwortverzeichnis

Abneigung 59, 115 ff.
Achtsamkeit 29, 42, 90, 92, 117, 173, 217
*Aid For Japan* 12, 165, 172 ff.
Aktiv Frieden schaffen 16, 19, 166, 170, 223, 257
Aktives Zuhören *siehe* Zuhören
Akzeptieren, Akzeptanz 26, 28, 97 f., 122, 215, 256 f.
Alltagskleidung *siehe* Kleidung
Altern 26, 61, 73, 96, 252, 256
Anime-Conventions 90, 92
Anpassung 14 f., 78, 92, 96, 127, 136 ff.
Anpassungsdruck 96
Arbeitskleidung *siehe* Kleidung
Argumentieren lernen *siehe* Lernen
Atmen 34 f., 123
Aufgaben teilen 57, 61, 65, 153
Aufwärmen (zur Arbeit) 151 f.
Ausgaben 67 ff.

Balance *siehe auch* Gleichgewicht
– aktives Streben nach 28, 64, 215, 223, 256
– finanzielle 34 ff., 67
– im Beruf 144 ff., 159
– im eigenen Stil 78, 81 ff.
– in Beziehungen 215, 222 f., 227, 229, 245, 258
– in der Ernährung 181, 183, 185 f., 188, 192
– in der Natur 40, 75, 192
– in der Partnerschaft 215 f., 222 ff., 229
– in Heim und Familie 33, 51 f.
Bann negativer Dinge 60
Beerdigungen, japanische 248 f.
Bento-Box 190 f.
Bequemlichkeit 82 ff., 89, 98
Beruf
– Beschwerde 142, 158
– Engagement 145, 149, 178
– Geduld 151, 158
– Geisteshaltung im 145, 148 f.

- Geschlechterdiskriminierung 144, 155 ff., 163 f.
- Gleichgewicht 144 ff., 157, 159
- Harmonie 19, 145, 158 ff.
- Luft lesen 110 f., 127, 150
- Meeting 110 f., 150, 162
- Mentor 153 f.
- sexuelle Belästigung 144, 155 ff., 163
- toxisches Umfeld 145
- Wettbewerb 147

Besitz
- Haltung zu 205, 239
- Lebensspanne des 202, 239
- Minimalismus 73 f.
- Pflege von 42 f., 84
- Teilen 67, 78

Beziehungen
- Wünsche 226 f.

Bedürfnisse
- äußern 222, 226
- in Beziehungen 174, 218, 222, 226
- sich einstellen auf 114, 127

Buch *Wei*, das 16
Buddhismus 17, 27, 192, 194, 246
Buddhistische Küche 192
*Burma Campaign Society* 165, 170

Chōwa
- Ansatz 10 f.
- Bedeutung, Definition 13 ff.

- Grundsätze 20, 25, 178, 227, 233
- Lektionen 18, 29 f., 46 f., 64 f., 75 f., 78, 86, 104, 124 f., 142 f., 162, 178, 195., 212 f., 229 f., 253
- Philosophie 11
- Schriftzeichen 11
- zentrale Botschaft 33

Cosplay (Costume Play) 90, 97

Dankbarkeit zeigen 26, 42 ff.
Dating 216 ff., 228 f.
Demut 16, 181, 203
Disziplin 53, 70, 91, 249
Dōkan, Ōta 58
*Drei heilige Schätze* (Kaisertum) 74

Einfachheit 27
Einnahmen, Einkommen 67 ff.
Eltern 10, 49, 51, 57 f., 60, 97, 123, 132, 172, 174

Engagement
- für das Heim 25 ff., 33 f., 37, 40 f., 43 ff., 56, 65, 204
- für die Familie 44 f., 49, 51 f., 57 ff., 65, 69
- fürs Lernen 128 f.
- innere Einstellung 53, 128, 132, 145

Erwartungen 97, 108, 122, 153, 214, 220, 228

## STICHWORTVERZEICHNIS

Erziehung
- das Lernen lernen 127 ff., 130, 133
- lebenslanges Lernen 136 f.
- Lernstile, Lehrstile 9, 127 ff., 132 f., 139

Essen *siehe* Washoku
Etikette, westliche 9, 136

Familienleben
- gegenseitige Verpflichtungen 60
- geteilte Hausarbeit 45, 61 f.
- Harmonie 48 ff.
- im Gleichgewicht 33 f., 50 ff., 57, 61, 65
- Rollen im 48, 51 f., 56 f.
- Spaß 49

Farben, jahreszeitlich 82, 87 f., 103
*Fast Fashion* 84
Feinden vergeben 171
Fisch 16, 186, 193, 195, 197
Fleisch essen 186, 191, 193 ff., 211

Flexibilität
- in der eigenen Rolle 49, 116

Fragen stellen 140, 142, 158 f.
Frauen
- Erwartungen an 10, 49, 59, 69
- Samurai-Spirit 58 f., 63

Freizeit 154 f.
Frühling 31, 56, 77, 86 ff., 189

Frustration 109, 113, 120, 122, 169, 240
Furchtlosigkeit 257
*Furoshiki* 43
Füße 148, 220

Gastfreundschaft 26, 35, 235
Geduld 55, 150
Geerdet-Sein 34
Gegenkultur-Mode 97
Geisteszustand 148, 243 ff.
*Genkan* (Eingangsbereich) 31, 50
Geschenke 42, 70, 168, 194
Gespräche 56, 64, 97, 111 f., 175, 244
*Getabako* (Schuhschrank) 31
Gewaltlosigkeit 194
Gleichgewicht
- im Beruf 144 ff., 159
- im eigenen Heim 28 ff., 33 ff., 67
- im eigenen Kleidungsstil 78, 81 ff.
- im Familienleben 33, 44 f., 64 f., 69
- in Beziehungen 215 f., 222 ff., 229
- in der Ernährung, beim Kochen 181, 183, 185 f., 188, 192
- in der Natur 26, 33, 192, 212 f.
- Streben nach 57, 64, 122, 135, 138, 142, 161, 215, 223, 256

– und Geisteshaltung 147 ff.,
  154, 199, 37 f.
Glück 44, 46, 56, 206, 228,
  243
Großherzigkeit, Großzügigkeit
  20, 112, 124, 154, 165, 168,
  226, 251
Güte 145, 149, 232, 236, 252

**H**aiku 187, 220
Haltung 28, 53 f., 96, 119, 140,
  146 ff., 182, 203, 206, 217,
  257
Hani, Motoko 68
Harmonie
– aktiv herstellen 257
– bei der Teezeremonie 232,
  234 ff.
– im Familienleben 48 f., 51, 57,
  75
– im eigenen Stil 78 f., 85 f.,
  102 f.
– in der Arbeit 145, 158 ff.
– in der Liebe, Partnerschaft,
  Gruppe 108, 117, 127, 139,
  215, 217 f., 226
– in der Nahrung 181, 185,
  195 f.
– in der Natur 26, 28, 40,
  102 f., 182, 199, 212
Hass überwinden 118, 168 ff.
Hausarbeit teilen 45, 61 f.
Haushaltsfinanzen 68 ff.
Haushaltsbuch *siehe*
  Kakeibo

Heim
– Gleichgewicht im 28 ff., 33 ff.,
  67
– Haltung zum 28 f., 41
– Heimkommen 32, 39, 114 f.
– *Hello Kitty* 160 f.
– in Harmonie mit der Natur 26,
  33 f., 40 ff., 47
– japanisches Heim 25 ff.
– Möbel 25, 29, 36, 71, 200
– Ruhe 56
– Sorge für das 41, 43
Herbst 88, 91, 103, 188 f.
Hilfe erbitten 60 f., 64, 168
– für andere 165, 172 ff.
Hirakubo, Maso 170 f.

*Ichi-go, ichi-e* 244 f., 253
*Ichi-ju-san-sai* (eine Suppe,
  drei Gerichte) 186
*Itadakimasu* (Guten Appetit)
  181, 203
Ito, Shiori 158

**J**apan
– Ästhetik 28, 92, 184, 187,
  190 f., 243
– Edo-Zeit 80, 194, 199 ff.,
  206 f., 211, 220
– Erziehung 9, 127 ff., 132 f.,
  139
– Geschlechterdiskriminierung
  155, 157 ff., 163
– geschlossene Grenzen
  219 f.

## STICHWORTVERZEICHNIS

– Japanisches Bad 37 f., 169, 190
– Liebe 60, 82, 219 ff., 224 f.
– Modernisierung 17, 48, 194, 211
– sexuelle Belästigung 145, 155 ff., 163
– sexuelle Gewalt 155 ff.
*Ji-bun* (Selbst-Teil) 52
Judo 146 f.
Jungen-Tag 210

**K**aiseki-Mahl 186 ff., 235
Kaiser Naruhito 15, 259
Kaiserin Masako 259
Kakeibo
– Ausgaben 67 ff.
– Einnahmen 69 f.
– Fixkosten 69 f.
– Grundlagen 69
– Haushaltsbudget 68, 70
– Nutzung 69 ff.
Kalligrafie 126, 188, 233, 241 ff.
*Kami* (Geister) 17, 42, 44, 132
Kampfkünste 59, 95, 146 ff., 194, 241
Kawaii-Stil 92, 97
Kimono 77 ff., 92, 95, 97 f., 101 ff., 202, 210, 228, 236, 242
Kinder
– Aufmerksamkeit 55, 114
– fordern 54 f., 130
– Lautstärke 55

Kirschblüte 87 f., 91, 103, 189, 201
Kleidung
– Alltagskleidung 81, 89
– am Arbeitsplatz 89 f., 93
– ausbessern, pflegen 85, 93
– für besondere Gelegenheiten 237
– für die Jahreszeiten 86, 88, 91
– Mode 78, 90, 92, 97
– Stolz auf 78
– und Geschichte 79 f., 98, 194
– Uniformen 90
– westliche 80 f., 88
Klugheit 54, 140
Kochen *siehe* Washoku
*Kokoro-gamae* 147 f., 154
Kondo, Marie 41
Konsumdenken 202, 206
Kopfkissenbuch, das 81
Kreativität 82, 91
Kurosawa, Akira 58

Land des *Wa* 16
Layering in der Mode 82
Lehrer
– Begrüßung 129
Leiden 242, 257
Lernen
– argumentieren 139 f., 142 f., 151
– Engagement fürs 128 f.
– Mantra fürs 142 f.
– Nicht-Anpassung 69 f.
– Pausen 130 f.

- Raum fürs 128, 130
- Regeln zu brechen 92, 141
- Umfeld 129 f.
- Zeit fürs 129 f.

Liebeshotel 225 f.
Lob, Vorsicht bei 135
Luft lesen 110 f., 127, 150

**M**ädchen, Tag der 210
Meditation 34, 182
Mentor 153 f.
Minimalismus 25, 27, 73 f.
Möbel, Einrichtung 25, 29, 36, 71, 200
*Momiji gari* (Ritual) 47
*Mono no aware* 200 f., 212, 243
*Mottainai* (keine Verschwendung) 43, 201 ff., 239

**N**achhaltigkeit 67, 192 ff., 211
Nahrung
- Achtung vor der 203 f.
- Dankbarkeit 203
- Farben 182, 187, 191, 195 f.
- Fleisch essen *siehe* Fleisch
- Geschmacksrichtungen 182 ff., 195 f.
- Gewaltlosigkeit 193 f.
- Gleichgewicht der Nährstoffe 184
- im jahreszeitlichen Gleichgewicht 188 f.
- Kaiseki-Mahl 186 ff., 235
- nachhaltiges Essen 191 ff., 211
- ohne Verschwendung 203 f.
- Präsentation 188, 190 f., 196
- Resteverwertung 192
- rohe Nahrung 16, 184, 197
- und Harmonie 195 f.
- und Umwelt 182
- *Washoku siehe dort*

Natur
- Balance, Gleichgewicht 26, 33, 101, 192
- Gewahrsein, Einklang mit der 198 f., 209, 211, 213
- Harmonie 26, 28, 40, 102 f., 182, 199, 212
- in unserem Heim 26, 33 f., 40 ff., 47
- Mitgefühl für 199, 201, 207
- Rhythmen 41, 82, 88, 183, 210
- Zyklen 40, 188, 199

Nein-Sagen 72, 115, 150

**O**bi 80, 83 f., 236
Ökosystem, emotionales 108, 113 f.
Ordnung 11, 14, 44, 235
Origami 55
Originalität 92, 94

**P**rinz Genji 82
Prinzessin Aiko 259
Purvis, Phillida 171
Putzen
- im eigenen Heim 26, 44 f., 61 f.

## STICHWORTVERZEICHNIS

*Rajio-Taisō* 152
Ratschläge 111
Recycling 43, 192, 195, 202
*Reiwa* 15, 258 f.
Ruhe
– Haus, Schule 55 f., 130
– *jyaku* (jap.) 242 f., 253
– und Stille 15, 18, 110

*Sampō-yoshi* 206 f., 212 f.
Samurai
– Bushidō 126, 206
– Geist, Spirit 58 f., 63
Scheidung 10, 141
Schiaparelli, Elsa 80
Schiebetüren *siehe auch* Shōji-Türen 25, 35 f., 41, 82
Schmerz 165, 177, 251 f.
Schönheit 17, 27 f., 84 f., 90 f., 127, 199, 201, 212, 241, 243
Schrein 59, 132
Selbst
– Eigenverantwortung 58, 72
– sich neu erfinden 256
Selbsterkenntnis 125
*Sen no Rikyū* 119, 246 f.
Sensibilität, emotionale 108
Setsubun-Fest 56
Sexismus, alltäglicher 158, 161 f.
Shintoismus 17, 42, 44
*Shitsuke* 53
*Sho-yoku, chi-soku* 204 f.
Shōji-Türen und -paravents 25, 35 f., 41, 82

*Shōjin ryōri* (buddhistische Küche) 192
Shotoku Taishi (Prinz) 17
Sommer 87 f.
– Farben, Muster 103
Soziale Beziehungen 11, 13, 19, 49, 52, 63, 65, 150, 256
Sparen
– monatlich 70, 72
– Überprüfung 69 ff.
– Ziele 67 f., 71 f., 76
Sport 74, 131, 147
Sprachen lernen 131, 134, 137
Stil *siehe auch* Kleidung
– anders sein 29, 93, 97 ff.
– auffallen 101 f.
– Farbkombinationen 78, 82, 87 f., 191
– Gelegenheiten 81, 86, 89
– Geschmack 82, 88
– Jahreszeiten 87 f., 90 f.
– Kimono 77 ff., 84 ff., 92, 97 f., 101 f.
– Layering 82
– Originalität 92
– Orte 77, 86, 89, 97 f., 101 f.
– Praktikabilität 25, 82 f., 89
– Selbstvertrauen 101
– Stolz 78, 90, 98, 101
– und Balance 78, 81 ff.

*Tadaima* 39, 114 f.
Tadel 97, 123
Tanaka, Akemi

- Familie 30 ff., 50 f., 54, 167 f., 200, 206
- Heim 35, 37, 54
- Scheidung 10, 123
- Tod des Vaters 250 ff.

Tanizaki, Jun'ichirō 27
Tatami-Matten 25, 29, 33 ff., 188, 242
Teezeremonie
- im Garten 234 ff., 243
- Geisteshaltung 237 f.
- Harmonie 234 ff., 240
- die Kunst der 233
- Prinzipien 232 ff., 246
- Reinheit 234, 241 f., 253
- Respekt 234, 238 ff.
- Ruhe, innere 234, 242 f., 235
- Süßigkeiten 237

Tiere essen *siehe* Fleisch
Tod 21, 59, 172, 245 ff., 252
Tōhoku-Erdbeben 45 f., 165, 172 ff., 176 f., 207 f.
Tote ehren 247 f.
Toyotomi, Hideyoshi 247
Trauer 56, 243, 246 f., 251 f.
Trost 252

Umami (würziger Geschmack) 183
Umweltprobleme 19, 192, 203, 206 f.
Uniformität 128
Unsicherheit 108
Unternehmen
- in der Verantwortung gegenüber Kunden 206

Unterschiede akzeptieren 93, 215, 226
Urlaub 65, 72

Veränderung 21, 36, 48, 74, 158, 164 ff., 178, 208, 212, 231, 256
Vergebung 59 ff., 171
Verluste 201, 246, 251 f.
Versagen 108, 240
Verschwendung
- Nahrung 203 f.
- weniger 43, 201, 207, 239
- Zero Waste 202 ff.

Visitenkarten 149
Vorlieben 10, 115, 117, 119, 154

*Wa kei sei jyaku* (Harmonie, Respekt, Reinheit, Ruhe) 233 ff., 243, 253
*Wabi-sabi* 25, 27 f.
Wandel
- vorantreiben 103, 164 f.
- und Natur 198, 211 f.

*Washoku*
- Elemente des 184
- Geschmacksrichtungen 182 ff., 189, 196
- Gleichgewicht 182, 184 f., 195
- Jahreszeiten 182 ff., 188 f., 195, 198

STICHWORTVERZEICHNIS

– Nährstoffbalance 184, 186, 191
– Präsentation 190 f.
– rohe, frische Nahrungsmittel 182 f.
– Respekt für Zutaten 182
– Zubereitungsarten 196 f.
WeToo-Bewegung 155 f., 163
Wettbewerb 73, 101, 111, 131, 147
Wiederverwendung 43, 202
Winter 87, 102, 189 f.
Wohltätigkeit
– Bereitschaft zu 173
– dauerhafte 175
– Nachteile 177

– Recherchen 174
– Unterstützung durch Gemeinschaft 175
– Ziele 173, 176
Work-Life-Balance 144 f.
Wünsche 204 f., 211, 241
Wut 109, 119 f., 240

Yamamoto, Yohji 80, 92

Zero-Waste-Gesellschaft 203
Zuhören
– aktives 56, 110, 124, 150, 218
– anderen 57, 111 f., 124, 165
Zuwendung zeigen 32

# Unsere Leseempfehlung

304 Seiten

Nur allzu oft bleibt im hektischen Alltag keine Zeit für die kleinen Momente, die uns Freude schenken. Viel zu selten besinnen wir uns auf die einfachen Dinge, die uns ein Lächeln ins Gesicht zaubern. In seinem neuen Buch zeigt uns der Mönch und Bestsellerautor Haemin Sunim, wie wir uns von der Perfektion verabschieden und die Kostbarkeit des Augenblicks wieder wertschätzen. Denn es sind gerade die kleinen, scheinbar nicht perfekten Dinge, die das Leben so wertvoll machen – ein Waldspaziergang, Begegnungen mit Freunden oder das Glück, unsere Kinder aufwachsen zu sehen. Nichts muss perfekt sein. Es muss echt sein.

www.goldmann-verlag.de
www.facebook.com/goldmannverlag

# Unsere Leseempfehlung

272 Seiten

Nur weil sich die Welt immer schneller dreht, bedeutet das nicht, dass wir unser Tempo nicht selbst bestimmen können. Poetisch und berührend vereint der koreanische Mönch Haemin Sunim Lebensweisheiten für jede Situation mit wunderschönen Illustrationen. Sie laden uns dazu ein, uns zurückzulehnen und die Dinge mit Gelassenheit und Distanz zu betrachten. Wenn wir unser Leben entschleunigen, erkennen wir die Schönheit unserer Umgebung wieder und meistern die Herausforderungen des täglichen Lebens mit innerer Ruhe und Gleichmut. Dem international bekannten „Twitter-Mönch" gelingt es wie keinem anderen, die uralten Weisheiten des Buddhismus in die moderne Zeit zu übersetzen.

www.goldmann-verlag.de
www.facebook.com/goldmannverlag

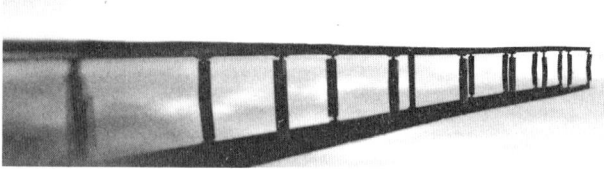

Um die ganze Welt des GOLDMANN
*Body, Mind & Spirit* Programms
kennenzulernen, besuchen Sie uns doch
im Internet unter:

## www.goldmann-verlag.de

*Dort können Sie*
nach weiteren interessanten Büchern *stöbern*,
Näheres über unsere *Autoren* erfahren,
in *Leseproben* blättern, alle *Termine* zu Lesungen und
Events finden und den *Newsletter* mit interessanten
Neuigkeiten, Gewinnspielen etc. abonnieren.

Ein *Gesamtverzeichnis* aller Goldmann Bücher finden
Sie dort ebenfalls.

Sehen Sie sich auch unsere *Videos* auf YouTube an und
werden Sie ein *Facebook*-Fan des Goldmann Verlags!

www.goldmann-verlag.de
www.facebook.com/goldmannverlag